Ursula Reitemeyer

Ist Bildung lehrbar?

Mit Beiträgen von Oliver Geister, Jens Hülsmann,
Gregor Raddatz, Judith Sieverding und Peter Werner

Waxmann 2003
Münster / New York / München / Berlin

Bibliografische Informationen Der Deutschen Bibliothek
Die Deutsche Bibliothek verzeichnet diese Publikation in
der Deutschen Nationalbibliografie; detaillierte bibliografische
Daten sind im Internet über http://dnb.ddb.de abrufbar.

Ethik im Unterricht, Bd. 5

ISSN 1615-9497
ISBN 3-8309-1282-X

© Waxmann Verlag GmbH, Münster 2003

www.waxmann.com
info@waxmann.com

Umschlag: Pleßmann Kommunikationsdesign, Ascheberg
Druck: Zeitdruck GmbH, Münster
Gedruckt auf alterungsbeständigem Papier, DIN 6738
Alle Rechte vorbehalten
Printed in Germany

Inhalt

	Vorwort	7
I.	**Allgemeiner Teil**	9
1.	Ist Bildung lehrbar?	9
2.	Ist Bildung meßbar?	25
3.	Was wollen wir wissen?	36
4.	Was dürfen wir hoffen?	47
II.	**Empirischer Teil**	55
5.	Allgemeine Beschreibung des Projekts: Das Problem der ‚Wertevermittlung' in der globalisierten Gesellschaft	55
6.	Organisation des Projekts	58
7.	Der Fragebogen	64
	a) Gesamtauswertung	69
	b) Differenzierung der Lehrer in ältere und jüngere Lehrer	89
	c) Differenzierung von jüngeren Lehrern und Studenten	94
	d) Differenzierung von jüngeren Lehrern und Schülern	98
	e) Differenzierung von Studenten und Schülern	100
	f) Übereinstimmungen	103
8.	Resümee	106
III.	**Literaturverzeichnis**	111
IV.	**Pädagogische Konsequenzen**	115
1.	Bildung als Aufgabe allgemeinbildender Schulen (Oliver Geister)	117
	Exkurs: Das Schulfach ‚Praktische Philosophie' (Judith Sieverding)	143
2.	Bildung als Problem berufsbildender Schulen (Peter Werner)	165
3.	Bildung als Zwang in der Jugendverbandsarbeit (Gregor Raddatz)	193
4.	Kritische Suchtprävention in der Schule (Jens Hülsmann)	207
V.	**Schlußbetrachtung**	231

Vorwort

Die hier vorliegende Untersuchung ist aus einer Veranstaltung hervorgegangen, die ich im Sommersemester 2002 unter dem Titel: „Zum Problem der Wertevermittlung in globalisierten Gesellschaften" am Institut für Allgemeine Erziehungswissenschaft der Universität Münster durchgeführt habe im Rahmen des Aufbaustudiengangs „Praktische Philosophie". Aufgrund der hohen Teilnehmerzahl und der unterschiedlichen Interessengruppen – das Seminar wurde von Studenten, Lehrern und Senioren besucht – bot es sich an, die Teilnehmer nach ihrem Bildungsverständnis und ihrer Einschätzung hinsichtlich der realen Möglichkeiten bildenden Unterrichts zu befragen. Da wir über die Lehrer auch in Kontakt zu ihren Schülern treten konnten, nutzten wir die Chance, um die Befragung auch bei mehr als 200 Schülern durchzuführen. Zwar erlaubt die unterschiedliche Größe der Befragungsgruppen keinen mathematisch sauberen Vergleich bei Fragestellungen, in denen mehrere Optionen gewählt werden konnten, dennoch glauben wir, innerhalb der Binnendifferenzierung die unterschiedlichen Erwartungshaltungen gegenüber Unterricht und Schule tendenziell nachzeichnen zu können, um daran anschließend praktisch relevante Schlußfolgerungen für bildenden Unterricht zu ziehen. Wie kann Unterricht hier und jetzt reformiert werden, ohne daß die Lehrer auf eine Verwaltungsvorlage aus dem Ministerium warten müssen? Wie groß ist der pädagogische Spielraum des Lehrers, Unterricht bildend zu gestalten im Verwaltungssystem Schule?

Im darauf folgenden Wintersemester entschloß ich mich, die Ergebnisse der Befragung innerhalb einer Vorlesung zu präsentieren, in der es vorwiegend um die bildungstheoretische Fragestellung ging, ob an der Idee der Bildung noch festgehalten werden könne angesichts des Holocaust und des damit verbundenen zweiten Metaphysikverlusts seit der „galilei-cartesischen Revolution", und darüberhinaus um die Frage, unter welchen Bedingungen Bildung, die diese geschichtliche Dialektik in sich aufgenommen hat, noch vermittelbar ist. Dieser bildungstheoretische Problemaufriß führte unmittelbar zu Anfragen an die pädagogische Praxis, um die Bereitschaft zu erkunden, inwieweit diese sich bildungstheoretisch überhaupt reflektiert, oder ob Bildungsanspruch und pädagogische Praxis zwei unterschiedliche Welten sind, die um so weniger miteinander verknüpft sind, je funktionaler und pragmatischer der Praxiszusammenhang des Pädagogen ausgerichtet ist.

Deshalb entschloß ich mich, professionellen Rat einzuholen und konnte Pädagogen gewinnen, die aus unterschiedlicher Berufsperspektive das Verhältnis von bildungstheoretischer Reflexion und pädagogischer Praxis beleuchteten.

Peter Werner problematisiert in diesem Band den Bildungsanspruch aus der Perspektive berufsbildender Schulen und begründet die Unhintergehbarkeit allgemeinbildenden Unterrichts nicht nur in berufsspezifischen Ausbildungsgängen, sondern auch in ausbildungsvorbereitenden Lehrgängen für Jugendliche ohne Ausbildungsverhältnis. Gregor Raddatz berichtet von Projekten außerschulischer Jugendbildung unter den besonderen Anforderungen, die der Traditionsverlust der globalisierten Kommunikationsgesellschaft an die Heranwachsenden stellt. Jens Hülsmann stellt ein Programm der Suchtprävention vor, das analog zu einem kritischen Begriff von Bildung und einer darauf reflektierenden nicht-affirmativen Didaktik, auf einen kritischen Begriff der Sucht und einer Präventionspraxis im Sinne „negativer Erziehung" rekurriert.

Meine beiden Mitarbeiter Judith Sieverding und Oliver Geister verfügen zwar „nur" über Lehrerfahrung im universitären Bereich, der ja bekanntlich aus pädagogischer Perspektive nicht als besonders professionalisiert gilt, dennoch reflektieren beide das Problem bildenden Unterrichts aus ihrer forschungsspezifischen Perspektive. Judith Sieverding stellt das neue Schulfach „Praktische Philosophie" vor, Oliver Geister untersucht die grundsätzliche Frage, ob Schule überhaupt der Ort von Bildung sein kann. Beide Beiträge stellen gewissermaßen einen Übergang von bildungstheoretischer Reflexion zu pädagogischer Praxis in moralphilosophischem bzw. allgemeinbildendem Sinn dar.

Zuletzt bleibt mir nur übrig, den vielen zu danken, die mich bei diesem Projekt unterstützt haben. Zu nennen sind die Studierenden, welche die Veranstaltungen geduldig besucht und die Fragebögen ausgefüllt haben. Ebenso danke ich den Schülern und Lehrern, die diese Studie ermöglichten. Die Namen der beteiligten Schulen sind im empirischen Teil erwähnt (S. 62). Selbstverständlich gilt mein besonderer Dank den oben erwähnten Pädagogen und Mitarbeitern, die sich an der Vorlesung mit eigenen Beiträgen beteiligt haben, die in diesem Band vorgestellt werden. Oliver Geister übernahm die redaktionelle Überarbeitung und war maßgeblich an der Entwicklung des Fragebogens beteiligt.

Münster, im Mai 2003   Ursula Reitemeyer

I. Allgemeiner Teil

1. Ist Bildung lehrbar?

Dieses Buch ist ein wirkliches Experiment, denn ich weiß noch keine Antwort auf die Frage nach der Lehrbarkeit von Bildung. Dies hängt damit zusammen, daß das relativ junge Forschungsgebiet mit Namen ‚Bildungstheorie' in einer Zeit entstanden ist, als man sich angesichts von Auschwitz gezwungen sah, das von Aufklärung und Neuhumanismus in Auftrag gegebene Projekt ‚Bildung' für gescheitert zu erklären. Umgekehrt ist eine Definition von Bildung aber nur in Reflexion auf Aufklärung und Neuhumanismus zu gewinnen, deren Wurzel wiederum – vermittelt über die Renaissancephilosophie – bis in die antike Tugendlehre zurückreicht. Ein angemessener Begriff von Bildung ist vor diesem Hintergrund eigentlich nur im Durchgang durch die gesamte abendländische Philosophiegeschichte zu gewinnen, kann aber zu einem spezifischen Forschungsgegenstand erst in dem Augenblick werden, in dem die Bedingungen der Möglichkeit von Bildung selbst in Frage stehen.

War Bildung bis hin zu Auschwitz unmittelbar mit einer kultivierten Lebensweise verknüpft, die sich mehr oder weniger qua Standes- oder Klassenzugehörigkeit automatisch einstellte, stellte sich nun heraus, daß eine der bis dahin als besonders kultiviert geltenden Nationen nicht davor gefeit war, in menschen- und lebensverachtende Barbarei abzusinken. Kultivierung der Sitten durch Wissenschaft und Künste hatte Auschwitz nicht verhindert, sondern aus der Perspektive der Kritik der instrumentellen Vernunft sogar ermöglicht[1]. Ein Massenmord diesen Ausmaßes ist nur auf einem besonders hohen technologischen und administrativen Entwicklungsstand der Gesellschaft durchzuführen, m. a. W. es braucht ein hohes Maß an kultivierter Organisation, um ein Unternehmen diesen Ausmaßes systematisch durchzuführen. „Mit dem Mord an Millionen durch Verwaltung", so Adorno, „ist der Tod zu etwas geworden, das so noch nie zu fürchten war. Daß in den Lagern nicht mehr das Individuum starb, sondern

---

[1] Stellvertretend seien hier zwei richtungsweisenden Arbeiten der Holocaust-Forschung genannt: Horkheimer, Max/Th. W. Adorno: Dialektik der Aufklärung (1944). Philosophische Fragmente. Frankfurt a. M. 2002. Und: Z. Bauman: Dialektik der Ordnung. Die Moderne und der Holocaust (1989). Hamburg 1992.

das Exemplar, muß das Sterben auch derer affizieren, die der Maßnahme entgingen. Der Völkermord ist die absolute Integration, die überall sich vorbereitet, wo Menschen gleichgemacht werden, geschliffen wie man beim Militär es nannte, bis man sie, Abweichungen vom Begriff ihrer vollkommenen Nichtigkeit, buchstäblich austilgt"[2].

Angesichts des organisierten Verbrechens gegen die Menschheit und Menschlichkeit, begangen von einer hoch entwickelten Kulturnation, ist es kein Wunder, daß unter dem Label ‚Bildungstheorie' ein Forschungsgebiet eröffnet wurde, das bis heute mehr oder weniger im deutschsprachigen Raum beheimatet ist. Nicht allein deswegen, weil der Begriff ‚Bildung' in gewisser Weise unübersetzbar ist – einer der Gründe warum nicht in deutsch veröffentlichende Autoren vorzugsweise auf den Begriff der Paideia zurückgreifen, wenn sie über Bildung sprechen[3]. Vielmehr ist ‚Bildung' nirgendwo so sehr zum Problem geworden wie in Deutschland nach 1945. Wie konnte es passieren, daß ausgerechnet das „Land der Dichter und Denker" moralisch kollabierte, so daß kein Dichter und Denker mehr übrig blieb, den Kollaps zu diagnostizieren?[4] Bis in die gegenwärtige Pisastudie hallt diese Frage nach, denn wieder wird gefragt, warum im „Land der Dichter und Denker" die Kinder verlernt haben zu lesen. Und wieder schwingt etwas Verkehrtes, halb-begriffenes in solchen Fragen mit, denn es waren die Rezitatoren von Schillers „Glocke", die Auschwitz nicht verhindert haben, und die Transportoffiziere waren durchaus in der Lage, komplexe Dienstanweisungen nicht nur zu lesen, sondern auch zu verstehen.

Vor diesem Hintergrund steht das Forschungsgebiet der Bildungstheorie wirklich vor einem besonderen Problem. Nicht nur hat sie mit einem Begriff und Gegenstand zu tun, der sich einer positiven oder normativen Definition entzieht, so daß jede bildungstheoretische Abhandlung unweigerlich mit einer vorläufigen Bestimmung dessen, was unter Bildung zu verstehen sei, anfangen muß. Nicht nur steht Bildungstheorie angesichts des Faktums der Unabschließbarkeit von Bildungsprozessen vor dem Dilemma, einen idealen Zustand von Bildung noch nicht einmal denken zu können, es sei denn, man behilft sich mit der reformpädagogischen Floskel, daß der Weg

---

[2] Th. W. Adorno: Negative Dialektik (1966). In: Ders.: Gesammelte Schriften. Hrsg. v. R. Tiedemann et al. Bd. 6. Frankfurt a. M. 1973³. S. 355.
[3] Vgl. z. B. Z. Bauman: Die Krise der Politik. Hamburg 2000. S. 147 ff.
[4] Vgl. dazu auch die hervorragende historische Analyse der jüdisch-deutschen Akkulturation von F. Stern: Dann bin ich um den Schlaf gebracht. Ein Jahrtausend jüdisch-deutsche Kulturgeschichte. Berlin 2002.

das Ziel sei. Darüber hinaus stellt sich die wirklich substantielle Frage, ob Bildung, selbst wenn sie gelänge, sich der zivilisatorischen Barbarei in den Weg stellt, oder ob sie nur eines ihrer Instrumente ist. Von der Beantwortung dieser Frage hängt alles ab.
Erst wenn gezeigt werden kann, daß Bildung eine Waffe gegen Unmenschlichkeit ist und als Programm der Humanitas, der Menschwerdung Geltung beansprucht, macht die zweite Frage, ob Bildung lehrbar sei, überhaupt erst Sinn. Ginge es nur um das Erlernen technischer und sozialer Kompetenzen, die notwendig sind, sowohl die individuelle als auch gesellschaftliche Existenz sicherzustellen, brauchten wir diese Frage nicht zu stellen. Auch wenn Deutschland im internationalen Wissensvergleich nur schlecht abgeschnitten hat, wissen wir doch, daß es grundsätzlich möglich ist, diese Techniken zu lehren. Aber es geht um Moral, die sich nicht, wie noch in der Antike, in einzelne lehrbare Tugenden aufsplittern läßt. Von der Moral wissen wir eigentlich nicht, ob sie lehrbar ist oder nicht. Wir wissen nur, daß es um sie nicht gegangen sein kann, als unsere Eltern- und Großeltern nächtelang Balladen auswendig lernten, und nicht erledigte Hausaufgaben mit Strafarbeiten, Demütigungen und Rohrstock geahndet wurden.
Eigentlich war der Weg nicht weit vom freien Rezitieren von Schillers „Bürgschaft" bis zur Identifizierung der eigenen Gesellschaft als Tyrannei des Terrors. Es fehlte nur der kleine pädagogische Fingerzeig, der den üblichen Deutschunterricht in bildenden Unterricht hätte überführen können. Ohne diesen Fingerzeig aber war der Unterricht bloßer Drill, Gehirnwäsche und erzeugte jene Willfährigkeit, die nötig ist, um die Augen angesichts des Unfaßbaren zu verschließen. Deshalb fängt jedes Terrorregime mit Konditionierungsprogrammen der jungen Generation an. Konditionierungen sind leicht durchführbar, empirisch zu kontrollieren und entsprechen der instrumentellen Verwertungslogik, dem ideologischen Zentrum der bürgerlichen Konkurrenzgesellschaft. Darüber hinaus verhindern sie vor allem Bildung, d. h. die kritische Distanz gegenüber dem, was ist, aus dem Blickwinkel der Moral, die sagt, wie es sein soll.
Vorläufig ließe sich also sagen, daß eine ernsthafte Auseinandersetzung mit der Frage nach der Möglichkeit von Bildung zu spezifizieren ist als Frage nach der Möglichkeit von moralischer Bildung und im Hinblick auf die deutsche Geschichte eigentlich nur gestellt werden kann als Frage nach der Möglichkeit von moralischer Erziehung **nach** Auschwitz. Dies ist der tiefe Sinn von Adornos Forderung, daß die wichtigste Aufgabe von Erziehung

sei, daß Auschwitz sich nicht wiederhole[5]. Abseits dieses Reflexionshorizonts von moralischer Selbstverantwortung brauchen Bildung und der Weg zu ihr weder problematisiert noch eingefordert zu werden. Auschwitz ist zwar phänomenologisch betrachtet ein deutsches Spezifikum, die ihm zugrunde liegende instrumentelle Vernunft aber nicht, die sich durch den gesamten Prozeß der Moderne zieht. Dieser von Bauman im Anschluß an Adornos und Horkheimers „Dialektik der Aufklärung" herausgearbeitete Kontext von Moderne, Rationalisierung und Demoralisierung erlaubt zwar keine positive definitorische Bestimmung von Bildung, welche sich logischerweise erst im nachhinein, nach Vollzug, beurteilen ließe, wohl aber die These, daß Bildung notwendig mit einer moralischen Handlungsweise verknüpft ist, oder es handelt sich nicht um Bildung.

Da die moralische Qualität einer Handlung nur schwer zu messen ist – es sind nicht immer moralische Triebfedern, die die Veranstalter von Wohltätigkeitsbasaren motivieren – erscheint es nicht sinnvoll, von der Bildungstheorie einen verbindlichen Qualitätsmaßstab für Bildung zu erwarten. Man muß sich damit abfinden, daß es weder eine Bildungsformel gibt und schon gar nicht einen Bildungskanon. Daher macht das von Dietrich Schwanitz in die Bestsellerlisten gebrachte Buch „Bildung. Alles, was man wissen muss"[6] als Summe dessen, was man weiß oder wissen sollte, aus bildungstheoretischer Sicht keinen Sinn. Macht der Formalismus des kategorischen Imperativs Sinn bezogen auf die absolute Verbindlichkeit des moralischen Gesetzes, jedermann als Zweck an sich selbst zu betrachten[7], so läßt sich Bildung demgegenüber nicht imperativisch erzwingen. Zwar kann ich aus der absoluten Verbindlichkeit des moralischen Gesetzes heraus die Forderung an mich selbst und an andere erheben, nur solche Handlungsmaximen für das je eigene Handeln zuzulassen, die mit dem Gesetz übereinstimmen oder wie Kant sagt, niemals anders zu verfahren „als so, daß ich auch wollen könne, meine Maxime solle ein allgemeines Gesetz werden"[8]. Aber eine absolute Kontrolle der Triebfeder oder der inneren Motivation des Handelns kann naturgemäß nicht durchgeführt werden.

---

[5] Th. W. Adorno: Erziehung nach Auschwitz. In: Erziehung zur Mündigkeit. Vorträge und Gespräche mit H. Becker 1959-1969. Hrsg. v. G. Kadelbach. Frankfurt a. M. 1971.
[6] D. Schwanitz: Bildung. Alles was man wissen muss. Frankfurt a. M. 1999.
[7] I. Kant: Grundlegung zur Metaphysik der Sitten (1785/86). Kants gesammelte Schriften. Hrsg. v. d. Königlich Preußischen Akademie der Wissenschaften. Berlin 1902-23. Bd. IV. Kap. I
[8] Ebd.

Dieser moralische Imperativ, der er in Geboten wie: „Du sollst Vater und Mutter ehren" relativ ungebrochen aufscheint, läßt sich nun aber nicht ebenso bruchlos in einen Bildungsimperativ umformulieren. Die Aufforderung: „Du sollst dich bilden", macht ungefähr genauso viel Sinn wie: „Du sollst mich lieben", nämlich gar keinen. Auch wenn man sich Kants Position anschließt und die Bestimmung des Menschen darin setzt, seine Fähigkeiten „einmal vollständig auszuwickeln"[9], schließt dies kein Gebot der Pflicht zur Bildung ein. Ein Bildungsimperativ benötigte im Unterschied zum Formalismus des allgemeinen moralischen Gesetzes noch einen Bildungskanon, über den er sich verständlich macht, und der immer an seine Zeit gebunden ist. Nicht nur wechseln mit den Zeiten auch die Sitten, darüber hinaus hat die Anpassung an den herrschenden Moralkodex noch nie als moralische Handlungsweise gegolten, weshalb auch noch nie derjenige als gebildet galt, der das Wissen seiner Zeit in vorgefertigten Formen zur Schau stellt. Sapere aude – von Kant übersetzt als: „Habe Mut, dich deines eigen Verstandes zu bedienen" – heißt eben nicht, lies Cicero, löse algebraische Aufgaben und antworte im Zweifelsfall so, wie es dein Vorgesetzter erwartet. Sapere aude heißt, vergewissere dich der Vernunft, prüfe ob die Maximen deines Handelns mit dem Gesetz übereinstimmen, prüfe, ob das tradierte Wissen moralisch praktisch zu rechtfertigen ist! Prüfe!
So ließe sich vielleicht doch eine, wenn auch nur ganz allgemeine Bestimmung von Bildung geben. Es wäre die Fähigkeit, Sachverhalte auf ihre Sinnwahrheit[10] und nicht nur auf ihre sachliche Richtigkeit hin zu überprüfen, also das Sein vom Sollen unterscheiden zu können. Es reicht eben nicht aus zu wissen, daß ein Drittel der Menschheit unterhalb der Armutsgrenze leben, sondern zur Bildung würde gehören zu fragen, warum das so ist und was ich dafür tun könnte, daß diese Zahlen andere werden. Moralisches Handeln wäre dann solches, das seine Maximen mit dem allgemeinen Willen, den Welthunger zu bekämpfen, in Übereinstimmung brächte. So ist in der Tat Bildung, d. h. die Fähigkeit zu prüfen, Bedingung für moralisches Handeln, wie umgekehrt Bildung ohne ihre Ausrichtung auf humanitäre gesellschaftliche Praxis bloßes Faktenwissen wäre, von Adorno auch

---

[9] Ders.: Idee zu einer allgemeinen Geschichte in weltbürgerlicher Absicht (1784). In: A. a. O. Bd. VIII. A 389.
[10] Vgl. F. Kaulbach: Philosophie des Perspektivismus. Bd. I. Berlin/New York 1990.

Halbbildung genannt[11]. Diese führt dann geradewegs zum technokratischen Expertenwissen, das nicht mehr unterscheidet zwischen Mensch und Dingen, sondern zwischen größeren und kleineren Stückzahlen.

Der Preis für Bildung scheint hoch. Nicht nur, daß es keinen festen Wissenskanon gibt, nicht nur, daß derjenige, der auch nur einen Hauch von Bildung versteht, schlechterdings zugeben muß, daß er nichts wirklich weiß, wie Sokrates Schüler schon mit Erstaunen zur Kenntnis nehmen mußten, nein, der hinter diesem Nichtwissen liegende Anspruch, dem unabschließbaren Bildungsprozeß durch lebenslanges Prüfen und Lernen gerecht zu werden, setzt gewissermaßen den sich Bildenden einem „expansiven Zwang zum Dauerlernen" aus[12]. Dies bedeutet zusammengefaßt, daß das Ziel der Bildung Nichtwissen ist im Sinn des Verlusts aller unmittelbaren Gewißheit, und ihr Weg Arbeit ist, nichts als Arbeit. Dieser Zusammenhang von Bildung und Arbeit ist der zentrale Gegenstand von Hegels Phänomenologie.[13]

Dies war nicht immer so. Sokrates selbst lebte in einer Zeit, in der man die Arbeit den Sklaven überließ und Bildung eher mit Muße und dem freien Spiel der schöpferischen Kräfte in Verbindung brachte als mit Arbeiten, das durch Zwang, Routine, Selbstentfremdung und Verdinglichung gekennzeichnet ist. Wenn eine gelungene Paideia sich auch gerade durch ihren Verzicht auf sicheres Wissen zu erkennen gibt und daher „Dauerlernen" ihr Prinzip ist, so hätte Sokrates doch niemals Zwang als Motor von Bildung anerkannt[14]. Denn ebenso wie es für moralisches Handeln unabdingbar ist,

---

[11] Th. W. Adorno: Theorie der Halbbildung (1959). In: Ders.: Gesammelte Schriften. Hrsg. v. R. Tiedemann et al. 3. Auflage. Bd. 8: Soziologische Schriften I. Frankfurt a. M. 1990. S. 93-121.

[12] L. Pongratz: Bildung als Ware: Die Transformation des Bildungsbürgers zum Selbstvermarkter. In: J. Claßen (Hrsg.): Erich Fromm – Erziehung zwischen Haben und Sein. Eitorf 2002. S. 37-55. S. 42.

[13] Vgl. dazu: U. Reitemeyer, Bildung und Arbeit von der Aufklärung bis zur nachmetaphysischen Moderne. Würzburg 2001.

[14] Der Präsident der deutschen Industrie- und Handelskammer Ludwig Georg Braun drückt sich auf einem Weiterbildungskongreß in Köln 2002 folgendermaßen aus: „Die regelmäßige Weiterbildung muß für jeden einzelnen so selbstverständlich werden wie der regelmäßige Urlaub" (zitiert in: Ruhrnachrichten vom 19. 7. 2002). Zwar verbindet Braun oberflächlich betrachtet Bildung mit Muße, Selbstverwirklichung und indirekt auch mit Selbsttätigkeit, indem er Weiterbildung und Urlaub miteinander vergleicht. Denkt man aber an die Massenabfertigungen an Flugplätzen, Raststätten oder Urlaubsorten während der Ferienzeit, läßt sich auch mit diesem Vergleich der Eindruck von Weiterbildung als lebenslange Zwangsveranstaltung nur schlecht vermeiden.

daß Handlungsmaximen aus freiem Willen dem Gesetz untergeordnet werden, ist Selbsttätigkeit für Bildung unhintergehbar. Diese muß zwar aufgefordert werden, darin besteht die moralische Nötigung des Lehrers, kann aber durch ihn nicht erzwungen werden. Mit anderen Worten die Profitlogik, die im Hinblick auf die Expansion des Warenumschlags auf Mehrfachqualifikationen, Flexibilität und Mobilität setzt, instrumentalisiert das Bildungsideal der lebenslangen Offenheit gegenüber neuem Wissen für ihre eigenen Zwecke, indem sie einen Bildungsimperativ setzt, ohne daß es die Marktstrategen auch nur für nötig hielten, ihre Definition von Bildung preiszugeben. Wer sich nicht weiterbildet, verliert seinen Job. Ohne Zusatzqualifikationen kein beruflicher Aufstieg und ohne Kenntnis des mainstream keine gesellschaftliche Anerkennung.

Wer einmal in den Gesellschaftsromanen des 19. Jahrhunderts geschmökert hat, in denen sich das Bildungsbürgertum ein literarisches Denkmal setzte, muß feststellen, daß es seitdem keinen tiefgreifenden Wandel im allgemeinen Bildungsverständnis gegeben hat – trotz Auschwitz. Nach wie vor dient Bildung vor allem als funktionales Statussymbol in dem Sinne, daß derjenige, der es zu etwas gebracht hat, über das Wissen verfügt, das man braucht, um top zu sein. Daß es im 19. Jahrhundert unbedingt notwendig war, Konversation mit gängigen französischen oder italienischen Phrasen auszuschmücken, während es heute eher die angelsächsische Terminologie ist, die den Ton angibt, ändert nichts daran, daß die Partizipation am Zeitgeist darüber entscheidet, welchen Platz ein jeder in der Gesellschaft einnimmt. Wer im mainstream schwimmt, zeichnet sich aber gerade nicht durch sokratisches Nichtwissen aus, sondern weiß, wo es langgeht. Er ist sich sicher im Netz der Gewißheiten und würde wahrscheinlich nicht verstehen, warum Kant keinen großen Unterschied zwischen ihm und dem Hausvieh hätte erkennen können[15]. Und Kant wäre fortgefahren, daß der Unterschied zwischen dem Vieh und dem Halbgebildeten der sei, daß das Hausvieh, zwar domestiziert, aber doch näher der Natur, der zivilisatorischen Barbarei nicht fähig gewesen wäre. An diesem Punkt war Kant guter Rousseau-Schüler.

Es ist nicht so, als hätte Auschwitz passieren müssen, um die Differenz vom unabschließbaren Aufklärungsprojekt zu lebenslangen Konditionierungsmaßnahmen erkennen zu können. Immerhin hatte Rousseau den „Émile" geschrieben, Lessing „Nathan der Weise" und Kant Friederich II.

---

[15] I. Kant: Idee zu einer allgemeinen Geschichte in weltbürgerlicher Absicht. A. a. O. A 394.

die freie Rede abgerungen. Aber Auschwitz ist passiert – inmitten der bürgerlichen Gesellschaft – zu einer Zeit, als es zu einer achtjährigen Volksschulausbildung noch gehörte, leserlich und orthographisch einwandfrei zu schreiben, Grundrechenarten einschließlich elementarer Geometrie und Algebra problemlos zu beherrschen, und Geschichtsdaten ebenso abfragbar waren wie die Namen der höchsten Berge in Deutschland und dem Rest der Welt oder die Namen der zwölf Apostel. Wie viele Eltern wären heutzutage nicht froh, wenn ihre Kinder nach vier Jahren Gymnasium wenigstens wüßten, wo sie auf der Landkarte den Bodensee finden.
Einziger Trost ist die Erkenntnis, daß dieses Wissen nicht Bildung sein kann, denn sonst wäre Auschwitz nicht passiert. Nichts tröstet. Auschwitz ist passiert, nicht nur den Juden, sondern auch den Deutschen, der deutschen Bildung, deren Teil die deutschen Juden oder jüdischen Deutschen sind.

Stellen wir noch einmal die Frage: Ist Bildung lehrbar nach Auschwitz? Oder mit Adorno gefragt: Dürfen nach Auschwitz noch Gedichte geschrieben werden?[16] Sollten wir uns nicht einfach mit simplen Menschenparkmodellen anfreunden, die wenigstens das Risiko des systematischen Genozids ausschalten würden durch biomanipulative oder sozialisatorische Vernichtung des freien Willens, der Quelle allen Übels? Wenn Auschwitz sich nicht wiederholen darf und eine Bedingung für Auschwitz die von Adorno diagnostizierte Halbbildung ist, die bloßes Faktenwissen beinhaltet, das sich dem jeweiligen Zeitgeist anbiedert, dann kann der technokratisch regierte Menschenpark nicht das Lösungsmodell sein, in dem allein Systemfunktionalität die Maßstäbe setzte. Das Menschenpark Modell unterliegt dem „Gärtnerprinzip", d. h. der Gärtner entscheidet zwischen „Unkraut" und Kulturpflanze, denn die Natur trifft diese Unterscheidung nicht. Hier

---

[16] In der „Negativen Dialektik" relativiert Adorno gewissermaßen sein früheres Urteil und fragt statt dessen „ob nach Auschwitz sich noch leben lasse, ob vollends es dürfe, wer zufällig entrann und rechtens hätte umgebracht werden müssen. Sein Weiterleben bedarf schon der Kälte, des Grundprinzips der bürgerlichen Subjektivität, ohne das Auschwitz nicht möglich gewesen wäre" (a. a. O. S. 355-356). Hier zeigt sich die tödliche Aporie der Negativen Dialektik, der Dialektik **nach** Auschwitz: Gerade der Unschuldige wird in den Sog der Schuld gezogen, nur weil er überlebt. Überlebende Reflexion macht sich schuldig qua existierender Reflexivität. Auschwitz macht aus der Perspektive des „der Maßnahme Entronnen" **jeden** zum Täter, der nicht Opfer der „Maßnahme" wurde. Vgl. auch: M. Brumlik: kein Weg als Deutscher und Jude. Eine bundesrepublikanische Erfahrung. München 1996.

wird der freie Wille nicht gebändigt und von seinen rohen Triebfedern befreit, hier wird er vernichtet von einem „Gärtner", der den Namen der instrumentellen Vernunft trägt[17].

Wir wissen, daß Bildung sich nicht in den Dienst der Verwertungslogik stellt, und daß sie keinen Profit abwirft. Wir wissen, daß jeder, ich meine wirklich, jeder Mensch bildsam ist, sonst wäre er nicht Mensch. Alles andere wäre Rassismus und widerspräche dem Egalitätsprinzip des bürgerlichen Rechtsstaats. Darum ist der Menschenpark nicht eine andere Option, sondern das Ende einer selbstverantworteten geschichtlichen Praxis, das Ende des Rechtsstaats, und in diesem Sinn in der Tat das Ende der Geschichte und der Welt. Das von den Neokonservativen prognostizierte Ende der Geschichte würde dann aber nicht ausgelöst durch den Verfall der Sitten[18], sondern durch die Zerstörung des freien Willens.

Läßt sich die Frage nach der Bedingung der Möglichkeit von Bildung also dahingehend präzisieren, ob freier Wille lehrbar sei? Gut aufklärerisch argumentiert ließe sich fragen, warum denn freier Wille überhaupt gelehrt werden müsse, da der Mensch doch frei geboren und erst durch die gesellschaftlichen Verhältnisse in Ketten gelegt werde? Müßte es nicht ausreichen, so fragt Rousseau, den Zögling von Geburt an von den gesellschaftlichen Zwängen fernzuhalten, um seine natürliche Freiheit zu bewahren? Wäre nicht ein so sich festigender freier Wille besser imstande, den gesellschaftlichen Zwängen und Entfremdungsprozessen zu begegnen und die Integrität des Individuums zu sichern? „Wenn es euch", so Rousseau, „ge-

---

[17] Zygmunt Bauman zitiert Erwin Bauer und Martin Stämmler, zwei deutsche Wissenschaftler von Weltruf aus der Zeit des nationalsozialistischen „social engineering": „Auslöschung und Bewahrung sind die beiden Pole, um die sich die Kultivierung der Rasse dreht und mit denen sie arbeitet. Auslöschung ist die biologische Vernichtung des minderwertigen Erbguts durch Sterilisation, das heißt die quantitative Unterdrückung des Krankhaften und Unerwünschten. ... Die Aufgabe besteht darin, daß Volk vor der Überwucherung durch Unkraut zu schützen" (Z. Bauman: Dialektik der Ordnung. A. a. O. S. 87.). Daß es von der Zwangssterilisation zur Erschießung und Vergasung sogenannter Minderwertiger aus der Sicht „rationaler Gesellschaftsplanung" (ebd.) nur noch ein kleiner Schritt war, liegt auf der Hand.

[18] Vgl. F. Fukuyama: Das Ende der Geschichte. Wien 1992 und sein zuletzt auf deutsch erschienenes Buch Der große Aufbruch. Wien 2000, in dem Fukuyama die These aufstellt, daß die Rückbesinnung auf den Tugendkatalog und die normativen Bindungen des viktorianischen Zeitalters hilfreich sein könnten, Kriminalisierung und Gettoisierung der amerikanischen Jugend zu verhindern und dadurch das Ende der Geschichte abwenden zu können. Solche Thesen werden dann von den Herausgebern weitsichtig oder sogar vorausahnend genannt.

lingt nichts zu tun und zu verhindern, daß etwas getan werde, den Zögling gesund und stark ins zwölfte Lebensjahr zu bringen, selbst wenn er links von rechts nicht unterscheiden kann, so würde sich nun sein Geist von der ersten Lektion an öffnen. Nichts würde den Erfolg eurer Bemühungen verhindern, da er ohne Vorurteile und Gewohnheiten ist. Bald wäre er unter euren Händen der weiseste Mensch. Ihr habt mit Nichtstun begonnen und endet mit einem Erziehungswunder"[19].

Die Losung der Aufklärung heißt daher nicht, den freien Willen durch Erziehung hervorzubringen und zu formen, auch nicht, die schöpferischen Kräfte zu erzeugen – einem Hauptanliegen der Reformpädagogik[20] – sondern den freien Willen zu bewahren, bzw. die schöpferischen Kräfte vor Verbildung zu schützen. Solches erzieherisches Handeln wird seit Rousseau als negative Erziehung bezeichnet, weil sie nicht vorschreibt, zwingt, bestraft oder schmeichelt, sondern bewahrt, verhindert, verlangsamt und die Natur des Zöglings „belauscht". Statt willkürlicher pädagogischer Autorität ausgesetzt zu sein, beugt sich der Wille des Zöglings nur dem „Joch der Notwendigkeit"[21], dem die pädagogische Autorität ebenso unterstellt ist. „Der Zwang der Verhältnisse muß der Zügel sein, der ‚Émile' hält, nicht die Autorität"[22], d. h. weder Zögling noch Erzieher können eine Realität erzwingen, die nicht ist bzw. Irrationalität durch eine wie auch immer sophistisch ausufernde Argumentation in Vernunft umwandeln.

Es scheint so zu sein, daß Erziehung und Bildung in der Weise verschwistert sind, daß Erziehung nur dann in einen Prozeß der (Selbst-)Bildung übergeht, wenn sie auf Selbsttätigkeit beruht, die als pädagogisches Prinzip mit dem freien Willen korrespondiert. Darum muß Erziehung negativ sein und kann die pädagogische Verantwortung nicht auf einen Bildungskanon abschieben, dessen Ziele dann nur noch normativ durchzudrücken wären, selbst dann, wenn er sich die „Entfaltung der schöpferischen Kräfte" auf

---

[19] J. J. Rousseau: Émile oder über die Erziehung (1762). Paderborn 1985[7]. S. 72-73.
[20] In seinem Vortrag: „Rede über das Erzieherische", den Martin Buber anläßlich einer reformpädagogischen „Tagung für Erneuerung des Bildungswesens" 1919 in Heppenheim hält, kritisiert er ausdrücklich die hinter dem Begriff der „Entfaltung der schöpferischen Kräfte" verborgene Entmündigung des Zöglings, da Entfaltung als Sache des Erziehers verstanden werde, Bildung dagegen mit „Schöpfertum" zu tun habe, d. h. mit Selbstschöpfung, auch „natürliche Selbsttätigkeit" genannt, auf welche „die Erziehung der ganzen Person aufzubauen" sei. Vgl. M. Buber: Rede über das Erzieherische (1919). In: Reden über Erziehung. Heidelberg 1959. S. 15.
[21] J. J. Rousseau: Émile. A. a. O. S. 70
[22] Ebd.

die Fahnen schreibt. Ist Ziel der Bildung das autonome moralische Subjekt, das gelernt hat, seine individuellen Interessen in ein Verhältnis zum allgemeinen Willen zu stellen, wodurch es eben seinen freien Willen unter Beweis stellt, dann kann dieses Ziel nicht erreicht werden, wenn zuvor der Wille durch Erziehung gebrochen wird. Daher ist Drill, auch im reformpädagogischen Gewand der Kreativitätsförderung, tödlich für die Freiheit und erste Maßnahme jedweder Gewaltherrschaft.
Bildung, verstanden als Selbstkonstituierung des moralischen Subjekts, hat den freien Willen zum Prinzip, der, wenn er wirklich frei ist, mit dem guten Willen übereinstimmt. Freiheit und Unterordnung unter das Gesetz schließen sich nicht aus, sondern sind deckungsgleich. Wird der Wille nicht gebrochen und kennt er als Grenze nur das „Joch der Notwendigkeit", das Joch der Vernunft, dann können die aus ihm folgenden Handlungen nur ‚gut' sein, zunächst nicht im Sinne des moralisch Guten, welches eine besondere Reflexionsleistung abverlangt, sondern im Sinne des natürlich Guten. Dies kann streng genommen noch nicht gutes Handeln hervorbringen, ist aber die unabdingbare Voraussetzung dafür, daß das Gute erkannt wird und intentionales Handeln nach sich zieht. Wäre der Mensch von Natur aus gut im moralischen Sinne, dann bedürfte es keiner Erziehung, auch nicht der negativen. Dann würde es ausreichen, den Zögling zu warten und ihn ansonsten sich selbst zu überlassen. Viele Beispiele aus der Heimerziehung belehren uns eines Besseren, weshalb Kants Diktum, daß der Mensch nur durch Erziehung zum Mensch werde[23], unumstößlich ist.
Wenn moralisches Handeln ein Handeln aus Freiheit ist, weil Selbstverpflichtung nicht durch äußeren Zwang entsteht, kann dieser nicht das pädagogische Mittel sein, den freien Willen „zur Vernunft" zu bringen. Die Frage ob Bildung lehrbar sei, hängt daher eng zusammen mit der Frage, wie der freie Wille, ein guter, ein vernünftiger Wille wird, bzw. wie aus der ungezügelten Freiheit gesetzliche oder in Rousseaus Worten „wohlgeregelte Freiheit" wird[24]. Da Willkür und Zwang allein aus logischen Gründen

---

[23] I. Kant: Über Pädagogik (1803). In: A. a. O. Bd. IX. A 8.
[24] J. J. Rousseau: Émile. A. a. O. S. 71. Es heißt: „Man hat (in der Erziehung) alle Mittel erprobt, außer dem einen, das zum Erfolg führen kann: die wohlgeordnete Freiheit. Man darf sich nicht mit Erziehung befassen, wenn man die Kinder nicht durch die beiden Gesetze des ‚Möglichen' und des ‚Unmöglichen' dorthin zu leiten versteht, wo man sie haben möchte. Da beide Bereiche dem Kind unbekannt sind, kann man sie nach Belieben einengen oder erweitern. Mit dem Band der Notwendigkeit, bindet, treibt oder hält man es zurück, ohne daß es murrt. Die bloße Macht der Dinge macht es gefügig und folgsam.

ausscheiden, bleibt nur der Weg der Aufforderung zur Selbsttätigkeit, die, wie oben gezeigt, nicht direkt befohlen werden kann. „Sei selbsttätig" wäre ein ebenso in sich widersprüchlicher Befehl wie: „Du sollst dich bilden", da Befehle genau das verhindern, worum es hier geht, nämlich um das Prinzip der Selbstverpflichtung. Die Pflicht des Menschen sich zu bilden bzw. vernünftig zu werden und moralisch zu handeln, kann nur in „ich will" – Formulierungen zum Ausdruck gebracht werden. Bildender Unterricht, dem es genau um dieses „ich will" geht, und der daher auf das „du sollst" verzichten muß, kann nur indirekt auffordern, verstärken, wo es not tut und ansonsten das Joch der Notwendigkeit walten lassen, das dem Zögling die Grenzen setzt.

Rousseau und Kant setzen auf Dialog und Diskurs, wenn es um moralische Erziehung bzw. um bildenden Unterricht geht. Das gesamte Erziehungsexperiment „Émile" ist die hypothetische Rekonstruktion eines dialogisch-diskursiven Erziehungsverhältnisses[25], ebenso wie das von Kant entworfene Projekt der Aufklärung diskursiv beschrieben wird und nicht als einmaliger Auswurf einer revolutionären Tat[26]. Methodisch ließen sich das Erziehungsexperiment und das Aufklärungsprojekt folgendermaßen darstellen: solange der Mensch unmündig ist, bedarf es eines pädagogischen Dialogs zwischen Zögling und Erzieher bzw. zwischen Mündigen und noch nicht Mündigen, wobei sorgfältig darauf zu achten ist, daß der Mündige sich nicht als Vormund aufspielt, denn dann, so Rousseau, ist alles verloren, oder wie Kant sagen würde, wäre die Chance vertan, sich selbst am Schopfe zu ziehen und der Unmündigkeit zu entreißen. Denn dies kann der Zögling nur selbst tun, und es ist die Aufgabe des Lehrers zu zeigen, wie der Zögling sich selbst aufklären kann – Schritt für Schritt. Der Lehrer lehrt

---

Kein Laster kann Wurzeln schlagen, denn die Leidenschaften erwachen nicht, solange sie wirkungslos sind."

[25] Vgl. U. Reitemeyer: Perfektibilität gegen Perfektion. Münster 1996. Kap. IV. Vgl. auch: Dies.: Bildung und Arbeit von der Aufklärung. A. a. O. S. 17 ff.

[26] Interessant ist, daß Kant in seiner Aufklärungsschrift Rousseaus Begriff des Jochs der Notwendigkeit indirekt wiederaufnimmt und dem „Joch der Unmündigkeit" gegenüberstellt, welches durch eine Revolution nur vorübergehend seine Macht verlöre. „Daher kann ein Publikum nur langsam zur Aufklärung gelangen. Durch eine Revolution wird vielleicht wohl ein Abfall von persönlichem Despotism und gewinnsüchtiger oder herrschsüchtiger Bedrückung, aber niemals wahre Reform der Denkungsart zu Stande kommen; sondern neue Vorurteile werden eben sowohl als die alten, zum Leitbande des gedankenlosen großen Haufens dienen" (I. Kant: Zur Beantwortung der Frage: Was ist Aufklärung? (1784). In: Kants gesammelte Schriften. A. a. O. Bd. VIII. A 485.)

den Schüler, Fragen zu stellen, welches die Bedingung dafür ist, daß der Schüler auf Antwortsuche geht. Wird der Schüler langsam und sorgfältig geführt, kann er durch Nachfragen des Lehrers nach und nach die Antwort selbst herausbringen und zwar in der Schrittfolge, die er selbst gesetzt hat. Daß er nicht die notwendige Ausdauer verliert, hängt damit zusammen, daß er selbst die Fragen gestellt hat, daß also ein Problem bearbeitet wird, das seines ist, und das er deshalb gelöst sehen will. Am Ende eines solchen problembezogenen Dialogs, in welchem der Zögling selbst die Antwort gefunden hätte, könnte der Lehrer nicht nur vollkommen sicher sein, daß der Schüler nun etwas Neues weiß, daß er etwas gelernt hat. Darüber hinaus hat sich der Schüler eine Methode angeeignet, die ihm zeigt, wie er allein und ohne „Vormund" zu wahren Urteilen kommt, welches den zusätzlichen psychologisch relevanten Nebeneffekt hat, daß dadurch das Selbstbewußtsein gestärkt wird. Gerade das Selbstbewußtsein ist ja der erklärte Feind von Unterdrückung und Verdinglichung oder wie Kant mitleidslos formuliert, der Feind von selbstverschuldeter Unmündigkeit[27].
In seiner Urteilskraft durch dialogischen Unterricht gestärkt, wird der Zögling mehr und mehr unabhängig von den pädagogischen Hilfestellungen und lernt, die für den Sachverhalt angemessene Bearbeitungsmethode selbst auszuwählen und anzuwenden. Er hat inzwischen erfahren, daß auch der Lehrer nicht auf alle Fragen eine Antwort weiß, und daß jede Antwort eine neue Frage aufwirft. Hier ist der Übergang vom pädagogischen Dialog zum offenen Diskurs, welcher dadurch gekennzeichnet ist, daß die Diskursteilnehmer allesamt nicht wissen, zu welchen Antworten sie gelangen. Denn hätten sie schon Antworten, brauchten sie nicht in einen Diskurs einzutreten. Der Diskurs ist nämlich weniger als ein Gespräch zwischen gleichrangigen Experten anzusehen, wie Habermas ausführt[28], sondern als ein Gespräch unter gleichrangig Nichtwissenden, nichtwissend jedenfalls an dem Punkt, der hier und jetzt zur Diskussion gestellt wird. Daher kann ein Dis-

---

[27] Ebd. A 481.
[28] Vgl. hierzu Habermas ersten Entwurf des „reinen kommunikativen Handelns": Wahrheitstheorien. In: Festschrift für Walter Schulz zum 60. Geburtstag. Pfullingen 1974, in der die formale Gleichheit der Diskursteilnehmer dadurch gewährleistet ist, daß sie über die gleiche Sprachkompetenz verfügen, welches indirekt die ideale Sprechsituation als eine Gesprächsrunde zwischen Experten festlegt, denn nur in einer Expertenrunde kann von einer „formalen Gleichverteilung der Chancen, eine Rede zu eröffnen und fortzusetzen" gesprochen werden (ebd. S. 256.), die jene symmetrische Kommunikationsstruktur gewährleistet, die allein die Hierarchisierung von Wissensformen verhindert.

kurs auch stattfinden zwischen Teilnehmern unterschiedlichen Alters, unterschiedlicher Bildung und Kultur und auch unterschiedlicher Gesinnung, solange der Wille zum Konsens besteht, und ein jeder bei der Wahrheit bleibt.

Dies also ist die Methode der indirekten, negativen Erziehung: ausführliche Beobachtung der kindlichen Neigungen und Interessen, behutsame Ermunterung zum Fragenstellen durch ein Arrangement von Lernsituationen, dialogischer Unterricht im Rhythmus des Zöglings und diskursive Offenheit hinsichtlich von Fragen und Problemen, für die es keine letzten Antworten gibt. Aus der methodischen Perspektive ließe sich die Frage nach der Lehrbarkeit von Bildung sogar positiv beantworten, denn solange der hier als dialogisch-diskursiv beschriebene Unterricht möglich scheint unter entsprechenden bildungspolitischen Maßnahmen, solange ist auch das Projekt Bildung nicht nur ein hohles Versprechen, sondern ein Leitfaden der Vernunft, eine Utopie, für die es zu streiten lohnt, trotz oder gerade wegen Auschwitz.

Bisher haben wir Bildung über Ausführungen zu Moral, Vernunft, Freiheit und zu der mit diesen Prinzipien korrespondierenden negativen Erziehung zu konkretisieren versucht und sehen uns jetzt mit einem weiteren Bestimmungsmerkmal, der Utopie, konfrontiert. Warum ist Bildung notwendig ein Prospekt und steht daher ebenso notwendig in Widerspruch zu dem, was hier und jetzt ist? Zunächst einmal steht fest, daß jedes Wissen über seine Zeit hinausreicht, weil es von Generation zu Generation transportiert wird und nicht abstirbt mit denen, die es vermittelt haben. Jede Generation ist immer nur Zwischenstation, welches tröstlich ist, denn es schiebt das Ende der geschichtlichen Welt weit nach hinten heraus. Daß es solches Ende wohl geben müsse, war den Menschen nicht erst seit Erfindung der Atombombe klar, sondern spiegelt sich in allen noch erhaltenen Mythen wider. Der Mensch ist nur ein Gast auf dieser Welt und macht sich die Natur nur vorübergehend untertan, denn sie schlägt zurück im Augenblick seines Triumphs. Totale Naturbeherrschung, einen Augenblick lang nur, wäre das Ende der geschichtlichen Welt, d. h. des Menschen als Träger von Erinnerungen, durch die sich das Wissen an die nachfolgenden Generationen weiterleitet. Die Natur braucht nicht den Menschen, um die Kette von Ursache und Wirkung fortzusetzen, doch der Mensch, den Naturgesetzen unterworfen, bedarf bestimmter Lebensumstände, bestimmter natürlicher Verhältnisse, um sich zu erhalten. Darin besteht seine natürliche Abhängig-

keit, innerhalb derer sich alles Freiheitsstreben nur realisieren kann und damit auch der utopische Entwurf, der streng genommen auch nichts anderes ist, als die Zeit, in der er steht, gedanklich zu erfassen.
Dies bedeutet, daß Utopie einer gewissen „Bodenhaftung" bedarf, um sich von einem leeren Hirngespinst zu unterscheiden, und daß sie notwendig mit der Gesellschaft verknüpft ist, aus der heraus sie entworfen wird. Ebenso ist es mit dem Projekt der Erziehung und Bildung. Gerichtet auf die Lebenswelt der zukünftigen Generation, nimmt es diese utopisch als eine im Vergleich zur bestehenden gesellschaftlichen Wirklichkeit besser zu gestaltende Welt in den Blick, ohne zu wissen, ob dieser Entwurf die zukünftige Lebenswelt der nächsten Generation überhaupt noch trifft. Von diesem Standpunkt aus betrachtet, scheint es unumgänglich, daß jede Generation sich der vorgefundenen Lebenswelt neu stellen muß und ihren Lebensentwurf daran ausrichtet. Dennoch entbindet diese biographische Selbstverantwortung der heranwachsenden Generation den Erzieher nicht des projizierenden Blicks, d. h. Erziehung muß einem Plan folgen, der den Horizont des Zöglings notwendig sprengt und damit die je unmittelbare Gegenwart. Ohne einen auf die Zukunft des Zöglings gerichteten Plan wäre Erziehung nicht Erziehung, sondern allenfalls Wartung und Disziplinierung, und das Wissen der Eltern könnte nie überschritten werden.
Doktrinäres Denken, das einen bestimmten Reflexionsstandpunkt absolut setzt, hat seine Wurzeln in genau diesem ebenso borniertem wie konservativen Selbstverständnis des „machthabenden" Zeitgeists, in der besten aller nur möglichen Welten beheimatet zu sein und favorisiert daher eine pädagogische Theoriebildung, die unter das Motto fallen würde: „Bloß keine Experimente!" Daß solche Pädagogik unpädagogisch wäre und die Wissensvermehrung nicht erklären könnte, welche ja nicht evolutionär zu deduzieren ist wie das Erlernen des aufrechten Gangs, liegt auf der Hand, ebenso die Tatsache, daß wir immer noch Aas fressen müßten, wenn die Kinder nicht das Wissen ihrer Eltern vermehrt hätten. Das Bewußtsein des Todes und das damit verbundene Wissen, daß die nachwachsende Generation bald auf sich selbst gestellt sein wird, diese Sorge um die Existenz der Gattung, geht seit dem Verlust natürlicher Unmittelbarkeit, seit dem paradiesischen Fall, einher mit dem Bewußtsein von der Notwendigkeit von Erziehung, die als Weitergabe von Wissen auch auf jene Zeit „danach" gerichtet werden muß, wenn der Ratschlag der Alten nicht mehr zur Verfügung steht. Je weniger die erziehende Generation diese Zeit „danach" in den Blick nahm, um so langsamer wuchs das Wissen und um so beständi-

ger und unumstößlicher erschienen die Lebensverhältnisse. Deshalb, so sagt Rousseau, hat sich die Menschheit in ihren Anfängen nur langsam weiterentwickelt[29] und, so ließe sich schließen, verdanken sich die Entwicklungsschübe der Moderne einem eher prospektiven und experimentellen Verständnis von Bildung und Wissen.

Immer, wenn es um mehr geht als um die Weitergabe von bloßen Überlebensstrategien in der vorgefundenen gesellschaftlichen Wirklichkeit, geht es um die reale Mitgestaltungskompetenz von Zukunft, die niemand kennt, aber für die man gerüstet sein muß. Daher hat Erziehung auch weniger mit der Vermittlung von Faktenwissen zu tun, das erstens schnell veraltet und zweitens immer begrenzt ist. Vielmehr ist Erziehung das Bemühen, dem Zögling zu zeigen, wie er seine vielfältigen Fähigkeiten nutzen kann, sich Wissen selbst anzueignen. Erziehung zielt so betrachtet auf Bildung, die schlechterdings immer Selbstbildung ist. Die Frage ob Bildung lehrbar sei, erweist sich vor diesem Hintergrund als Frage nach den Möglichkeiten von erziehendem, bildendem Unterricht in Zeiten, in denen Erziehung mehr und mehr institutionalisiert wird.

Inwiefern kann öffentlicher Unterricht erziehend und bildend gedacht werden angesichts überfüllter Klassenräume und leerer Kassen, angesichts einer anachronistischen Didaktik, die den Curricula weit hinterherhinkt, und einer Bildungspolitik, deren Richtlinien von kurzzeitigen Arbeitsmarktprognosen gesetzt werden? Wahrscheinlich bedarf es einer utopischen Sichtweise jenseits von 45-Minuten-Takt, Notendruck und Selektionszwang, die Unterricht noch als erziehend und bildend versteht. Wahrscheinlich verdienten solche bildungspolitischen Maßnahmen das Prädikat „Reform", die statt von Zentralisierung und Standardisierung zu reden, viel zu frühe Selektionsmaßnahmen rückgängig machten, die Eltern zwingen, leseschwache Kinder in Hochbegabtenkursen anzumelden. Es wären Maßnahmen, die es möglich machten, einerseits einen fortgeschrittenen Englischkurs zu besuchen, aber auch den Stoff des Mathematikunterrichts wiederholen zu dürfen, ohne sitzenzubleiben oder die Schule wechseln zu müssen. Es wären Maßnahmen, die der Selektion, dem „Gärtnerprinzip", machtvoll entgegenträten und der Würde des Menschen entsprächen.

---

[29] J. J. Rousseau: Abhandlung über den Ursprung und die Grundlagen der Ungleichheit unter den Menschen (1754). In: Schriften. Hrsg. v. H. Ritter, Frankfurt a. M. 1988. Bd. I.

2. Ist Bildung meßbar?

Gewissermaßen fällt die Frage nach der Lehrbarkeit von Bildung zusammen mit der Frage nach der Möglichkeit von erziehendem und bildendem Unterricht, d. h. wir können davon ausgehen, daß Bildung nur dort stattfindet, wo Erziehungsräume und keine Qualifikationsanstalten geschaffen werden. Wie können wir aber bildenden Unterricht von eindimensionalem Lernen und kurzsichtigem Qualifikationsstreben unterscheiden? Ist der Bildungsgrad von Unterricht meßbar?

Da Bildung, wie oben herausgearbeitet wurde, nicht normativ verstanden werden kann im Sinne eines Wissenskodex, der erlernt werden muß, sondern nur negativ zu definieren ist in Abgrenzung zur automatischen Übernahme und Tradierung eines unhinterfragten Vorwissens, erscheint es unmöglich, den Bildungsgehalt von Unterricht positiv abzufragen. Empirische Untersuchungen können daher nicht mit Fragen einsetzen, die direkt danach fragen, ob ‚Bildung' geschieht. Eine direkte Befragung würde erstens voraussetzen, daß eine verbindliche Definition von Bildung existierte, wobei zu bezweifeln ist, ob ein jeder den menschheitsgeschichtlichen Kontext, in dem Bildung steht, unmittelbar mit dieser Frage verknüpft. Zweitens erscheint der Versuch, Bildung zu messen, ein eher unmögliches Unterfangen zu sein, weil aus der Summe von hundert oder tausend Einzelwahrnehmungen dennoch kein verbindlicher Maßstab für Bildung ersichtlich würde, allenfalls ein Querschnitt subjektiver Befindlichkeiten.

Die Fragen, die gestellt werden müssen, um bildenden Unterricht von der bloßen Anhäufung von Faktenwissen unterscheiden zu können, müssen also indirekt formuliert sein und thematisieren Unterrichtsmerkmale, beispielsweise ob sich der Lehrer im Unterrichtstempo nach den Schülern richtet oder umgekehrt, ob Zeit für Nachdenken und Fragen ist oder ob der vermeintlich kürzere Weg des Eintrichterns von Wissen gewählt wird. Wichtig ist auch, daß die gleichen Fragen beiden Seiten vorgelegt werden, damit sowohl die gegenwartsbezogenere Perspektive des zu Unterrichtenden als auch die planende Perspektive des Pädagogen berücksichtigt wird. Indirekte Befragung zum Thema bildender Unterricht zielt nicht, wie man vermuten könnte, auf Informationen, die hinter dem Rücken des Befragten gewonnen werden, welches in Fragebögen geschieht, die ein Waschmittel verkaufen wollen, aber nach dem beliebtesten Schauspieler fragen. Die Befragten sollten von Anfang an wissen, um welchen Gegenstand es geht,

in diesem Fall um das Problem Bildung, und sollten durch den Fragebogen selbst in ein Reflexionsverhältnis zu dem Gegenstand treten können. Mit einem Fragebogen sollte daher nicht versucht werden, Wissen abzufragen, welches ein völlig unpädagogisches Verfahren darstellen und darüber hinaus auch nur zu sehr zweifelhaften Resultaten führen würde angesichts des Umstands, daß abfragbares Wissen nicht automatisch zu Bildung führt oder ihr entspricht. Innerhalb von Bildungsprozessen geht es nämlich nicht um die Vermittlung von formelhaftem, den meisten Menschen unverständlichem Wissen, sondern gewissermaßen um ein „universal anwendbares Wissen"[30]. Dies ist nun gerade nicht, wie Giddens meint, identisch mit „Expertenwissen", sondern ist ein verständliches, logisch strukturiertes Wissen, das jedermann zugänglich ist und so den Diskurs ermöglicht.
Entgegen der Methode des Abfragens von formelhaftem Wissen sollte der Fragebogen zur eigenen Stellungnahme auffordern und Raum geben für zusätzliche Kommentare. Diese können dann zwar nicht vollständig in Daten übersetzt werden, dienen aber der Ergänzung des Fragekatalogs, der nie vollständig sein kann, und dadurch eine offenere Struktur erhält. Eine nicht verdeckte, aber dennoch indirekte Befragung nach dem Bildungsanspruch von Unterricht aus der Perspektive von Lehrern und Schülern[31] kann dann folgendermaßen verfahren:

Erster Schritt: Aufklärung über Ziel, Zweck und Gegenstand der Befragung

Am einfachsten ist es, den Fragebogen thematisch auszuweisen. In der im Sommersemester 2002 von uns durchgeführten Untersuchung trug er den Titel: **Fragebogen zum Thema Schule, Bildung, Werteerziehung und „Praktische Philosophie".** Damit war einerseits das Feld abgesteckt rund

---

[30] A. Giddens: Leben in einer posttraditionalen Gesellschaft. In: U. Beck et al.: Reflexive Modernisierung. Eine Kontroverse. Frankfurt a. M. 1996. S. 156.
[31] Weitere Differenzierungen sind möglich, z. B. können Aussagen von jüngeren und ältern Schülern, jüngeren und älteren Lehrern, aber auch wie in unserem Projekt mit Aussagen von Studierenden verglichen werden. Außerdem ließen sich die Lehrer nach ihren Unterrichtsfächern oder auch nach dem Schultyp, innerhalb dessen sie unterrichten, differenzieren (vgl. unten: II Empirischer Teil). Da es sich hier aber um einen allgemeinen Problemaufriß empirischer Untersuchungen zum Gegenstand ‚Bildung' handelt, wird durch die einfache Gegenüberstellung der Schüler-Lehrer Perspektive zunächst einmal nur auf die Notwendigkeit der Mehrdimensionalität des Fragehorizonts hingewiesen, die in Teil II differenziert bearbeitet wird.

um den Kontext von Bildung und moralischer Erziehung, gleichzeitig aber keine begriffliche Vorentscheidung getroffen, durch die der Eindruck erweckt werden würde, daß es so etwas wie eine sichere Definition von Bildung gäbe. Es wurde entgegen des oben beschriebenen kritischen Bildungsverständnisses mit dem Begriff „Werteerziehung" sogar die positivistische, instrumentelle Interpretationsvariante von Bildung angeboten[32]. Intendiert war nicht nur, ein gängiges Vorverständnis von moralischer Bildung zu repräsentieren, in dem sich dann die Mehrheit wiederfinden und gleichzeitig ihres offenen oder heimlichen Bildungspositivismus überführt würde. Vielmehr sollte der Fragebogen von vornherein den offenen Charakter der Studie zu erkennen geben, sollte deutlich machen, daß diese Untersuchung eben deshalb durchgeführt wird, weil es nicht um die bloße Erhärtung eines bereits feststehenden Wissens geht. Da die meisten empirischen Studien im Grunde genommen immer schon wissen, wonach sie zu fragen vorgeben, brauchten sie eigentlich gar nicht durchgeführt zu werden. Deshalb fallen ja auch politische Umfragen so verschieden aus und richten sich mehr nach der parteipolitischen Zugehörigkeit der Meinungsforschungsinstitute als nach dem Sachverhalt, der zu ermitteln wäre.

Zweiter Schritt: Spezifizierung des in Frage stehenden Sachverhalts

Einleitend sollten allgemeine Fragen den Sachverhalt ‚Bildung' spezifizieren und dessen interdisziplinäre, komplexe Beschaffenheit wenigstens durch eine übergreifende Fragestellung angedeutet werden. So fragten wir:

In den letzten Jahren wird zunehmend die Forderung nach einer neuen Werteorientierung erhoben. Sind Sie der Meinung, daß ...
a)... sich die Gesellschaft in einer besonderen Umbruchsituation befindet?
b)... man zu moralischem Handeln erziehen kann?
c)... ‚Werte' im Schulunterricht vermittelt werden können?

---

[32] Zur Kritik des instrumentellen und ökonomischen Charakters von sogenannter ‚Werteerziehung' vgl. den hervorragenden Aufsatz von L. Koch: Wert und Würde in der Erziehung. In: Vierteljahrsschrift für wissenschaftliche Pädagogik 77. Heft 1 (2001). S. 6-24.

Mit dieser einleitenden, problemorientierten Fragestellung[33] wurde einerseits die Differenz zwischen moralischer Bildung und Werteerziehung benannt, andererseits aber auch die Stellung der Schule im Prozeß gesellschaftlicher Umbrüche thematisiert und damit indirekt auf die gesellschaftliche Funktion von öffentlicher Bildung hingewiesen, die nämlich zuallererst den Zweck erfüllen soll, das gesellschaftliche System funktionstüchtig zu erhalten. Je mehr also die Befragten dem öffentlichen Unterricht zutrauten, „Werte" zu vermitteln, um so ungebrochener war nicht nur das Vertrauen in die Vermittelbarkeit von „Werten", sondern, so ließe sich sagen, vor allem das Vertrauen in die Werte selbst, daß es also „Werte" gibt, die eine intergenerationelle Geltung beanspruchen, keinem historischen Relativismus unterliegen und deshalb auch vermittelt werden sollten. Die Frage war offen und „aufklärerisch" gestaltet, denn durch die Differenzierung war es den Befragten möglich, für die Notwendigkeit von moralischer Erziehung einzutreten, ohne gleichzeitig einem pragmatischen Positivismus von „Werteerziehung" anheimzufallen oder umgekehrt die Vermittlung von Werten in der Schule für möglich zu halten, aber nicht moralische Erziehung. So räumten rund 90% aller Befragten die Möglichkeit von moralischer Erziehung ein, aber nur 75% bedachten die Schule mit der Aufgabe der „Werteerziehung". Daß beide Zahlen ungewöhnlich hoch ausfallen, auch wenn sie mehr eine Kontrafaktizität dokumentieren als den Ist-Zustand, stellt nicht nur ein ungebrochenes Vertrauen in pädagogische Praxis unter Beweis, sondern darüber hinaus die Einsicht in die Notwendigkeit von moralischer Erziehung überhaupt, sowohl seitens der Erzieher als auch der Schüler. Zwar hätte auch allgemein gefragt werden können, ob der Mensch der moralischen Bildung bedarf, welches dann vermutlich 100% der Befragten angekreuzt hätten, ohne dann aber zwischen Moral und Wert, Erziehung und Sozialisation unterschieden zu haben. Die Frage nach der Lehrbarkeit von Moral im weitesten Sinne wird dadurch dem Anspruch

---

[33] Das hier angewandte problemorientierte Verfahren korrespondiert mit dem von mir favorisierten problemorientierten Unterricht, den ich allerdings nicht mit „entdeckendem Lernen" gleichsetze (vgl. E. Terhart: Lehr-Lern-Methoden. Weinheim/München 2000. S. 149ff.), da es nicht nur um die ‚Entdeckung' des Problems geht, sondern auch um dessen Bearbeitung. Bearbeitung impliziert nicht eine resultatorientierte Unterrichtsmethode, aber eine Didaktik, die Lernen durchaus mit Anstrengung verbindet und auch mit der Enttäuschung, daß Anstrengung und Arbeit nicht immer in abfragbares Wissen münden (vgl. M. Gronemeyer: Lernen mit beschränkter Haftung. Über das Scheitern der Schule. Berlin 1997).

gerecht, sowohl in die Thematik einzuführen, den Untersuchungsgegenstand zu differenzieren und Antworten nicht suggestiv festzulegen.

Dritter Schritt: Gegenüberstellung von Theorie und Praxis

Die Differenz oder Übereinstimmung zwischen dem Anspruch von Bildung und dessen Transformation in Unterrichtspraxis sollte durch den Vergleich zweier Fragestellungen ermittelt werden:

a) Welche Qualitäten bzw. Qualifikationen verbinden Sie mit dem Begriff der Bildung bzw. des gebildeten Subjekts?
b) Welche Maßnahmen müssen ergriffen werden, um Schulunterricht in erziehenden und bildenden Unterricht umzuwandeln?

Verbanden etwa 90% mit dem Begriff der Bildung vielfältige Kenntnisse in verschieden Wissensgebieten, so wünschten sich doch nur 75% eine Verringerung der Anzahl der Schüler pro Klasse. Dies legt den Schluß nahe, daß immerhin 15% derjenigen, die Bildung mit Vielfalt verbinden, glauben, diese Vielfalt im durchschnittlichen eins zu dreißig Verhältnis vermitteln zu können, welches nicht gerade auf ein diskursives Unterrichtsverständnis schließen läßt. An diesem Punkt läßt sich gut die indirekte, aber offene Methode der Befragung demonstrieren. Die Befragten können aus einer Vielzahl von Optionen mehrfach wählen, müssen sich aber gefallen lassen, daß die gewonnenen Resultate mit den Resultaten eines anderen Fragekomplexes verglichen werden, wodurch Informationen preis gegeben werden, die direkt und eindimensional nicht hätten ermittelt werden können. Wer hätte schon offen zugegeben, daß er das übliche Frage- und Antwortspiel, das in unseren Klassenzimmern stattfindet, für ausgesprochen bildend hält?
Noch deutlicher wird die Diskrepanz zwischen Bildungsanspruch und Bildungswirklichkeit im öffentlichem Unterricht, wenn man etwa die 81% der Lehrer nimmt, die die Leitformel „Solidarität statt Egoismus" favorisieren und mit den 25% der gleichen Berufsgruppe vergleicht, die eine Hausaufgabenbetreuung seitens der Schule befürworten. Dadurch wird deutlich, daß man zwar so etwas wie einen moralisch perspektivierten Begriff von Bildung hat, aber nicht bereit ist, dafür zu arbeiten. Leere Formeln kosten nichts. Für den Ausbau der Hilfsangebote für lernschwache Schüler stimmten immerhin 65%, welches sich zwar auch nicht ganz mit den über

80% der Solidaritätsverfechter deckt, aber in dieser allgemeinen Fassung – man selbst ist ja nicht gemeint – eine Mehrheit findet. So stellten auch nur knapp 43% der Lehrer ihr pädagogisches Engagement in Frage und taten dies um so weniger, je länger sie unterrichteten.

Vierter Schritt: Reflexion und Perspektivierung

Hier wurde den Befragten die Möglichkeit gegeben, einen Prospekt bildenden Unterrichts zu entwerfen im Kontext gesellschaftlicher Vermittlungsprozesse. Es wurde offen gefragt:

1. Wann ist Unterricht als gelungen zu bezeichnen?
2. Welche Schlußfolgerungen würden Sie aus der PISA-Studie ziehen im Hinblick auf den gegenwärtigen Zustand von Schule und Gesellschaft?

Während beide Fragekomplexe für sich stehend zu keinen überraschenden Ergebnissen führen, treten im direkten Vergleich einzelner Antwortgruppen bemerkenswerte Differenzen auf. Nur knapp 5% der Lehrer geben an, daß die Einhaltung des „Zeitplans" für die Stoffvermittlung ein Kriterium für gelungenen Unterricht sei, andererseits sprechen sich aber nur etwas mehr als 50% für interdisziplinären Unterricht aus, obgleich diese Option mit dem Zusatz angereichert wurde, daß es um die Vermittlung von Schlüsselqualifikationen ginge. Dies bedeutet, für kleine Reformen ist man zu haben, etwa mehr Unterricht in Doppelstunden, eine große Reform aber, wie die Auflösung des starren Jahrgangsunterrichts oder des Fächerkanons steht nicht auf dem Programm, und dies um so weniger, je länger die Lehrer im Geschäft sind. Dieses Ergebnis ist nicht erstaunlich, denn wer möchte noch mit Mitte fünfzig in Weiterbildungsmaßnahmen oder ähnliches geschickt werden, oder Methoden ändern, die doch jahrzehntelang eigentlich ganz gut funktioniert haben?

Der hier an einigen Einzelfragen exemplarisch vorgestellte Fragebogen, der *indirekt* Informationen zum Bildungsgehalt öffentlichen Unterrichts einzuholen versucht, unterscheidet sich substantiell von üblichen empirischen Erhebungen, die von der Meßbarkeit von Bildung ausgehen und deren Maßstab dann ein diffuser Begriff von Allgemeinbildung ist, der sich in nichts von einem lexikalischen Stichwortwissen unterscheidet. So hat etwa ein Psychologenteam der Universität Bochum einen Wissenstest entworfen, „welches auf 11 Dimensionen das Allgemeinwissen erfaßt"[34]. Das Team gibt zu, daß „Ausgangspunkt dieser Überlegungen die in Industrie und Wirtschaft verbreitete Ansicht" war, „daß Hochschulabsolventen, die in das Berufsleben einsteigen, sich zwar durch umfangreiche fachspezifische Kenntnisse auszeichnen, jedoch vielfach einen erheblichen Mangel an Allgemeinwissen aufweisen". Diesem Mangel versucht man dadurch auf die Spur zu kommen, daß man zunächst erst einmal Allgemeinbildung als die Summe von Spartenwissen definiert, und damit unter der Hand und völlig unwissenschaftlich Allgemeinbildung mit der Anhäufung von positivem, auf Knopfdruck abfragbarem Wissen gleichsetzt. Diese Reduktion von Allgemeinbildung auf Spartenwissen, von Adorno auch Halbbildung genannt, wird dadurch verdeckt, daß dies ausschnitthafte Wissen als das Ganze der Bildung ausgegeben wird, und daß derjenige, der nicht über die in elf Sparten versammelten Kenntnisse auf Abruf verfügt, mit dem Prädikat „Halbwissen" versehen wird[35]. Indem die von Adorno und der Kritischen Theorie gerügte Halbbildung des Bildungsbürgertums, die mit dem hier abgefragten Spartenwissen identisch ist, noch einmal als das Ganze der Bildung in Anschlag gebracht wird, so als hätte es das große Versagen des Bildungsbürgertums nicht gegeben, als es darauf ankam, bringt man sich durch solche Abfragerei auf eine Art und Weise ins Geschäft, die unseriöser gar nicht sein könnte. Sollte ein Personalchef wirklich den Fehler begehen und Mitarbeiter danach auswählen, wie häufig sie in Talkshow-Tests das richtige Kreuzchen gemacht haben, dann sollte es niemand wundern, wenn die Konzernspitze immer noch kritisiert, daß Schlüsselqualifikationen Mangelware seien. Und wer im Anschluß an die PISA-Studie den dramatischen Rückgang kontextuellen Lernens beklagt, der sollte nun nicht gerade einen Wissenskanon vorschreiben, den zu beherrschen weniger eines kontextuellen Sinnverständnisses bedarf als einer trainierten Merkfähigkeit. Daß man solche Zurechtstutzung im Berufsleben braucht, welches durch Stechuhr, Konkurrenzkampf und flexiblen Seitenwechsel gekennzeichnet ist, ist wohl nicht abzustreiten. Die richtige Beantwortung von Quizfragen aber als Indikator für Allgemeinbildung auszugeben, ist völlig unseriös, weil Allgemeinbildung eben nicht im multipel choice Verfahren zu ermit-

---

[34] Internetdokument: http://www.testentwicklung.de/Wissenschaft.html (vom 12. 9. 2002)
[35] Ebd.

teln ist, sondern allenfalls durch Dialog und Diskurs, also in einem Gespräch, das auf die Sinnwahrheit aus ist, die hinter den bloßen Fakten steht.

Beispielaufgabe des Wissenstests[36]

1. Gesellschaft, Zeitgeschehen, Politik Was behandelt der 1. Artikel des Grundgesetzes? a) Versammlungsfreiheit b) Gleichheit vor dem Gesetz c) Menschenwürde d) Meinungsfreiheit	2. Ernährung, Bewegung, Gesundheit Welcher Mineralstoff ist besonders wichtig für den Aufbau und Erhalt von Zähnen und Knochen? a) Kalzium b) Kalium c) Magnesium d) Eisen	3. Biologie, Chemie Wie bezeichnet man einen Muskel zum Heranziehen eines Körpergliedes? a) Adduktor b) Abduktor c) Antagonist d) Protagonist
4. Bildende Kunst Welcher spanische Maler malte die „brennende Giraffe"? a) Francisco José Goya b) Pablo Picasso c) Joan Miró d) El Greco	5. Philosophie, Religion Wie bezeichnen sich die Mormonen selbst? a) Die Erwählten b) Die Gesandten Christi c) Kirche Jesu Christi der Heiligen der letzten Tage d) Apostelamt Jesu Christi	6. Technik, EDV Wer startete 1900 mit seinem 128 Meter langen Starrluftschiff? a) Die Brüder Montgolfier b) Otto Lilienthal c) Graf Ferdinand von Zepein d) Hindenburg
7. Geografie, Verkehr Der Große Sklavensee befindet sich in welchem Land? a) Russland b) Brasilien c) Kanada d) China	8. Geschichte, Archäologie In welchem Jahr wurde der Warschauer Pakt gegründet? a) 1880 b) 1942 c) 1955 d) 1968	9. Sprache, Literatur Wer verfaßte die Melodie der deutschen Nationalhymne? a) Joseph Haydn b) Johannes Brahms c) Felix Mendelssohn Batholdy d) Richard Wagner
10. Wirtschaft, Recht Wie heißt das Verfahren, in dem versucht wird, den Konkurs eines Unternehmens abzuwenden? a) Fusion b) Vergleich c) Treuhand	11. Mathematik, Physik Wie viele Hektar sind 1 Quadratkilometer) a) 5 b) 10 c) 50 d) 100	

---

[36] Vgl. Die Zeit. Nr. 38 vom 12. September 2002.

Mit dieser Art Tests verhält es sich so, daß erfolgreiches Abschneiden eine Zufriedenheit erzeugt wie nach gewonnenem Pokerspiel, wenn man das Glück auf sein Können zurückführt statt auf die Karten, und umgekehrt schlechtes Abschneiden aber nicht auf unprofessionelles Handwerk, sondern auf ein schlechtes Blatt schiebt. Völlig ungeklärt ist auch, warum die Frage aus der Sparte Mathematik/Physik den höchsten Schwierigkeitsgrad darstellt, die Frage aus der Sparte Biologie/Chemie aber nur einen leichten. Immerhin reichen zur Beantwortung der Rechenaufgabe Grundschulkenntnisse, sollte man sich denn erinnern. Zur Identifizierung des Adduktors als eines Muskels zum Heranziehen eines Körpergliedes müssen aber wenigstens die Elementarkenntnisse der lateinischen Sprache verfügbar sein, wenn der Adduktor nicht gerade wie in manchen Berufen in die Alltagssprache fällt oder kurz zuvor Unterrichtsgegenstand war. Nicht auszuschließen, daß so mancher Schüler, gut trainiert im Datensammeln und ausschnitthaftem Denken, diesen Test besser bewältigt hätte als mancher Universitätslehrer. Ich habe jedenfalls genau in der Sparte gepatzt, in der ich mich eigentlich durch lebenslanges Studium auskennen sollte, nämlich in dem Ressort Philosophie/Religion. Hielt ich die Mormonen für die Gesandten Christi, wer sonst könnte männerdominierte Polygamie rechfertigen, geben sie sich selbst den bürokratischen Namen der „Kirche Jesu Christi der Heiligen der letzten Tage". In gewisser Weise hat mir meine Bildung, mein Vorwissen aus gelesenen und zum Teil verstandenen Büchern einen Strich durch die Rechnung gemacht. Wäre mir nicht all mein Wissen über Sektierertum in die Quere gekommen, hätte ich vielleicht darauf kommen können, daß die Mormonen nicht nur viele Kirchen haben, sondern sich auch als eine Kirche verstehen. Nun gut, ich lag daneben, müßte ich deswegen jetzt von rechts wegen die Lehre niederlegen oder wenigstens eine Weiterbildungsmaßnahme in Anspruch nehmen? Ist meine Lehre von Halbwissen gekennzeichnet und wäre sie vollständiger, wenn ich diese Fragen hier alle richtig beantwortet hätte? Ist Wissen, ist das Bildungsniveau auf diese Art meßbar? Zur Beantwortung dieser Frage legten wir den Wissenstest den Teilnehmern der Vorlesung „Ist Bildung lehrbar?" vor in der Annahme, daß es sich in einer erziehungswissenschaftlichen Vorlesung um ein wenig spezialisiertes, interdisziplinäres Fachpublikum handelt und daher ein breiterer Zugang zum Allgemeinwissen vermutet werden konnte als etwa von Teilnehmern einer Vorlesung über gegenwärtige Forschungsmethoden der anorganischen Chemie. Dennoch fielen die Ergebnisse nicht besonders gut aus, und mancher Teilnehmer hätte wohl

Probleme gehabt, einen Ausbildungsvertrag bei der Bank oder Stadtverwaltung zu erhalten. Ein knappes Drittel der Befragten beantwortet weniger als die Hälfte der Fragen richtig und nur drei von 78 Hörern (3,8%) blieben fehlerfrei.

Auswertung des Wissenstests
Befragt wurden 78 Vorlesungshörer

I. Allgemeine Auswertung
Durchschnittliche Fehlerquote aller Testteilnehmer:
42,6% (das entspricht 4-5 falsche Antworten)

Fehlerquote	Anzahl der Personen	Prozentualer Anteil
0 Fehler (100% richtig)	3	3,8%
1 Fehler (90% richtig)	5	6,4%
2 Fehler (80% richtig)	6	7,7%
3 Fehler (70% richtig)	11	14,1%
4 Fehler (60% richtig)	14	17,9%
5 Fehler (50% richtig)	16	20,5%
6 Fehler (40% richtig)	16	20,5%
7 Fehler (30% richtig)	6	7,7%
8 Fehler (20% richtig)	1	1,3%

II. Differenzierung der einzelnen Fragen

Fragekategorie	falsche Antworten
Gesellschaft, Zeitgeschehen, Politik (Kategorie: einfach) [1]	4 (5,1%)
Ernährung, Bewegung, Gesundheit (Kategorie: sehr einfach) [2]	6 (7,7%)
Technik, EDV (Kategorie: einfach) [6[	18 (23,1%)
Biologie, Chemie (Kategorie: einfach) [3]	28 (35,9%)
Sprache, Literatur (Kategorie: mittel) [9]	30 (38,5%)
Geschichte, Archäologie (Kategorie: schwer) [8]	35 (44,9%)
Wirtschaft, Recht (Kategorie: mittel) [10]	46 (59,0%)
Philosophie, Religion (Kategorie: mittel) [5]	50 (64,1%)
Mathematik, Physik (Kategorie: schwer) [11]	55 (70,5%)
Geographie, Verkehr (Kategorie: schwer) [7]	56 (71,8%)
Bildende Kunst (Kategorie: mittel) [4]	nicht gewertet

Wäre Bildung so einfach zu messen, wie indirekt durch den Wissenstest behauptet, dann müßten wir eigentlich nicht fragen, ob und wie sie lehrbar sei. Bildung als Anhäufung bloßen Faktenwissens liefert die Didaktik gleich mit: Eintrichtern ums Verrecken, und wer sich wehrt, wird eine Stufe tiefer auf halbe Geschwindigkeit gesetzt. Irgendeiner muß ja schließlich die Wurst kochen oder den Müll einsammeln.

Nach der Lektüre solcher empirischen Befragungsmethoden stellen wir, wie bei der PISA-Studie übrigens auch, fest, daß einseitig positivistisch ausgerichtete Erhebungen eigentlich überhaupt nichts zu den Eigenschaften aussagen, die üblicherweise mit Moral und Vernunft in Verbindung gebracht werden, in deren Mitte wir eingangs den Begriff der Bildung gestellt haben. Rudimentäres strukturelles Denken wird eigentlich nur in der Sparte Geschichte/Archäologie abgefragt, d. h. wußte man vielleicht auch nicht das genaue Gründungsjahr des Warschauer Pakts, so wußte man doch, daß er nicht vor 1945 geschlossen sein konnte und 1968 eigentlich nicht sein Gründungsjahr sein konnte, da ja zu diesem Zeitpunkt schon erste Zerfallserscheinungen auftraten, denkt man an den Aufstand von Prag. Solche Eigenleistung, die fehlendes Faktenwissen hätte ersetzen können, wurde bis auf die Adduktus-Frage aber nicht abgerufen, oder gibt es einen systematischen Weg, ohne Atlas in einer Prüfungssituation herauszufinden, ob der Große Sklavensee in Brasilien, Kanada oder der Mongolei liegt? Eine systematische Frage hätte den Breiten- und Längengrad angeben können und hätte auf diese Weise nicht die Merkfähigkeit, sondern die systematische Denkweise des Probanden getestet.

In dieser Hinsicht war die PISA-Studie dann doch wesentlich weiter, da es ihr ja gerade um das Zusammenhangsdenken ging, auch wenn der Zuschnitt der Fragestellungen ausgesprochen pragmatisch ausgefallen ist, so daß eigentlich nicht viel Raum für eigenständiges Kombinieren blieb. Es ist nicht auszuschließen, daß deutsche Schüler in der Rubrik „Liebesgedicht" als Verfasser gar nicht so schlecht abgeschnitten hätten. Aber dies ist nicht in Skalen von 1-6 zu erfassen und würde sich auch kaum vergleichend messen lassen. Und dennoch wäre ein schönes Liebesgedicht Ausdruck von Bildung in der Mitte zwischen Moral und Vernunft und wäre Unterricht als gelungen zu bezeichnen, wenn der Lehrer einen Zugang zur Poesie eröffnet, welches ihm sicher nicht durch die Erörterung von Rhythmik und Phonetik allein gelingt.

3. Was wollen wir wissen?

So läßt sich festhalten, daß Bildung zwecks eigenständigen Vernunftgebrauch und moralischer Existenzweise nicht direkt meßbar ist wie bloßes Faktenwissen und daher auch nicht direkt, d. h. von oben nach unten im Trichterverfahren gelehrt werden kann. Wird Vernunft als Maßstab für Bildung genommen, müßten wir kantisch nach den Bedingungen von möglicher Bildung fragen, welches die Aufklärer zu der Frage führte, was können wir wissen, wo liegen die Grenzen der menschlichen Vernunft, gibt es auch Wissen, das über die Grenze der Vernunft herausreicht, liegt Metaphysik jenseits dieser Grenze oder ist gerade ihre Logik das Fundament einer nicht ausschließlich instrumentellen Vernunft? Heißt Bildung, an die Grenzen der Vernunft zu stoßen, Wissen als immer begrenztes anzuerkennen gegenüber dem logischen Prinzip der Entgrenzung, welches Wissenschaft und Forschung unmittelbar innewohnt. Hängt die Frage, was können wir wissen mit der Frage nach dem Zweck der Bildung zusammen? Und ließe sich die Frage „Wozu Bildung?" nicht auch in die Frage übersetzen: Was wollen wir wissen, oder moralphilosophisch übersetzt, welches Wissen brauchen wir, um die Welt für uns alle zu erhalten und die Weltgeschichte zu befrieden?

Als ich die von der Berliner Akademie kürzlich gestellte Preisfrage: „Was wollen wir wissen?"[37] mit zwei amerikanischen Freunden diskutierte, antwortete der erste, wie aus der Pistole geschossen: „Alles". Der andere fügte nach einer Weile des Nachdenkens hinzu: „... mit Ausnahme der Kenntnis unseres Todeszeitpunkts", welches mich als metaphysischen Alteuropäer zu der Ergänzung verleitete; „... bzw. des Zeitpunkts des Endes der Geschichte". Alle drei Antworten zusammengenommen repräsentieren wichtige Strömungen des modernen Zeitgeists, durch die die Moderne in eine Dynamik getreten ist, die zu sprengen – glaubt man Albrows These des neuen globalen Zeitalters[38] – ihr selbst nicht mehr obliegt.

---

[37] Vgl. Preisfrage 2002 der Jungen Akademie: „Was wollen wir wissen?" In: Die Zeit. Nr. 38 vom 12. September 2002.

[38] „Eine neue historische Periodisierung ist nur möglich, wenn wir einen Weg finden, von der Gegenwart als einem neuen Zeitalter zu sprechen. Wir müssen [...] zuversichtlich sein, daß es uns gelingt, einen Ausgangspunkt zu finden, um unsere Gegenwart von seiner Zeit unterscheiden zu können". Dieser Ausgangspunkt ist das globale Zeitalter auf dem Fundament der „neuen globalen Zivilisation". „Eine solche Schilderung der neuen Globalität", so fährt Albrow fort, „läßt sich als Aufforderung verstehen, das postmoderne Gefühl des

Die erste Position repräsentiert das moderne Vertrauen in den wissenschaftlich technischen Fortschritt, das auf der Annahme gründet, daß der Mensch nie aufhören wird, zu fragen bzw. sich den aktuellen Problemen zu stellen und diese auch zu lösen vermag. Von dieser Position ist es nicht mehr weit zu dem postmodernen „Anything-goes", das sich hinter der sogenannten Neutralität der Wissenschaft[39] versteckt, als wäre Wissenschaft frei und würde von Hause aus dem „Weltbesten" dienen jenseits von Profit- und Machtinteressen.

Die zweite Position, die dies „Alles" einschränkt, bringt nicht etwa ein moralphilosophisches Argument zur Geltung, sondern ist ebenso zweckrational besetzt. Wir wollen nur soviel wissen, wie unser positives Lebensgefühl nicht beeinträchtigt wird. Laßt sie forschen, grenzenlos zum Wohle der Menschheit, aber klärt nicht auf über den Preis. Wer will schon wissen, wie Schlaftabletten oder Milzbrandbakterien auf ihre Wirkung hin getestet werden? Wer will schon wissen, wann und wie er sterben muß, auch wenn Gentechnologen dies vielleicht aus der ersten Zellbildung ablesen könnten? Solange wissenschaftliche Daten der rationalen Gesellschaftsplanung dienen, mögen die Menschenzüchter uns doch genetisch decodieren, solange sie die bitteren Wahrheiten für sich selbst behalten.

Die dritte Position, wenn sie auch nicht ganz dies materialistische Vorteilsdenken aus dem Auge verliert, mahnt die moralphilosophische Perspektivierung insofern an, als die geschichtliche Integrität der zukünftigen Generationen thematisiert wird, um deren willen sich die Menschheit immer wieder neu erzeugt, und die doch so sehr in Gefahr steht, verloren zu gehen. Die Gefahr des Verlusts der personalen Integrität scheint so unabwendbar, daß etliche in den modernen Industriegesellschaften sich deshalb gegen eigene Kinder entscheiden, da sie diese ja dann über das Ende der

---

Epochenendes hinter sich zu lassen und zu verkünden, daß ein neuer Zeitabschnitt begonnen habe: das Globale Zeitalter. [...] Auf diese Weise können wir verdeutlichen, daß wir die Bedeutung der Grenzen der Moderne zu würdigen wissen und sie als vergangene historische Epoche betrachten, die sie ist, ohne ihre weltgeschichtliche Bedeutung als Expansion des Abendlandes zu verleugnen" (M. Albrow: Abschied vom Nationalstaat. Frankfurt a. M. 1998. S. 24.).

[39] Diese, im Positivismusstreit der deutschen Soziologie wieder auftauchende zentrale Kritik des in der kapitalistischen Verwertungslogik beheimateten gängigen Wissenschaftsbetriebs, die sich hinter dem Neutralitätsanspruch von Wissenschaft verberge, war eines der Merkmale der frühen Kritischen Theorie. Vgl. dazu: M. Horkheimer: Traditionelle und Kritische Theorie (1937) u. Zur Kritik der instrumentellen Vernunft (1947). In: Kritische Theorie. Bd. 2. Hrsg. v. A. Schmidt. Frankfurt a. M. 1972.

Geschichte aufzuklären hätten. Daß Geschichte einmal zu Ende gehen wird, wissen wir, seit wir Kenntnis vom Lebensalter der Sonne haben, die diesen Planeten zum Leben erweckte. Doch kann man aus der Perspektive des Jahres 2002, meinetwegen auch aus der Perspektive des Jahres 500 000 v. u. Z., als der Mensch sich zum aufrechten Gang entschloß, getrost noch ein paar Generationen zulegen, wenn es noch mindestens 50 Millionen Jahre dauert, bis die Sonne verglüht sein wird. Zwar ist es in metaphysischem Sinn sicher nicht unwichtig, die Endlichkeit der Geschichte zu berücksichtigen, die gleichzeitig auch die faktische Endlichkeit des Wissens markiert, doch 50 Millionen Jahre, obgleich Fakt, sind so abstrakt, daß dieses Wissen bedeutungslos ist angesichts der gegenwärtigen Not der meisten Menschen auf diesem Planeten. Nicht einmal der Fakt, daß unsere Welt in zwanzig Jahren erstickt, ist Wissen, das uns heute nützt, ließe sich vermuten angesichts der zähen Verhandlungen um das Kyoto Protokoll. Was wollen wir also wissen? Offenbar längst nicht alles, sondern nur das, was uns nützt, was unsere materiellen Jetzt- und Sofortbedürfnisse befriedigt.

Aber ist es das, was man wissen **muß**? Wären die Gesellschaften nicht längst schon vom Erdboden verschwunden, wenn diese „Hic et Nunc Perspektive" unser gesamtes Wissen-wollen bestimmt hätte? Keine Vorratswirtschaft hätte begonnen, die Aufzucht des Nachwuchses wäre über bloße Wartung nicht hinausgegangen, Sprache wäre vermutlich nicht entstanden, und wir wären, sofern immer noch existent, eine Spezies neben anderen und könnten uns nicht als Endzweck der Schöpfung betrachten, wozu es einer aus der unmittelbaren Natur herausgetretenen sich selbst betrachtenden Vernunft bedarf.

Wenn die Frage der Aufklärung: „Was können wir wissen?" hinreichend beantwortet ist durch das Faktum der Vernunft[40], die das Feld des „Wissenkönnens" absteckt in dem Sinne, daß wir alles wissen können, wohin unsere Vernunft reicht, scheint in der Frage: „Was wollen wir wissen?" eine

---

[40] Das Faktum der Vernunft kann Kant nur indirekt durch das Faktum des Sittengesetzes in Anschlag bringen, dessen Existenz allerdings unleugbar ist, da Vernunft, „unbestechlich und durch sich selbst gezwungen" die Handlungsmaximen am reinen Willen mißt, der wiederum nur von der Vernunft entlassen sein kann. Das moralische Gesetz verbürgt nicht nur das Faktum der Vernunft, sondern darüber hinaus auch die praktische Tendenz der „reinen Vernunft", wodurch die Frage nach dem „Wissen-können" von vornherein immer mit dem moralisch praktischen Anspruch unmittelbar verknüpft ist oder wie Kant sagt: „Reine Vernunft ist für sich allein praktisch und gibt (dem Menschen) ein allgemeines Gesetz, welches wir das Sittengesetz nennen". I. Kant: Kritik der praktischen Vernunft. In: Kants gesammelte Schriften. A. a. O. Bd. IV. S. 55-57.

moralische Konnotation mitzuschwingen. Nicht nur, daß nicht alles, was wir wissen können, nicht unbedingt zweckmäßig oder unmittelbar anwendbar ist. Auch scheint die Anwendbarkeit des Wissens nicht immer für die Legitimität desselben zu stehen. Ist ein präzises Wissen von der Überlebensdauer gesunder Säuglinge in unterkühlten Räumen legitimes Wissen? Wollen wir das wissen, müssen wir das exakt wissen? Reicht es nicht zu wissen, daß Säuglinge Wärme brauchen, um heranzuwachsen? Brauchen wir das Experiment? Wollen wir wirklich wissen, wieviel Atom es braucht, um alles menschliche Leben auszulöschen, wenn sicher ist, das mehr als tausend mal so viel weltweit gebunkert ist? Wenn wir nicht ALLES wissen wollen, was wir wissen können, bedeutet dieser Verzicht einen Rückfall in voraufgeklärte Zeiten oder ist es der Versuch – wie Kant sagen würde – der Geschichte einen Leitfaden der Vernunft zu geben?[41]

Muß die Frage: „Was können wir wissen?" angesichts der selbstzerstörerischen Kraft des instrumentellen Denkens in der Moderne, auf die schon Rousseau aufmerksam machte[42], die aber erst nach Hiroshima und Auschwitz als wirkliche Bedrohung der Menschheit wahrgenommen wurde, muß die Frage nach dem Vernunftvermögen nicht notwendig erweitert werden durch die Frage nach dem Willen, welche eigentlich eine Frage nach dem „Dürfen" ist? Ohne die Pflichtfrage ist die Willensfrage gehaltlos, weil der Wille als Ausdruck der Freiheit sich nur durch die freie und selbsttätige Unterordnung unter die Pflicht zu erkennen gibt, welche das allgemeine moralische Gesetz repräsentiert. Wille, der nicht durch Selbstverpflichtung definiert wäre, wäre reine Willkür und identisch mit jenem „Anything goes", das die Kurzzeitperspektive des Profitstrebens als Vernunftstandpunkt schlechthin ausgibt.

Wie verhält es sich mit „gewaschenem Wissen", Wissen, das eigentlich illegitim zustande gekommen ist, aber jetzt, da es nun mal da ist, auch weiterverwandt wird? Ist nicht Krieg der Vater so vieler Erfindungen, und hat er nicht der Menschheit so viele technologische und kulturelle Schübe beschert? Bekanntlich fallen Späne, wo gehobelt wird, und vielleicht muß ja auch ein Genozid verübt werden, um den volkswirtschaftlichen Schaden rassistischer Politik zu berechnen.

---

[41] I. Kant: Idee zu einer allgemeinen Geschichte in weltbürgerlicher Absicht. A. a. O.
[42] Vgl. J. J. Rousseau: Abhandlung über die Frage, ob die Wiederherstellung der Wissenschaften und Künste zur Läuterung der Sitten beigetragen hat (1750). In: Schriften. A. a. O. Bd. I. Vgl. auch: http://www.notinourname.net/ (vom 15. 9. 2002).

Ja, auch der Holocaust brachte uns Wissen und zwar von zweierlei Art: einmal das Wissen um die Logistik des Massenmords in administrativer und exekutiver Hinsicht, zum anderen das Wissen um die Verwerflichkeit solchen Handelns, das vorher deshalb nicht vorhanden war, weil die Ausrottung ganzer Völker nie den sogenannten zivilisierten Teil der Welt getroffen hatte, und die zivilisatorische Urbarmachung der Kolonien, die auch mit Völkermord einherging, weitab von den europäischen Salons stattfand. Rousseau ist einer der wenigen, die diesen Völkermord brandmarken und mußte sich prompt die Verhöhnung als Naturromantiker gefallen lassen[43].
Nun wissen wir, welches Leid Völkermord einem Volk antut, und zwar den Opfern und den nachfolgenden Generationen, zu denen auch die Kinder der Täter gehören. Wir können über dieses Wissen nicht sagen, wir wollen es nicht wissen. Wissen, das ist, ist, und wenn wir es verschweigen, verdrängen wir es nur und alles kann sich wiederholen – als würde es zum ersten Mal geschehen. Deshalb brauchen wir historisches erinnertes Wissen, durch das wir strukturell zu denken lernen, indem wir durch die Rekonstruktion von historischen Prozessen allgemeine Tendenzen feststellen und gewisse Prognosen wagen können. Nur so können wir verhindern, daß Auschwitz sich nicht wiederholt, daß wir gelernt haben, ohne daß wir es noch einmal passieren lassen müssen.
Fakten können dabei helfen, doch sie sind totes Wissen, solange sie die unmittelbare Lebenswelt nicht berühren. Deshalb wurden die Bewohner rund um die Todeslager gezwungen, in die Massengräber zu sehen, sich die Opfer „sichtbar" zu machen, um Zeugnis abzulegen für die Nachwelt[44]. Im gleichen Kontext stehen auch die Nürnberger Prozesse, die nicht nur ein Tribunal zur Ahndung von Verbrechen gegen die Menschlichkeit darstellten, sondern von den Siegermächten auch als ein wesentlicher Schritt des Re-edukationsprogramms verstanden wurden[45].
Das Wissen ist janusköpfig und mit ihm die Bildung. War es nicht Goebbels, der die neuen Kommunikationstechnologien in Instrumente der Mas-

---

[43] Voltaire verdanken wir jenes Vorurteil gegenüber Rousseau, wodurch die zentrale Bedeutung der Gesellschaftskritik in Rousseaus gesamtem Werk trotz Kants ausführlicher Würdigung bis in die Reformpädagogik erfolgreich verdeckt werden konnte. Vgl. dazu auch: J. J. Rousseau: Brief an Herrn von Voltaire (1760). In: Schriften. A. a. O. Bd. 1.
[44] Vgl. zum psychologischen Effekt der Unsichtbarkeit der Opfer: Z. Bauman: Dialektik der Ordnung. A. a. O. S. 38 ff.
[45] Vgl. dazu auch: S. Radlmaier (Hrsg.): Der Nürnberger Lernprozeß. Von Kriegsverbrechern und Starreportern. Frankfurt a. M. 2001.

senpropaganda oder der Massengehirnwäsche umwandelte und dadurch Wissen erzeugte, das bis heute genutzt wird zur Manipulation von Konsumenten- und Wählerverhalten? Wenn Goebbels Propagandamaschine, sich verfügbares Wissen manipulativ zunutze zu machen, als illegitim identifiziert ist, warum werden erfolgreiche Marktstrategen, die sich des gleichen Instrumentariums bedienen, dann heute hofiert? Legitimiert die Schaffung von Arbeitsplätzen die Massenproduktion von Artikeln, die nicht nur keiner braucht, sondern die zusätzliche Abfallberge schaffen, deren Entsorgung die atmosphärische Balance unseres Planeten schon heute empfindlich stört? Welches Wissen wollen wir? Solches, das den Abfallbergen Herr wird oder solches, das Abfall verhindert, oder beides, weil wir nicht verhindern können, was ist, sondern nur dessen Zuspitzung?

Im Zuge der für die Lebensbedingungen des Menschen immer bedrohlicher werdenden Zerstörung der Umwelt, wissen wir, welches Wissen wir wollen, nämlich jenes, das nützt, uns als Art zu erhalten. Tiere brauchen dieses Wissen nicht, ihr Instinkt reicht aus, sofern er nicht mit Umständen der zweiten Natur konfrontiert ist, die die Anpassungskompetenzen der Spezies überschreiten. Wir wollen nützliches Wissen, Wissen, das den Welthunger verbannt und die Kriegstreiberei, Wissen, das Wohlstand für alle bringt und damit Konkurrenz- und Machtstreben den Boden entzieht. Wir wollen Wissen, das den zukünftigen Generationen den Frieden sichert, und wir wissen, das dieses Wissen, sosehr es auch Nichtwissen ist, nur an das Wissen, über das wir verfügen, anschließen kann. Deshalb müssen wir es lehren, so beschränkt es auch ist, und deshalb gehört dies Wissen um die Beschränktheit des Wissens mehr zur Bildung als das positive Wissen selbst.

Gehört zur Bildung das Wissen um die Vorläufigkeit von Erkenntnissen, so muß die Frage nach dem, was wir wissen wollen, auch die Vorläufigkeit unseres Willens berücksichtigen. Heute wollen wir etwas anderes als morgen, heute erscheint eine Kreditaufnahme sinnvoll, während es morgen dem Unternehmen den Hals brechen könnte aus der Perspektive des „Übermorgen". Der menschliche Wille ist nicht geschichtslos oder orts- und zeitunabhängig. Er entsteht in seiner Zeit und reagiert auf die Umstände, die er vorfindet, bevor er sie verändern kann. Wird auch der Mensch mit diesem Willen geboren als Ausdruck der „Geistigkeit seiner Seele"[46], wie sich

---

[46] „Die Natur befiehlt einem jeden Tier, und das Vieh gehorcht. Der Mensch bekommt eben denselben Eindruck, aber er spürt, daß es bei ihm steht, dem Eindruck zu folgen oder zu widerstehen. Vor allem in dem Bewußtsein dieser Freiheit zeigt die Seele die Eigenschaf-

Rousseau ausdrückte, so ist dieser Wille trotzdem nicht ein unveränderliches Etwas, sondern richtet sich auf Anforderungen und Bedürfnisse seiner Zeit. Nicht anders verhält es sich mit dem Wissen. Wir wollen nicht immer das gleiche wissen, weil das, was man wissen muß, um sich zurechtfinden in der Welt, sich mit der Welt verändert. Freiheit in Kabul sieht entschieden anders aus als in Los Angeles, und der Landarbeiter in Nordbrasilien braucht anderes Wissen als der Flugzeugingenieur in Westeuropa.

Und doch gibt es Wissen, das seine Zeit überdauert und an dem alle Menschen teilhaben unabhängig von Nation, Klasse, Geschlecht und Alter, und auch unabhängig davon, ob es ihnen nun bekannt ist oder nicht. Dies ist, mit Kant gesprochen, das Wissen um die Gültigkeit des moralischen Gesetzes, jeden Menschen als Zweck an und für sich selbst anzuerkennen, unter welches sich der Wille als freier Wille unterzuordnen hat. Nur die durchs Gesetz gebundene Freiheit ist Freiheit im Unterschied zur Willkür, weshalb auch nur jenes Wissen wirklich gewollt werden kann, das diese Bindung eingeht.

Bedeutet dies, daß bestimmte Fragen nicht gestellt werden dürfen, weil sie gewissermaßen moralisch inkorrekt sind? Und selbst wenn dies so wäre, würde dies weiterhin bedeuten, daß sie nicht gestellt würden? Und wenn sie erst einmal auf dem Tisch sind, kann man sie dann wieder wegwischen, als wären sie nie aufgeworfen worden? Wohl kann der Wille durch die Pflicht gebunden werden, aber kann der Wille als gebundener auch das Wissen binden? Wenn die Gedanken frei sind, dann sind sie auch frei, das Böse zu wollen. Dies ist die dunkle Seite des menschlichen Willens, die Kant durch Vernunft unschädlich zu machen glaubte, indem er den freien Willen durchs Faktum der Vernunft von vornherein auf die Bahn des Guten geschickt sah und darin das entscheidende Differenzierungsmerkmal zum tierischen Instinktverhalten erkannte.

Aber – und hier haben die sogenannten „Materialisten" des 19. Jahrhunderts wie Feuerbach und Marx recht – der Mensch ist eben nicht nur Vernunft-, sondern vor allem Naturwesen, und daher ist auch sein Wille nicht frei von Trieb und Instinkt. Gehört es zum Wesen der bildsamen Natur des Menschen, daß er, um zu überleben, Wissen zu übernehmen und zu erweitern hat, Bildsamkeit in gewissem Sinn als Trieb zum Wissen verstanden werden muß, dann könnte dieser Trieb gar nicht durch einen Pflichtenka-

---

ten eines Geistes (la spirituallité de son ame)". J. J. Rousseau: Abhandlung über die Ungleichheit unter den Menschen. A. a. O. S. 203.

non oder durch das moralische Gesetz gebändigt werden, weil dieses, im Grunde selbst aus der Natur kommend und der sozialen Koexistenz förderlich, die Natur des Menschen nicht auslöschen, sondern allenfalls verfeinern kann.

Vielleicht war die spontane Antwort des Amerikaners, daß wir ALLES wissen wollen, gar nicht so verkehrt. Vielleicht wollen wir wirklich alles wissen, aber nicht alles lehren. Wieviel Wissen ist unter Umständen nicht mit seinem Erfinder untergegangen, weil dieser der Nachwelt nicht vertraute? Andererseits je umfangreicher das Wissen wird, um so kleiner wird der jeweilige Ausschnitt nicht nur des Ungebildeten. Dies ist ja gerade die Kehrseite des Spezialistentums: das Spezialwissen wächst nicht im gleichen Verhältnis wie das gesamte positive Wissen, weshalb das Spezialwissen immer kleiner wird im Verhältnis zum Ganzen, je mehr es sich ausdifferenziert. Niemand kann mehr alles wissen, wie noch die Enzyklopädisten des 18. Jahrhunderts, die noch darangingen, das gesamte Weltwissen, geordnet in ähnliche Sparten wie der Wissenstest, systematisch zusammenzustellen[47]. Diese Zeiten, in denen eine Handvoll Gebildeter den Stand des Wissens zur Darstellung zu bringen sich anmaßt, sind lange vorbei. Kein Wissenschaftler, keine philosophische Schule übersieht noch das Ganze des Wissens.

Wurde Bildung genau über diesen Blick aufs Ganze definiert, und ist Fakt, daß niemand dies Ganze noch übersehen kann, so wäre die Antwort: „Alles" auf die Frage, was wir wissen wollen, eigentlich nur polemisch. Denn niemand kann alles wissen und etwas zu wollen, das man aus der Natur der Sache heraus nicht haben kann, ist schlicht unvernünftig, wie das Beispiel des Ikarus zeigt.

---

[47] Vgl. d'Alemberts Einleitung in die Enzyklopädie, in der er das Projekt mit einem doppelten Ziel verbindet. Die Enzyklopädie soll „soweit dies möglich ist, Aufbau und Zusammenhang der menschlichen Kenntnisse aufzeigen; als *Methodisches Sachwörterbuch der Wissenschaften Künste und Gewerbe* soll es von Wissenschaften und Künsten – freien wie mechanischen – die allgemeinen Prinzipien enthalten, auf denen sie beruhen, und darüber hinaus über die wichtigsten Einzelheiten berichten, die ihre Zusammensetzung und ihren Gehalt bestimmen. ... Unser erster Schritt in dieser Untersuchung ist also die Prüfung ... des Stammbaumes und des Zusammenhanges unserer Kenntnisse, der vermutlichen Ursachen ihres Entstehens und der Merkmale ihrer Unterscheidung; mit einem Wort wir müssen bis zum Ursprung und zur Entstehung unserer Vorstellungen zurückgehen" (J. Le Rond d'Alembert: Einleitung zur Enzyklopädie. Hrsg. v. G. Mensching. Frankfurt a. M. 1989. S. 12.)

Aber mit „wir" ist ja nicht der Einzelne gemeint, würde mein amerikanischer Freund einwenden, sondern die Menschheit. An dieser Stelle nähert er sich Kants Argument an, der auch die Position vertrat, daß zwar die Menschheit dazu bestimmt sei, sich bildungsgeschichtlich einmal zu vervollkommnen, man könnte auch sagen, das Wissen moralisch praktisch zu nutzen, der einzelne Mensch dagegen niemals vollständig seine Fähigkeiten herauszubringen imstande sei. „Aus so krummem Holze, als woraus der Mensch gemacht ist, kann nichts ganz Gerades gezimmert werden"[48], so Kant, aber die Menschheit könne angesichts des Faktums der Vernunft hoffen, in einen wirklichen Vernunftzustand überzugehen, der sich als Kosmopolis realisiert hätte. Dazu bedarf es freilich neuen Wissens, eines Wissens, das doch wieder auf das Ganze, d. i. die Menschheit zielen muß, ein Wissen, das immer weiter geht und notwendig auf „alles" zielt, auch wenn es dies „Alles" nie erreicht. Liegt aus dieser Perspektive betrachtet der Zweck von Bildung und Wissen im Wohl der gesamten Menschheit, dann ist ein „Alles-wissen-wollen" nicht ein wilder unzivilisierter Trieb, sondern ist gewissermaßen der Trieb zur Vernunft schlechthin bzw. der Wille zur Vernunft.

Dies Konzept der moralischen Bindung des Wissens auf der Grundlage von Bildsamkeit und freiem Willen, dessen natürliche Tendenz sein Hang zur Friedfertigkeit wäre[49], hätte Geschichte machen können, wenn die instrumentelle Seite der Vernunft im Zuge des Metaphysikverlusts nicht die Oberhand gewonnen hätte und alles für vernünftig erklärte, was technisch machbar ist. Nicht mehr setzt der Mensch Zwecke und sucht nach Wegen und Instrumenten, diese Zwecke zu realisieren. Die Instrumente haben ein Eigenleben entwickelt, sind selbst zwecksetzend geworden, und neue Instrumente müssen herangeschafft werden, die instrumentellen Zwecksetzungen erster Ordnung zu erfüllen. Beck bezeichnet diese historische Phase des Selbständigwerdens der Instrumente gegenüber einer ihnen übergeord-

---

[48] I. Kant: Idee zu einer allgemeinen Geschichte in weltbürgerlicher Absicht. A. a. O. S. 398.
[49] Nach Rousseau kann der Mensch im natürlichen Stand der Freiheit, in der sein Wille, durch das natürliche Mitleid vermittelt, eine gewisse vormoralische Bindung eingeht, nicht aggressiv veranlagt sein. Im Naturzustand kennen die Menschen eigentlich nur friedliches Nebeneinander. Er ist daher „unserer eigenen Natur zuträglich, ohne der eines anderen nachteilig zu sein", weshalb er sich auch „am besten für das menschliche Geschlecht" schicke (J. J. Rousseau: Abhandlung über den Ursprung und die Grundlagen der Ungleichheit unter den Menschen. A. a. O. S. 217.).

neten zwecksetzenden Vernunft als eine Moderne zweiter Ordnung[50], wohl wissend, warum er den Begriff der Postmoderne vermeidet. Nur die Moderne selbst, nicht ein nachmodernes Sprachspiel moralisch ungebundener Interessengruppen, kann die Moderne und damit auch den bürgerlichen Rechtsstaat vor der totalen Instrumentalisierung retten. Abseits der Moderne und der in ihr beheimateten Risikogesellschaft, welche der Preis für konstitutive Rechtsstaatlichkeit ist, wird Wissen zu einem bloßen Instrument der Macht und scheidet den gentechnologisch bereinigten Menschenpark in die Masse der Unterschiedslosen und die Elite der Züchter[51]. Wir müssen die Inhumanität des Menschenparkmodells nicht durchs Experiment beweisen, um zu wissen, das es dem moralischen Gesetz zutiefst widerspricht. Es gibt also auch ein hypothetisches oder spekulatives Wissen, das keine Fakten braucht, um als wahr gelten zu können. Deshalb hätte Auschwitz ja vermieden werden können und andere Greueltaten nicht weniger, welche die Menschheitsgeschichte aufzuweisen hat. Jener der Massenproduktion abgeschaute Massenmord hätte verhindert werden können, wenn instrumentelles Zweckdenken nicht den gesamten gesellschaftlichen Praxisbereich von der Administration bis zur Exekution besetzt hätte, wie Zygmunt Bauman im Anschluß an Max Weber in seiner unkonventionellen Analyse des Holocaust nachweist[52]. Wenn die instru-

---

[50] Vgl. U. Beck: Das Zeitalter der Nebenfolgen und die Politisierung der Moderne. In: U. Beck et al.: Reflexive Modernisierung. Eine Kontroverse. Frankfurt a. M. 1996.

[51] Vgl. P. Sloterdijk: Regeln für den Menschenpark. Ein Antwortschreiben zum Brief über den Humanismus. Frankfurt a. M. 1999.

[52] „Die Abteilung der SS-Führung, die mit der Vernichtung der europäischen Juden befaßt war, hieß offiziell Wirtschaftsverwaltungshauptamt [...]. Von der Abscheulichkeit ihrer Aufgabe [...] abgesehen, ähnelten die Maßnahmen der Abteilung in formaler Hinsicht [...] denen ‚normaler', geplanter und durchorganisierter Maßnahmen in Verwaltung oder Wirtschaft. [...] Zu keinem Zeitpunkt ihrer langen qualvollen Vollstreckung geriet die Endlösung in Widerspruch zu den Grundsätzen der Rationalität. In keiner Phase kollidierte die ‚Endlösung' mit dem rationalistischen Credo effizienter, optimaler Zielverwirklichung. Im Gegenteil, der Holocaust *entsprang genuin rationalistischen Überlegungen und wurde von einer Bürokratie in Reinkultur produziert*. Die Menschheit hat Massaker, Pogrome und Massenmorde in der Nähe des Genozids erlebt, die ohne moderne bürokratische Unterstützung, ohne deren administrativ-technische Möglichkeiten und rational begründete Organisationsstrukturen vollzogen wurden. Der Holocaust war ohne eine solche Bürokratie jedoch undenkbar. Er ist keineswegs das irrationale Hervorbrechen nicht überwundener Relikte prämoderner Barbarei. Der Holocaust ist ein legitimer Bewohner im Haus der Moderne" (Z. Bauman: Dialektik der Ordnung. A. a. O. S. 31.). Anzumerken ist, daß diese These aus dem Zentrum von Horkheimers und Adornos „Dialektik der Aufklärung"

mentelle Vernunft von dem hypothetischen Wissen der Inhumanität eines Menschenparks in der Bahn gehalten worden wäre, hätte nicht eine sich selbst beschleunigende Tötungsmaschinerie in Gang gesetzt werden können, deren Funktionieren von einem Wissen abhängt, das von einer ganzheitlichen Sichtweise völlig isoliert ist. Als Glied dieser Maschinerie hat man Anweisungen zu befolgen, etwa auszurechnen, wieviel Waggons es mindestens braucht um 5000 Menschen von Berlin nach Treblinka zu transportieren, unter der Voraussetzung, daß etwa 80% der zu Befördernden überleben sollen, da sie notwendig sind, um eine Eisenbahnbrücke in vier Monaten fertigzustellen, die wiederum gebraucht wird für die Nachhut des Ostfrontkommandos in etwa fünf Monaten. Wer will angesichts solcher Kalkulationen noch von Massenmord sprechen?

Ein gewisses mathematisches Wissen braucht es schon, um diese Aufgabe zu erfüllen, und wir können auch nicht sagen, wir schaffen die rechnenden Wissenschaften ab, weil sie für jeden Mißbrauch zu haben sind. So gesehen müßten wir alles Wissen abschaffen, denn jedes Wissen, auch das spekulative, hypothetische, ist immer auch mißbrauchtes Wissen. Nur der Wille kann es schützen, der Wille zur Vernunft.

Auch wenn wir mit freiem Willen geboren sein sollten, so sind wir dennoch nicht vernünftig von Geburt an, und ein freier Wille jenseits der Vernunft vermag nicht allzuviel, oder besser gesagt, nichts anderes als sein Streben auf die unmittelbare Existenzsicherung zu richten. Das tun Tiere auch und brauchen dazu keine Freiheit, sondern nur Instinkt. Wenn der Mensch tötet, ist es immer dann Mord, wenn nicht natürlicher Überlebenswille, sondern eine bestimmte Rationalität zur Tat geführt hat. Deshalb morden Tiere nicht, sondern töten aus Gründen der Selbsterhaltung, welche instinktiv ist. Noch der von außen betrachtet irrwitzigste Mord folgt einer Logik, die immer instrumentellen Charakter hat. Warum gibt es Mörder, die ihre Opfer aufessen? Manche sagen, sie hätten nicht gewußt, wohin mit der Leiche. Warum haben sie es dann wieder getan? Nun, der Vorrat wurde knapp ...[53]

Es ist nicht instrumentelles Denken, an dem es Mördern mangelt, es mangelt ihnen an der Einsicht in die unumstößliche Verbindlichkeit des moralischen Gesetzes. Dieses Wissen ist den Kindern wahrscheinlich nicht in die

---

stammt, deren Thema ja genau der Umschlag von Vernunft in Irrationalität ist auf dem Boden der instrumentellen Rationalität.

[53] Vgl. dazu die interessante Dokumentation von Anselm von Feuerbach: Aktenmäßige Darstellung merkwürdiger Verbrechen (1828/29), zusammengestellt in einer neuen Ausgabe: Merkwürdige Verbrechen. Hrsg. v. H. M. Enzensberger. Frankfurt a. M. 1993.

Wiege gelegt, liegt aber auch nicht fern ab ihrer Natur, sondern kann durch Beispiel, durch vorsichtige Unterweisung indirekter Erziehung und nicht zuletzt in Konfrontation mit dem „Joch der Notwendigkeit" erzeugt werden. Daß dieses Wissen um die Verbindlichkeit des moralischen Gesetzes ein Wissen ist, das wir wollen, weil wir gesellschaftliches Zusammenleben sonst nicht nach rechtsstaatlichen Prinzipen regeln könnten, scheint offensichtlich. Können wir dies Wissen aber auch lehren? Ist das Wissen von der Gültigkeit des moralischen Gesetzes lehrbar?

4. Was dürfen wir hoffen?

An dieser Stelle sollte vielleicht auf die Dialogphilosophie Martin Bubers Bezug genommen werden, die einerseits das von Ludwig Feuerbach[54] und der jüdischen Mystik[55] entlehnte Prinzip der Unmittelbarkeit zwischen Ich und Du als pädagogische Begegnungsform thematisiert, diese Unmittelbarkeit aber nicht dem Zufall überläßt, sondern pädagogisch ermöglicht. „Die Beziehung zum Du ist unmittelbar", sagt Buber, „zwischen Ich und Du steht keine Begrifflichkeit, kein Vorwissen und keine Phantasie" und nur „wo alles Mittel zerfallen ist, geschieht Begegnung"[56]. Wenn richtig ist, daß das Wissen um das moralische Gesetz hypothetisches Wissen ist, dann kann es nicht durch instrumentelle Vernunft erzeugt werden, die in Bubers Terminologie nur in der „Es-Welt" beheimatet ist, aber nicht in der unmittelbaren Beziehung zwischen Ich und Du. „Die Welt als Erfahrung gehört" nach Buber „dem Grundwort Ich-Es zu", das „Grundwort Ich-Du" hingegen stiftet die „Welt der Beziehung"[57]

---

[54] Vgl. zur Dialogphilosophie bei Ludwig Feuerbach vor allem dessen Schriften: Das Wesen des Christentums (1841). In: Gesammelte Werke. Hrsg. v. W. Schuffenhauer. Bd. 5. Berlin 1984ff. Grundsätze der Philosophie der Zukunft (1843). In: A. a. O. Bd. 9. Wider den Dualismus von Leib und Seele, Fleisch und Geist (1846). In: A. a. O. Bd. 10.

[55] Gershom Scholem definiert Mystik im Anschluß an Thomas von Aquin als ein „experimentelles, durch lebendige Erfahrung gewonnenes Wissen von Gott" und zitiert den Psalm 34,9, in dem es heißt: „O schmeckt und seht, daß der Herr gut ist". „Dieses Schmecken und Sehen", so Scholem, „so vergeistigt es auch immer sein mag, ist es worauf der Mystiker hinaus will. Es ist eine bestimmte fundamentale Erfahrung des eigenen Selbst, das in unmittelbaren Kontakt mit Gott oder der metaphysischen Realität tritt" (G. Scholem: Die jüdische Mystik (1941). Frankfurt a. M. 1980. S. 4-5.

[56] M. Buber: Ich und Du (1923). In: Das dialogische Prinzip. Heidelberg 1979⁴. S. 15-16.

[57] Ebd. S. 10.

Solange der Lehrer nur instrumentelles Wissen vermittelt, erzieht und bildet er nicht und steht auch selbst nicht im Bildungskontext, denn kein Schüler bildet ihn, kein Werk baut den Lehrer auf[58]. Er transportiert gesellschaftlich relevantes Wissen von oben nach unten in die Köpfe der Schüler. Er instruiert. Paulo Freire nannte dies die Bankiersmethode, weil das von oben eingestopfte Wissen einen Mehrwert erzeugen soll, wie der Kredit, der mit Zins und Zinseszinsen wieder an den Investor zurückfließt[59]. Es ist eine Form des Lernens nach der Stechuhr[60], weil die Stechuhr das spätere Arbeitsleben mehr oder weniger bestimmt und daher früh geübt werden muß. Es ist Wissen, das im Grunde keiner persönlichen Vermittlung bedarf, ein Notebook würde genügen.

„Mit dem Notebook in die Vorlesung?" war kürzlich im Wirtschaftsteil der „Zeit" zu lesen[61]. In der Tat, wozu brauchen wir noch den seine Vorlesung zelebrierenden Professor, bei dessen Vortrag wir ganz vergessen mitzuschreiben, weil wir so fasziniert von seiner Stirnlocke sind, mit der er 90 Minuten gekämpft hat. Dreimal habe ich als Studentin bei Friederich Kaulbach die Vorlesung zur Einführung in Kants Kritik der reinen Vernunft gehört, dreimal ist der Professor nicht über die Vorrede hinausgekommen, und immer hatte ich Sorge, nicht über das Wissen zu verfügen, das man braucht, um ein Examen zu bestehen. Doch eines habe ich gelernt, und im nachhinein ist es kein unwichtiges Detail: die Vorrede ist der wichtigste Teil der Kritik der reinen Vernunft. Dies Wissen kann ich weitergeben, nicht normativ in Form von Lesebefehlen, wohl aber, wie Buber sagen würde, in Form eines Gesprächs, an dem die Unmittelbarkeit der pädagogischen Begegnung Anteil hat, denn diese kann indirekt mehr an Selbsttätigkeit seitens des Schülers herausfordern als jede Form von Zwang und wäre als pädagogische „Umfassung" zu definieren. Pädagogische Umfassung ist nach Buber das Gegenteil von Zwangs- und Machtstrukturen innerhalb pädagogischer Praxis. Umfassung ist „Erweiterung der eigenen Konkretheit, Erfüllung der gelebten Situation, vollkommene Präsenz der Wirklichkeit, an der man teilhat. Ihre Elemente sind erstens ein irgendwie geartetes Verhältnis zweier Personen zueinander, zweitens ein von beiden gemeinsam erfahrener Vorgang, an dem jedenfalls eine der beiden tätig partizi-

---

[58] Ebd. S. 19.
[59] Vgl. P. Freire: Pädagogik der Unterdrückten. Bildung als Praxis der Freiheit. Stuttgart/Berlin 1972.
[60] Vgl. M. Gronemeyer: Lernen mit beschränkter Haftung. A. a. O.
[61] Die Zeit. Nr. 38 vom 12. September 2002.

piert, drittens das Faktum, daß diese eine Person den gemeinsamen Vorgang, ohne irgend etwas von der gefühlten Realität ihres eigenen Tätigseins einzubüßen, zugleich von der anderen aus erlebt"[62]. Die pädagogische Umfassung wäre die „Umkehr des Machtwillens", wäre die „Dialogisierung" des sonst durch Macht, Konkurrenz und Vorteilsnahme geprägten institutionalisierten Unterrichts und bezeugt, so Buber, die natürliche „Verbundenheit mit dem Mitmenschen" und die pädagogische „Verantwortung" für den dem Schüler „zugeteilten und anvertrauten Lebensbereich"[63].
Aber befreit nicht das Notebook vom Zwang der unmittelbaren Präsenz? Werden nicht schon jetzt Online-Seminare angeboten als neue Form des Fernstudiums? Kann ich nicht die gesamte Weltbibliothek im Internet abrufen und vieles Unveröffentlichtes mehr? Wozu noch die pädagogische Begegnung? Man könnte genausogut auch fragen, wozu noch Bildung, oder wozu noch Wissen, das sich langsam aufbaut und als hypothetisches Wissen wenig zweckfunktional ausgerichtet ist und daher keinen schnellen Profit verspricht, jedenfalls keinen, der sich hier und jetzt in barer Münze auszahlte.
Unzweifelhaft steht fest, daß solches Wissen, um das es hier geht, nur interpersonal vermittelbar ist. Ist nämlich nur solches Wissen wirkliches Wissen, das selbsttätig erarbeitet wurde, wobei Selbsttätigkeit eben nicht als isoliertes monadisches Handeln zu verstehen ist, welches wie ein Perpetuum mobile keiner Anstöße durch Umwelt und Erzieher bedarf, dann kann dieses wirkliche Wissen gar nicht anders als in einem personalen offenen Dialog erzeugt werden. Zu einem offenen Dialog gehört analog zum Diskurs, der deshalb stattfindet, weil er die Wahrheit eines Sachverhalts herausbringen will und nicht, weil er sie schon wüßte, daß die Dialogpartner nicht ihr vorgefertigtes Wissen durchsetzen wollen, sondern eine Perspektive, nämliche die ihre, in Vergleich stellen zu den vertretenen anderen Standpunkten und argumentativ gegen diese abwägen. Wenn der Dialog oder Diskurs unkompliziert verläuft, finden die Teilnehmer zu einer gemeinsamen argumentativ abgesicherten Perspektive hinsichtlich des anstehenden, problematisch gewordenen Sachverhalts, wenn nicht, müssen sie sich noch einmal zusammenfinden und weiterdiskutieren.
Nichts anderes ist eigentlich bildender Unterricht, in dem im Hinblick auf ein und den selben Sachverhalt verschieden gelagerte Perspektiven in Dis-

---

[62] M. Buber: Über das Erzieherische. A. a. O. S. 38.
[63] Ebd. S. 39.

kurs miteinander treten sollten. Der Lehrer muß wissen, daß er nicht die Perspektive des absoluten Wissens verkörpert, auch wenn er über mehr sachliches, positives Wissen verfügt als der Schüler. Wer alles weiß, tritt höchstens noch in Dialog mit sich selbst, und Unterricht verkommt zum unbarmherzigen Einprügeln technisch-praktischen Wissens. Wollen wir mehr wissen als die Generationen zuvor, weil diese das Unheil nicht abwenden konnten und ihr Vertrauen in die instrumentelle Vernunft Lügen gestraft wurde, dann müssen Lernprozesse offen gestaltet werden in dem Sinne, daß verschiedene Lebenswelt- und Vernunftperspektiven über den zur Frage stehenden Sachverhalt dialogisch gegenübergestellt werden. Nur so läßt sich Wissen erweitern und nicht nur altes, verbrauchtes Wissen weitertransportieren, das schon in seiner Entstehungszeit nicht taugte, dem Weltlauf eine vernünftige Richtung zu geben.

Und doch ist es Bildung, also werdendes Wissen allein, das dem einseitigen Wissen Einhalt gebieten kann. Nur durch Reflexion seiner selbst wird Wissen zu Wissen und unterscheidet sich von der Anhäufung unverbundener Spezialkenntnisse. Instrumentelles Wissen ist daher nicht durch wie auch immer beschaffene Rückzugsmythen zu überwinden, die ein Jenseits der kalkulierenden Vernunft verheißen, sondern durch dessen Anbindung an die moralisch praktische Vernunft.

Dürfen wir auf diese moralisch praktische Anbindung des instrumentellen Wissens hoffen? Ist ein Vertrauen in Vernunft und Bildung noch gerechtfertigt? Was dürfen wir überhaupt noch hoffen angesichts der Daten, die, sofern verbunden, der Menschheit nur noch eine beschränkte Aufenthaltsdauer auf diesem Planeten bescheinigen?

Als ich meinen amerikanischen Freunden diese Frage vorlegte, erhielt ich zur Antwort, daß wir hoffen können, einmal das zu wissen, was wir wissen wollen. Diese Antwort schlug ein wie ein Blitz, zeigte sie doch, wie sehr unser Wollen durch Hoffnung geprägt ist und unser Hoffen durch das Wissen um die Gültigkeit, d. i. die Vernunft des moralischen Gesetzes. Wenn wir wissen, was wir wissen wollen, wissen wir auch, was wir erhoffen oder umgekehrt, können wir unsere Hoffnung formulieren, einmal zu wissen, was wir wissen müssen. Dorthin tendiert alle Bildung, ohne sich je vollkommen realisieren zu können.

Bildung tendiert zur Reflexion, zur Selbstreflexivität des Wissens, weil diese notwendig ist, damit gesellschaftliche Praxis sich nicht selbst wegorganisiert und die von ihr geschaffene zweite Natur einer Bewußtlosigkeit überläßt. Diese kann sich nämlich im Unterschied zu ihrem vorgeschichtlichen Original nicht durch sich selbst erhalten, sondern bedarf einer gesellschaftlichen Praxis, die sie in Balance hält. Dürfen wir auf ein Wissen hoffen, welches diese Balance herstellt? Und ist diese Frage nicht sogar eine Frage des Müssens? Müssen wir nicht hoffen, an jenem Wissen mitzuarbeiten, durch das sich die Weltgeschichte als Geschichte menschlicher Praxis erhält, solange es die Evolution erlaubt?

Hoffnung ist weniger ein philosophisches als ein religiöses Prinzip. Die Philosophie als Disziplin des Fragens und des Infragestellens von unmittelbaren Gewißheiten ist von Natur eher bei der Skepsis zu Hause, wie Montaignes Essays beispielhaft demonstrieren. Kein Gegenstand ist zu profan, als daß Montaigne nichts dazu zu sagen hatte, sei es Völlerei, Geiz, Erziehung oder Krieg. Man findet Essays über die Einsamkeit, das Gebet, über Freundschaft und Gewissensfreiheit, aber nichts über Hoffnung. Nur einmal zitiert er Seneca im Kontext von Selbstmord, kann sich aber dem von Seneca auch nur halbherzig vorgebrachten Argument, daß immer Hoffnung sei, solange der Mensch lebe[64], nicht recht anschließen. Kommt Hoffnung in der antiken Tradition des Humanismus eigentlich nur in Gestalt der „Wissenschaft des Voraussehens"[65] vor, und ist Hoffnung insofern kalkulierbar, als sie aus einer tugendhaften und gesetzestreuen Lebensweise hervorgeht, die Anlaß zu guten Erwartungen gibt, so wird deutlich, warum Montaigne, der vor allem der späten Stoa zugeneigt ist, wenig Hoffnung mit seinem Blick in die Zukunft verbindet. Er nimmt analog zum stoischen Verständnis eines völlig offenen Weltlaufs die Rolle des distanzierten Beobachters ein und kann frei von guten Erwartungen in die Zukunft sehen. Die durch das Christentum aufgehobene Neutralität des Blicks in die Zukunft, da diese abseits des Heilsgeschehens gar keine Existenz führte[66], ist Montaigne völlig fremd und würde den seine Skepsis ausmachenden Kontingenzerfahrungen zutiefst zuwiderlaufen.

Auch Rousseau und Kant sehen nicht viel Grund zur Hoffnung, es sei denn, der Mensch würde seine Vernunft freilegen und dadurch seinen Hand-

---

[64] Vgl.: M. de Montaigne: Gewohnheit auf der Insel Cea. In: Ders.: Essais. Bd. I. Zürich 1992. S. 698.
[65] Aristoteles: „De memoria" oder „De anima, De sensu, De memoria, De somno similique argumento" 449 b12.
[66] Mit Augustinus wird die christliche Tradition der Heilserwartung mit ‚spes' verbunden. ‚Spes' umschreibt nicht mehr eine ambivalente Zukunftserwartung, sondern ist ausschließlich „spes bonarum rerum futurarum", also die Erwartung der guten Zukunft (Augustinus Aurelius: Enchiridion II, 8).

lungswillen moralisch binden. Mit Hegel und seinen Schülern hingegen wird Hoffnung als Realitätsprinzip neu etabliert[67]. Der zu sich selbst kommende Weltgeist, sei es in Form des bürgerlichen Rechtsstaats oder der kommunistischen Weltgesellschaft, die prinzipiell betrachtet beide nicht weit auseinander stehen[68], ist nur ein anderer Ausdruck für die Hoffnung, daß das Wissen ausreichen möge, die Probleme der Zukunft zu bewältigen. Daher setzt Hegel auf Bildung, widmet der Frage, wie Wissen entsteht, sich erweitert und neues Wissen erzeugt, ein ganzes Buch[69], nachdem Kant zuvor in der Kritik der reinen Vernunft die Kriterien dafür geliefert hatte, was als Wissen überhaupt Geltung beanspruchen kann. Die Hoffnung, durch die absolute Beherrschung der Natur – das Herzstück des Positivismus – die Welt für den Menschen gerechter gestalten zu können, zieht sich durch das gesamte 19. Jahrhundert, zwar als Gegenstandpunkt zur fundamentalistischen Prädestinationstheologie, aber ebenso blind. Was Gott nicht richten konnte, sollen nun die Wissenschaften erledigen, von denen Marx verlangt, daß sie positiv werden müssen[70]. Hoffnung soll wieder berechenbar sein und nicht in bloßer Prophetie aufgehen.

Erst das 20. Jahrhundert strafte dies Vertrauen in die positiven Wissenschaften Lügen, und das Prinzip Hoffnung mußte entgegen des etablierten Fortschrittsoptimismus neu begründet oder aber aufgegeben werden. Wenn überhaupt noch etwas blieb, an das Hoffnung geknüpft werden konnte, dann war es die Kunst, die der Gesellschaft den Spiegel vorhalten konnte, ohne von der gesellschaftlich vermittelten technischen Rationalität vollständig ergriffen zu werden, der sie sich, wie Adorno sagt, entzieht durch ihren „Tod"[71]. Nur so kann sie überleben. Über das Kunstwerk, seinen Wahrheitsgehalt – und hier war Adorno ganz der Schillerschen Ästhetik verpflichtet, ließ sich jene kritische Distanz erzeugen, welche die unmittel-

---

[67] Vgl. hierzu: U. Reitemeyer: Das Programm des Junghegelianismus zur Verwirklichung der Philosophie. In: Ludwig Feuerbach und die Fortsetzung der Aufklärung. Hrsg. v. H. Holzhey. Zürich. 2002/03.
[68] Vgl. U. Reitemeyer: Bildung und Arbeit von der Aufklärung bis zur nachmetaphysischen Moderne. A. a. O. Kap. III. 6 u. IV. 1.
[69] G. W. F. Hegel: Phänomenologie des Geistes (1803). In: Werke in zwanzig Bänden. Hrsg. v. E. Moldenhauer/K. M. Michel. Frankfurt a. M. 1969-71.
[70] „Da wo die Spekulation aufhört, beim wirklichen Leben, beginnt also die wirkliche positive Wissenschaft, die Darstellung der praktischen Betätigung, des praktischen Entwicklungsprozesses der Menschen" (K. Marx/F. Engels: Die deutsche Ideologie. In: MEW. Bd. 3. Berlin 1969. S. 27.).
[71] Th. W. Adorno: Ästhetische Theorie. Frankfurt a. M. 1974^2. S. 503.

bare, gesellschaftlich konforme Halbbildung von Skepsis, Kritik und Bildung unterscheidet. Halbbildung ist jenes Wissen, das nicht dadurch gekennzeichnet ist, daß es etwa unvollständig wäre. Unvollständigkeit gehört zur Bildung per definitionem und logischerweise auch zum Wissen, das nur wirkliches Wissen im Bewußtsein seiner Unvollständigkeit ist, wie Sokrates schon den Sophisten begreiflich zu machen versuchte. Sophisterei, von Rousseau und Kant auch „Vernünfteln" genannt, führt direkt zu jenem Wissen, das durchaus vielfältig sein und vielseitig angewandt werden kann, also etwa mit Allgemeinbildung oder Schlüsselqualifikationen übersetzbar wäre und dennoch nichts anderes als Halbbildung ist, von der ein direkter Pfad in den Abgrund instrumenteller, sich selbst genügender Systemrationalität führt.

Wissen, auf das wir hoffen dürfen, das wir wollen können, muß vor allem ein Wissen sein, das seinen prozessualen Charakter reflektiert, daher absolute Wahrheiten negiert und kritisch ist sowohl gegenüber sich selbst, als auch gegenüber seinem gesellschaftlichen Vermittlungszusammenhang, aus dem es hervorgeht. Wissen wird nicht allein gebraucht, um die Funktionstüchtigkeit des gesellschaftlichen Systems zu erhalten, sondern auch, um der Gesellschaft eine Richtung zu geben, weil ohne Richtungsbestimmung auch das allernächste Ziel nicht erreicht wird. Wir wollen wissen, wie wir mit der Masse des Wissens umgehen sollen, wie wir die Übersicht im Meer der Informationen behalten, und welches Wissen taugen könnte, den globalen Problemen wie Umwelt- und Klimazerstörung, Welthunger und Krieg Herr zu werden.

Solches Wissen darf nicht nur kontemplativ sein, wie auch Bildung, reduziert aufs Ästhetische, ihren kritischen Impuls schwächt und falsch wird. In gewisser Weise muß sich das Wissen um die Gültigkeit des moralischen Gesetzes instrumentalisieren, um in gesellschaftliche Praxis überzugehen, die auf sich selbst gestellt, höchstens einer internen Systemrationalität genüge tut. Dies Wissen müßte der technisch praktischen Vernunft die Richtung vorschreiben, wodurch die Forschung geleitet würde und ihre Grenze hätte in der Würde der Person und der Schöpfung. Wir können eigentlich nicht sagen, daß es irgendein Wissen gibt, das wir nicht wollen, oder wir müßten uns wie die Amish jenseits der Moderne definieren und damit alles moderne Wissen ausschließen, verbieten. Wir können aber sagen, daß Wissen einen Leitfaden braucht, um nicht einfach wild in alle Richtungen vorzupreschen, ohne zu wissen, was es eigentlich will. Dieser Leitfaden kann nicht autokratisch gesetzt werden, ebensowenig wie er sich aus der Masse des Wissens selbst ergibt. Er kann nur diskursiv ermittelt und immer wieder neu überprüft werden. Diese Diskursfähigkeit zu fördern, ist die eigentliche Aufgabe der erziehenden und bildenden Generation. Der Diskurs der Nichtwissenden ist ein Weg zur Bildung und zu dem Wissen, das wir wollen.

Wir leben, um mit Kant diesen allgemeinen, theoretischen Teil zu schließen, zwar nicht in einem Zeitalter, das weiß, welches Wissen es will, wohl aber in einem Zeitalter, das es herauszufinden versucht. Deshalb und nur deshalb ist noch nicht alle Hoffnung verloren, und nicht etwa, weil bessere Zeiten unmittelbar in Sicht wären.

II. Empirischer Teil

5. Allgemeine Beschreibung des Projekts: Das Problem der ‚Wertevermittlung' in der globalisierten Gesellschaft

Im Sommersemester 2002 bot ich am Institut für Allgemeine Erziehungswissenschaft ein Hauptseminar an unter dem Titel: „Das Problem der Wertevermittlung in der globalisierten Gesellschaft". Da Seminare in der Regel ein bis zwei Semester vorher geplant werden, war nicht an eine Auseinandersetzung mit der PISA-Studie gedacht, deren Befunde während der Planungsphase noch nicht vorlagen, aber dennoch, wenigstens indirekt im Seminar angesprochen wurden. Obgleich diese Studie nicht nach ethischen Maßstäben oder sozialen Kompetenzen fragte, beunruhigte das schlechte Abschneiden der deutschen Schüler im internationalen Vergleich die Seminarteilnehmer doch erheblich. Wenn nämlich 15-jährige Schüler in Deutschland Schwierigkeiten haben, einfache Texte sinnhaft zu verstehen und zu strukturieren, wie sollen sie dann in der Lage sein, komplexe Kontexte des Zusammenlebens zu erkennen oder eigene ethische Maßstäbe zu entwickeln? Doch stellte sich ziemlich schnell an Hand der vorgeschlagenen Literatur- und Themenliste heraus, daß es in unserem Seminar um die Vermittlung von etwas ging, das durch einen üblichen Fragebogen wohl gar nicht zu messen war, nämlich Bildung im Kontext moralischer Selbst- und Mitverantwortung.

Die Gegenüberstellung von Bildung und Globalisierung ergab sich durch die Differenzierung von moralischer Erziehung und Sozialisation. Obgleich Sozialisationsprozesse durchaus die Vermittlung von Werten beinhalten, indem sie die gelebte Sitte weitertransportieren, erwies sich moralische Erziehung doch noch als etwas anderes, jedenfalls dann, wenn man mit Moral die unbedingte Anerkennung des moralischen Gesetzes in Verbindung brachte und zugleich wußte, daß nicht jede Sitte auch eine „gute" Sitte ist, nur weil sie gelebt wird. Durch diese Differenzierung wurde den Teilnehmern durchaus verständlich, daß eigentlich nicht die Wertevermittlung das Problem von Erziehung in globalisierten Gesellschaften war, bedachte man, daß Pluralismus, Flexibilität und Effektivität durchaus „Werte" sind, die einen hohen sozialen Stellenwert haben und in entsprechende Curricula umgesetzt werden. Auch die aus allgemeindidaktischer Sicht wichtige Forderung nach der Vermittlung von Schlüsselqualifikationen[1], entzieht sich formal betrachtet nicht dem funktionalen Wertekonsens effizienter Leistungsgesellschaften und steht daher nicht in Widerspruch zu den normativen Grundlagen des globalen Zeitalters und der instrumentellen Vernunft. Moralische Erziehung dagegen, unter Prinzipien wie Humanität, Bildung oder der Kosmopolis stehend, geht nicht im globalen Wertekonsens posttraditionaler Gesellschaften[2] auf und wurde daher auch als ein Problem in zweifacher Hinsicht erkannt:

Erstens zeigte sich, daß es keinen feststehenden Begriff von moralischer Erziehung oder Bildung gab, sondern daß, trotz einer vorausgesetzten Anerkennung des Faktums der Vernunft und des moralischen Gesetzes, jede Generation ihren historischen Standort bestimmen muß und dementsprechend auch ihre Standnahme auf dem Boden der Vernunft. Das heißt, die Frage nach der Möglichkeit moralischer Erziehung setzte einen Diskurs über den moralischen Vernunftstandpunkt aus der Perspektive einer sich global verstehenden und agierenden Moderne voraus. Zweitens wurde deutlich, daß auch geklärt werden mußte, welche Merkmale den Prozeß der Globalisierung auszeichnen bzw. den „homo globator"[3], der neben seiner sozialisatorischen Globalisierung offenbar auch einer Moralisierung bedarf, die, wie schon von Kant beklagt[4], immer noch aussteht und doch wohl eine Zielvorgabe von Erziehung zu sein scheint, wenn sie mehr sein soll als die Einübung von Anpassungsstrategien.

Zwar scheint es so zu sein, daß nur noch im Kontext von Religionspädagogik der „Notwendigkeit der Erziehung und Humanisierung"[5] des Menschen

---

[1] Vgl. W. Klafki: Neue Studien zur Bildungstheorie und Didaktik. Zeitgemäße Allgemeinbildung und kritisch-konstruktive Didaktik. Weinheim 1996⁵.

[2] Zum Problem der Bildung in posttraditionalen Gesellschaften vgl.: G. Raddatz: Pädagogik im freien Fall. Posttraditionale Didaktik zwischen Negativer Dialektik und Dekonstruktion. Münster et al. 2003.

[3] E. Hobsbawm: Das Gesicht des 21. Jahrhunderts. München/Wien 2000. S. 143 ff.

[4] I. Kant: Vorlesungen über Pädagogik. In. Gesammelte Schriften. A. a. O. Bd. IX. A 26. Es heißt: „Wir leben im Zeitpunkte der Disziplinierung, Kultur und Zivilisierung, aber noch lange nicht in dem Zeitpunkte der Moralisierung. [...] Und es ist noch die Frage, ob wir im rohen Zustande, da all diese Kultur bei uns nicht stattfände, nicht glücklicher als in unserem jetzigen Zustande sein würden? Denn wie kann man Menschen glücklich machen, wenn man sie nicht sittlich und weise macht? Die Quantität des Bösen würde dann nicht vermindert".

[5] R. Winkel anläßlich einer Lehrertagung in Koblenz im September 2002. Zitiert in: Ruhrnachrichten vom 25. 9. 2002.

II. Empirischer Teil

im Rahmen der Lehrerfortbildung Aufmerksamkeit geschenkt wird, welches von den Seminarteilnehmern aber als ein Defizit des gesamten Bildungsverständnisses innerhalb von institutionalisiertem Unterricht bewertet wurde. Insgesamt betrachtet, sahen diese das deutsche Bildungswesen in einer Krise, die aber nicht durch voreilige Schlußfolgerungen aus der PISA-Studie behoben werden könnte. Denn nicht mangelhafte Kenntnisse seien das Problem deutscher Schüler, sondern einseitiges Lernen, das auf Dauer integratives und vielseitiges Lernen ausschalte.

Der Arbeitsplan des Projekts beinhaltete folgende thematische Schwerpunkte:

I. Historische und soziologische Bestimmung des globalen Zeitalters, des gesellschaftlichen Globalisierungsprozesses und des „homo globator" auf der Textgrundlage von Eric Hobsbawms: „Die Geschichte des 21. Jahrhunderts"[6].
II. Möglichkeiten des erziehenden und bildenden Unterrichts angesichts der globalen Herausforderungen auf der Textgrundlage eines allgemeindidaktischen Entwurfs zur „internationalen Erziehung" von Wolfgang Klafki[7].
III. Differenzierung von moralischer Bildung und Werteerziehung auf der Textgrundlage von Lutz Kochs Aufsatz: „Wert und Würde in der Erziehung"[8].
IV. Die Funktion des konfessionellen Religionsunterrichts auf der Textgrundlage von Dietrich Benners Schleiermacherinterpretation: „Bildung und Religion. Überlegungen zu ihrem problematischen Verhältnis und zu den Aufgaben eines öffentlichen Religionsunterricht heute."[9]
V. Die Funktion des neuen Unterrichtsfachs „Praktische Philosophie" auf der Textgrundlage von Marian Heitger: „Ethik im Unterricht.

---

[6] E. Hobsbawm. A. a. O.
[7] W. Klafki: Allgemeinbildung heute – Grundzüge internationaler Erziehung. In: Pädagogisches Forum. Heft 1 (1993). S. 21-28.
[8] L. Koch: Wert und Würde in der Erziehung. In: A. a. O.
[9] D. Benner: Bildung und Religion. Überlegungen zu ihrem problematischen Verhältnis und zu den Aufgaben eines öffentlichen Religionsunterricht heute. In: A. Battke et al. (Hrsg.): Schulentwicklung – Religion – Religionsunterricht. Profil und Chance von Religion in der Schule der Zukunft. Freiburg i. B. 2002. S. 51-70.

Anmerkungen zu einem Grundsatzproblem"[10] und Ines Maria Breinbauer: „Ethikunterricht – ein Anachronismus?!"[11]

VI. Bearbeitung eines Fragebogens über die Möglichkeiten von bildendem Unterricht.

VII. Vorstellung des in NRW neuen Schulfachs Praktische Philosophie durch Klaus Blesenkemper, einem Mitverfasser des Kerncurriculums für Praktische Philosophie[12].

6. Organisation des Projekts

Die Veranstaltung war im Hauptstudium angesiedelt und überdurchschnittlich gut besucht. Mehr als 90 Studierende nahmen insgesamt teil, etwa zwei Drittel bearbeiteten einen Fragebogen, der nach der neunten Sitzung verteilt wurde und dessen Ergebnisse in der letzten Sitzung Diskussionsgegenstand waren. Die Interessenlagen der Teilnehmer waren ausgesprochen unterschiedlich. Die größte Gruppe, nämlich 46,8 %, besuchte die Veranstaltung im Rahmen ihres erziehungswissenschaftlichen Studiums, sei es im Magister-, Diplom oder Lehramtsstudiengang für das Unterrichtsfach Pädagogik, woraus zu schließen ist, daß die andere Hälfte die Veranstaltung im Rahmen des erziehungswissenschaftlichen Begleitstudiums besuchte. Da formal betrachtet die dafür erforderlichen Leistungsnachweise auch in zahlreichen anderen Veranstaltungen angeboten wurden, kann aus der für ein Hauptseminar recht hohen Teilnehmerzahl wohl geschlossen werden, daß die Thematik eine zentrale Frage der Lehrerbildung aus der Perspektive der Studierenden aufgriff. Viele der Teilnehmer kamen daher auch aus Fächern, die eine gewisse Nachbarschaft oder Verwobenheit mit der Vermittlung von ethischen Fragestellungen aufweisen, wie Deutsch, Geschichte, Religion oder Philosophie. Aber auch Naturwissenschaften und Philologien waren gut vertreten, so daß man geradezu von einem ausgewo-

---

[10] M. Heitger: Ethik im Unterricht. Anmerkungen zu einem Grundsatzproblem. In: V. Ladenthin/R. Schilmöller (Hrsg.): Ethik als pädagogisches Projekt. Grundfragen schulischer Werteerziehung. Opladen 1999. S. 197-202.
[11] I. M. Breinbauer: Ethikunterricht – ein Anachronismus?! In: V. Ladenthin/R. Schilmöller (Hrsg.): Ethik als pädagogisches Projekt. A. a. O. S. 203-222.
[12] Vgl.: Ministerium für Schule und Weiterbildung des Landes NRW (Hrsg.): Kerncurriculum „Praktische Philosophie" Erprobungsfassung. Curriculares Rahmenkonzept. Düsseldorf 1997.

II. Empirischer Teil

genen Teilnehmerfeld ausgehen kann. Dies hatte den Vorteil ausgesprochen vielseitiger Diskussionsbeiträge und verschaffte auch den später ermittelten empirischen Daten eine gewisse Repräsentativität.

Eine weitere in der Fächerdifferenzierung aufgehende Teilnehmergruppe, etwa ein Drittel aller Teilnehmer, setzte sich aus Lehrern zusammen, die die Veranstaltung im Rahmen des Aufbaustudiums „Praktische Philosophie" besuchten, für welches sie spezifisch ausgewiesen war. Da dieser Studiengang noch gewissermaßen in der Erprobungsstufe ist und mehr als Aufbaustudium gilt – bisher gibt es noch kein reguläres Studienfach Praktische Philosophie – war es nicht erstaunlich, daß keiner der Lehramtsstudierenden dieses Fach belegt hatte.

Eine dritte Teilnehmergruppe, die gewissermaßen völlig zweckfrei an dieser Veranstaltung teilnahm, genauer gesagt, aus bloßem *Bildungsinteresse* das Seminar besuchte und ihm damit eine spezifische Reflexionsperspektive ermöglichte, war die relativ große Gruppe aus dem Studiengang „Studium im Alter". Nicht nur stellte deren überdurchschnittlich hohe Teilnahme ein gesamtgesellschaftliches Interesse an Fragen rund um Bildung innerhalb gesellschaftlicher Umbruchsituationen unter Beweis. Vor allem konfrontierten sie das Seminar mit Positionen von „außen", die einerseits aus ihrer spezifischen Berufsperspektive stammten, andererseits aber auch aus der Perspektive der philosophischen Distanz, die möglich wird, wenn man den Zwängen des Berufslebens entkommen ist.

Durch diese vielseitigen Interessenlagen entwickelte das Seminar eine ungewöhnliche Dynamik und ermöglichte einen „interfraktionellen" Diskurs zwischen Teilnehmern, die sich auf das Berufsleben vorbereiten, solchen, die mitten im Beruf stehen und denjenigen, die in Skepsis und Distanz zurückschauen können. Verbunden waren sie durch den gemeinsamen Status als Studierende und durch ihr Interesse an der Sache der moralischen Bildung. Erst diese für eine universitäre Veranstaltungsreihe ungewöhnlich breite Zusammensetzung des Seminars, brachte mich auf die Idee einer empirischen Untersuchung im Hinblick auf Bildungsverständnis, Unterrichtsinhalte und didaktische Methoden. Denn erst im Vergleich können Daten Auskunft geben.

Dennoch differenzierten wir die Gruppe aus dem Studiengang „Studium im Alter" nicht von der Gruppe der jungen Studenten, sondern differenzierten alle Studierenden nur in Lehrer und Studenten, was deshalb Sinn machte, da die aus dem Berufsleben ausgeschiedenen Teilnehmer des Seminars eben keine ehemaligen Lehrer waren.

I. Befragungszeitraum: Mai/Juni 2002
Anzahl der befragten Personen: 62
Lehrer: 21, Studierende: 41

Vertretene Studienfächer	Gesamt	Lehrer	Studenten
Erziehungswissenschaften/Dipl.-Pädagogik	46,8%	29,6%	56,1%
Deutsch	25,8%	33,3%	22,0%
Praktische Philosophie	11,3%	33,3%	---
Englisch	11,3%	14,3%	9,8%
Sozialwissenschaften/Soziologie	11,3%	4,8%	14,6%
Mathematik	9,7%	19,0%	4,9%
Französisch	8,1%	14,3%	4,9%
Chemie/Chemietechnik	6,5%	9,5%	4,9%
Philosophie	6,5%	14,3%	2,4%
Geschichte	6,5%	9,5%	4,9%
Katholische Religion	4,8%	9,5%	2,4%
Musik/Musikwissenschaft	4,8%	4,8%	4,9%
Biologie	4,8%	9,5%	2,4%
Psychologie	4,8%	---	7,3%
Physik	3,2%	9,5%	---
Spanisch	3,2%	---	4,9%
Ev. Theologie	3,2%	---	4,9%
Sport	1,6%	4,8%	---
Russisch	1,6%	4,8%	---
Informatik	1,6%	---	2,4%
Textilgestaltung	1,6%	4,8%	---
Kulturwissenschaften	1,6%	---	2,4%
Kunst	1,6%	---	2,4%
Politik	1,6%	4,8%	---
Italienisch	1,6%	---	2,4%
Erdkunde	1,6%	---	2,4%
Keine Angabe	9,7%	4,8%	14,6%

Innerhalb der Lehrerschaft haben wir dann aber Differenzierungen zwischen jungen und älteren Lehrern vorgenommen und haben diese auch noch einer „unabhängigen" Kontrollgruppe von Lehrern (K-Gruppe) gegenübergestellt, d. h. von Lehrern, die nicht am Seminar teilgenommen haben. Dies hatte gewisse evaluative Gründe. Wenn nämlich gezeigt werden konnte, daß die Lehrer der Kontrollgruppe an bestimmten Punkten auffällig anders votierten, wie beispielsweise bei der Frage, ob das Land vielleicht neue Lehrer brauche – ungefähr 43% der am Projekt teilnehmenden Lehrer waren dieser Meinung, aber nur 21% der Kontrollgruppe –, dann ließe sich daraus der vorsichtige Schluß ziehen, daß die Erarbeitung und Diskussion bildungstheoretischer Entwürfe nicht umsonst war, daß also so etwas wie Bildung im Sinne kritischer Distanznahme geschehen war, und daß es dann auch bestimmte Vermittlungsmodi gibt, die schlechterdings durch die bildungstheoretischen Vorlagen vorgegeben sind. Die von außen ins Projekt einbezogene Kontrollgruppe setzte sich sowohl aus jungen als auch aus erfahrenen Lehrern zusammen und auch aus solchen, die aus dem Berufsleben ausgeschieden waren. Je nach Differenzierungsmodus, wurden alle Lehrer aber auch als „Gesamt" betrachtet, wenn etwa „junge" und „alte" Lehrer miteinander verglichen wurden. So standen innerhalb der Befragung 35 Lehrer (21+14) 41 Studenten gegenüber, wodurch eine gewisse Balance zwischen beiden Gruppen erzeugt werden konnte.

Durch den außergewöhnlichen Umstand der hohen Teilnehmerzahl an Lehrern lag es nahe, noch eine weitere Gruppe in die Befragung aufzunehmen, und zwar diejenige Gruppe, um die es ja eigentlich geht: die Schüler. Da es sonst aus organisatorischen und administrativen Gründen recht schwierig ist, Befragungen in Schulen durchzuführen, bot es sich innerhalb dieses Projekts eigentlich automatisch an, die Lehrer als Datenträger ihrer Schüler mit einzubeziehen. Um eine Vergleichbarkeit der Daten zu gewährleisten, mußte der gleiche Fragebogen vorgelegt werden, wurde aber in manchen Formulierungen etwas vereinfacht, allein in Rücksichtnahme auf die unterschiedlichen Altersgruppen der Schüler, die aus den Klassen 7-11 kamen. Beispielsweise wurde die Frage VIII: „Welche Maßnahmen müssen ergriffen werden, um Schulunterricht in erziehenden und bildenden Unterricht umzuwandeln?" umformuliert in: „Welche Maßnahmen müssen im Unterricht ergriffen werden, um nicht nur Kenntnisse zu vermitteln, sondern auch zu erziehen (bilden)?". Mit solchen Umformulierungen sollte nicht die Substanz der Fragen verändert werden, sondern lediglich begriffliche Hilfestellung gegeben werden. Zusätzlich erarbeiteten wir einen Erläuterungsbogen, in dem wir Hinweise zur Bearbeitung gaben und zusätzliche Umformulierungen anboten, nachdem uns einige Lehrer darauf aufmerksam machten, daß bestimmte Fragen trotz der Vereinfachung noch immer begriffliche Schwierigkeiten bieten könnten.

Insgesamt betrachtet stellt sich die Zusammensetzung aller Befragten folgendermaßen dar.

Anzahl der befragten Personen: 323,
davon 35 Lehrer (inkl. 14 Lehrer der Kontrollgruppe), 41 Studierende und 247 Schüler.
Lehrer: Unterrichtsjahre: 3-31 Jahre, Ø 18,81 Jahre, Kontrollgruppe Ø 24,43 Jahre, Durchschnitt aller Lehrer: 21,1Jahre.
Studenten: Anzahl der Semester: 5.-17. Semester, Ø 8,51 Semester
Schüler: Klasse 7-11

Von den 247 Schülern gingen 117 zur Realschule (47,4%) und 130 (52,6%) zum Gymnasium. Schüler der Gesamtschule oder Hauptschule waren nicht vertreten.

Einteilung der befragten Schüler nach Klassen und Schulen:

Name/Schule	Ort	Klasse	befragte Schüler
Adalbert-Stifter-Gymnasium	Castrop-Rauxel	11	11
Abendkolleg Gymnasium	Gelsenkirchen (Schalke)	11	11
Günther-Eckerland-Realschule	Marl	10	19
Gymnasium Petrinum	Dorsten	10	30
Gymnasium Petrinum	Dorsten	10	21
Realschule Hörstel	Hörstel	9	15
Realschule Hörstel	Hörstel	10	17
Dietrich-Bonhoeffer-Realschule	Lengerich	9	12
Dietrich-Bonhoeffer-Realschule	Lengerich	10	10
Emsland Gymnasium	Rheine	10	14
Kopernikus Gymnasium	Neubeckum	11	22
Kopernikus Gymnasium	Neubeckum	11	21
Realschule Westerkappeln	Westerkappeln	9	10
Realschule Westerkappeln	Westerkappeln	10	10
Geschwister-Scholl-Realschule	MS-Kinderhaus	7	9
Geschwister-Scholl-Realschule	MS-Kinderhaus	8	15

Da ich aus Seminardiskussionen weiß, daß einige der teilnehmenden Lehrer an Gesamtschulen unterrichten, muß ich davon ausgehen, daß diese aus welchen Gründen auch immer ihren Schülern den Fragebogen nicht vorgelegt haben. Haupt- oder Sonderschullehrer waren nicht vertreten, obgleich das Schulfach „Praktische Philosophie" eigentlich für alle allgemeinbilden-

II. Empirischer Teil

den Schulen vorgesehen ist und daher auch Lehrergruppen aus allen Schultypen am Aufbaustudiengang teilnehmen müßten[13]. Da Gegenstand dieser Untersuchung aber nicht die Differenzierung von Schultypen und ihren entsprechenden Leistungsprofilen war, sondern das Bildungsverständnis von zukünftigen und im Beruf stehenden Pädagogen, sollte die Gruppe der befragten Schüler eher als Kontrollgruppe gegenüber ihren Erziehern angesehen werden, um wenigstens tendenziell herauszubekommen, ob Lehrer und Schüler grundsätzlich ähnliche Erwartungen an Unterricht stellen, und an welchen Punkten sie sich unterscheiden. So war es etwa interessant zu untersuchen, ob die Erwartungshaltung von Schülern und Studenten näher beieinander liegen als von Studenten und gestandenen Lehrern, oder ob die Erwartungshaltung junger Lehrer ähnlich beschaffen ist wie die von Studenten. Unter welchen Gruppen bestehen die größten Divergenzen? Kann man einen biographischen Schnitt feststellen, an dem sich die Erwartungshaltung umdreht? Oder kann man umgekehrt feststellen, daß solche sich auch wieder annähern können entgegen der Alterskurven?

Im Hinblick auf solche Fragestellungen war weniger der Schultyp entscheidend als die Anzahl der befragten Schüler. Für eine repräsentative Befragung wären 247 Schüler ebenso wenig ausreichend wie 35 Lehrer oder 41 Studenten. Um jedoch einen nicht nur augenblickhaften, sondern tendenziellen Eindruck des Bildungsverständnisses von öffentlichem Unterricht zu gewinnen, taugt diese stichprobenartige Erhebung durchaus und läßt jedenfalls an den Punkten Schlußfolgerungen zu, an denen große Übereinstim-

---

[13] 20% aller Schüler der Jahrgangs 9 und 10 nahmen an der Erprobung des neuen Schulfachs Praktische Philosophie in NRW im Schuljahr 1999-2000 teil. Dies waren 5999 Schüler an 244 Schulen. Alle Schultypen waren vertreten, auch berufliche und heilpädagogische Schulen. Die prozentuale Beteiligung der verschiedenen Schulformen am Schulversuch „praktische Philosophie" scheint in etwa dem prozentualen Anteil der jeweiligen Schulform in der Gesamtsumme aller weiterführenden Schulen in NRW zu entsprechen.

Schulform	
Hauptschule	31 (12,7%)
Realschule	47 (19,3%)
Gymnasium	72 (29,5%)
Gesamtschule	42 (17,2%)
Berufsschule, -kolleg	37 (15,2%)
Sonder-/Behindertenschule	15 (6,4%)

mungen zu finden sind. Es wäre schon erstaunlich, wenn 0% der Befragten Bildung mit gehobenem Einkommen verbinden, in einer bundesdeutschen Gesamtbefragung aber 50% der Lehrer, Studenten oder Schüler diese Option unter zahlreichen anderen wählen würden.

Eltern haben wir nicht befragt, obgleich gerade sie ja in die Schußlinie der öffentlichen Kritik als Erziehungsverweigerer geraten sind. So waren fast 67% der Lehrer und 83% der Studenten für eine stärkere Einbindung der Eltern in Unterricht und Betreuung, und 76% bzw. 71% der beiden Gruppen kritisierten, daß Eltern sich zunehmend ihren erzieherischen Aufgaben entzögen. Selbst das Motto „Eltern zurück an den Herd" fand noch mehr als 20% Zustimmung. Demgegenüber wünschten aber nur 23% der Schüler mehr Elternpräsenz in der Schule, und nur knapp 35% meinten, die Eltern würden sich ihren Erziehungsaufgaben entziehen. Nur 12% der Schüler riefen ihre Eltern zurück an den Herd. Daß es gerade an diesem Punkt höchst interessant gewesen wäre, die Selbsteinschätzung der Eltern zu ermitteln, ist unbestritten, hätte aber die doch recht engen Möglichkeiten dieses Projekts beschränkt, das auf ein Semester begrenzt war und nur durch Eigeninitiative der Beteiligten zustande kam.

7. Der Fragebogen

Während des Entwurfs des Fragebogens hatten wir noch nicht daran gedacht, ihn auch Schülern vorzulegen. Vermutlich gab es einen spezifischen Fragekomplex, deren Beantwortung den unmittelbaren Vergleich mit Schülerantworten herausforderte. Dies waren die Fragen an Lehrer und Studenten, welchen Unterricht ihrer Meinung nach Schüler bevorzugten (XII) und unter welchen Voraussetzungen sie Unterricht für gelungen hielten (XIII). Nichts würde mehr Aufschluß geben über die Wahrnehmung der Schülerperspektive seitens der Erzieher als eine direkte Befragung der Schüler genau an diesem Punkt. Ebenso ließ sich auf diese Weise schnell feststellen, inwieweit Studenten das Schülerinteresse besser treffen würden infolge der kürzeren Distanz zum Lebensalltag in der Schule.

XII. Welche Unterrichtsform wird Ihrer Meinung nach von den Schülern bevorzugt gewählt?

Einschätzung:	Gesamt	Lehrer	Studierende	Schüler	K-gruppe (L)
a)Projektunterricht	**67,5%**	**52,4%**	**80,5%**	68,0%	**42,9%**
b)Gruppenunterricht	67,5%	23,8%	56,1%	**74,5%**	**42,9%**
c)Praktika	49,9%	38,1%	43,9%	52,6%	28,6%
d)Dialog/Diskurs	40,9%	28,6%	56,1%	40,1%	28,6%
e) Frontalunterricht	18,0%	28,6%	14,6%	17,0%	28,6%
f)Jahrgangsübergreifender Unterricht	9,3%	9,5%	17,1%	8,1%	7,1%
g)Einzelunterricht	6,5%	9,5%	4,9%	5,7%	21,4%

Wie sich herausstellte, trafen die Lehrer den Geschmack der Schüler an mehreren Punkten nicht: Die von den Schülern bevorzugte Unterrichtsform „Gruppenunterricht" (74,5%) wurde nicht einmal von einem Viertel der Lehrer genannt, auch die Praktika wurden nicht in ihrer Bedeutung für die Schüler erkannt, und dialogisch diskursiver Unterricht erscheint aus der Perspektive der Lehrer für die Schüler den gleichen Stellenwert zu haben wie Frontalunterricht. Aus der Perspektive der Schüler stellt sich das anders dar. Nur 17% wollen frontal unterrichtet werden, aber 40% trauen sich durchaus zu, in dialogisch diskursiver Unterrichtsform etwas zu lernen. Bemerkenswert ist, daß sich an diesem Punkt beide Lehrergruppen nicht voneinander unterscheiden. Erst wenn die Lehrergruppe in junge und nach Unterrichtsjahren „alte" Lehrer differenziert wird, zeigt sich eine größere Nähe zum Schülerinteresse.

Einschätzung:	Lehrer (alt)	Lehrer (jung)
a)Projektunterricht	37,5%	71,4%
b)Dialog/Diskurs	37,5%	28,6%
c)Gruppenunterricht	25%	42,9%
d)Praktika	5%	28,6%
e)Frontalunterricht	37,7%	14,3%
f)Jahrgangsübergreifender Unterricht	0%	14,3%
g)Einzelunterricht	0%	28,5%

Immerhin erkannten noch knapp 43% der jungen Lehrer die große Bedeutung des Gruppenunterrichts für die Schüler im Vergleich zu 56% der Studenten, aber nur 25% der älteren Lehrer. Der allseits favorisierte Projektunterricht erscheint aus der Perspektive der Schüler auch zu hoch bewertet.

Auf jeden Fall nimmt er nicht die erste Position ein, sondern wird flankiert von anderen hoch eingeschätzten Unterrichtsformen. Auffällig ist auch, daß die Studenten als einzige Pädagogengruppe diskursiven Unterricht hoch veranschlagten und in gewisse Übereinstimmung mit den Schülern treten. Vielleicht, so ließe sich vermuten, haben bei dieser Frage die Pädagogen doch eher ihre Perspektive reflektiert, weshalb etwa die Studenten den Diskurs hoch ansiedelten, weil sie ihn selbst als Unterrichtsform praktizieren. Je mehr sie dann aber im Verlauf ihrer Qualifizierung und Professionalisierung unter das Diktat einer lernzielorientierten Unterrichtsstruktur geraten, um so mehr werden nicht nur die Vorzüge des Diskurses vergessen, sondern dessen Durchführbarkeit im Unterrichtsalltag auch bezweifelt.

Daß diskursiv-dialogischer Unterricht eigentlich von allen Seiten gewünscht wird und auch als Kriterium für gelungenen Unterricht gilt, zeigt die Frage XIII nach den Kriterien für gelungenen Unterricht.

XIII. Wann ist ein Unterricht als gelungen zu bezeichnen?

	Gesamt	Lehrer	Studierende	Schüler	K-gruppe (L)
a) wenn sich viele Schüler am Unterricht beteiligt haben	**85,1%**	**85,7%**	75,6%	**86,2%**	**92,9%**
b) wenn alle aufgeworfenen Fragen am Ende des Unterrichts beantwortet sind	65,3%	23,8%	24,4%	77,7%	28,6%
c) wenn viele Fragen gestellt werden	48,9%	76,2%	**87,8%**	38,5%	78,6%
d) wenn die Schüler wenigstens einmal in der Stunde gelacht haben	41,8%	71,4%	58,5%	36,0%	50%
e) wenn Tests gut ausfallen	39,0%	19,0%	12,2%	46,6%	14,3%
f) wenn wenige „Störungen" aufgetreten sind	32,5%	38,1%	14,6%	34,8%	35,7%
g) wenn freiwillige Ausarbeitungen vorgelegt wurden	27,2%	33,3%	48,8%	21,9%	50%
h) wenn Schüler ihre Hausaufgaben gemacht haben	26,3%	14,3%	17,1%	29,1%	21,4%
i) wenn am Ende des Unterrichts Fragen offenbleiben	15,2%	42,9%	53,7%	5,7%	28,6%
j) wenn der „Zeitplan" für die Stoffvermittlung eingehalten wurde	10,2%	4,8%	2,4%	11,7%	14,3%

II. Empirischer Teil

Alle Teilnehmergruppen geben an, daß eine ausgewogene Partizipation am Unterricht das sicherste Merkmal von gelungenem Unterricht sei. Im Unterschied zu den Schülern sehen die Pädagogen, sonst wären sie keine Pädagogen, auch im Fragenstellen ein besonderes bildendes Element, aber Lehrer wie Schüler und Studenten wissen, daß guter Unterricht nicht monologisch verlaufen kann, weil nur der Dialog zu erkennen gibt, ob gelernt wird oder nicht. Die Einhaltung des Zeitplans scheint für die Studenten überhaupt keine Rolle zu spielen, ebensowenig wie bei den jungen Lehrern und spielt bei den Schülern eine größere Rolle als im Gesamtvergleich der Lehrer. Da sich an diesem Punkt die Kontrollgruppe von der Seminarteilnehmergruppe der Lehrer stark unterscheidet, 14,3% zu 4,8%, ließe sich der Schluß ziehen, daß die Seminarteilnehmer einen didaktischen Input durch die diskursive Unterrichtsstruktur des Seminars erhalten haben und möglicherweise versuchen werden, ihren Unterricht in eine ähnliche Struktur zu bringen.

Bei mehreren Fragen, die nur mit ja oder nein zu beantworten waren, erhielten die Teilnehmer die Möglichkeit, ihre Option zu begründen. Da dies nicht von allen Befragten wahrgenommen wurde, und Begründungen sich auch nicht immer schablonisieren lassen, konnte aus diesen Kommentaren keine mathematische Vergleichsauswertung angefertigt werden. Wohl aber geben ausformulierte Begründungen Tendenzen wieder, die dann in die Interpretation der vergleichbaren Daten einfließen. Wenn beispielsweise Globalisierung und die Revolution der Kommunikationstechnologien als Indiz eines gesellschaftlichen Umbruchs mehrfach auf freiwilliger Basis genannt werden (II), dann läßt dies den Schluß zu, daß diese Merkmale allgemein wahrgenommen und als besondere Herausforderung für Erziehung und Bildung betrachtet werden. In Gegenüberstellung zu Bildungsmerkmalen (V), innerhalb derer technisches Verständnis nur eine untergeordnete Rolle zu spielen scheint – im Durchschnitt hielten weniger als 30% der Befragten technisches Verständnis für ein Bildungskriterium –, wird auf der Ebene der Gesellschaftsanalyse durchaus erkannt, daß das traditionale humanistische Bildungsverständnis nicht mehr ausreicht, die moderne Gesellschaft reflexiv zu durchdringen. Dadurch relativieren sich auch Empfehlungen, die Familie als zentralen Ort der Erziehungskultur wiederbeleben wollen. Erstens wissen die Lehrer selbst am besten, welchen Spagat sie machen müssen, um Familie und Beruf unter einen Hut zu bringen, und zweitens kann der Fakt nicht beiseite geräumt werden, daß die Existenz einer Familie in der Regel nicht mehr durch nur einen Verdienst sichergestellt werden kann wie noch in der Adenauer-Ära. Vor diesem Hintergrund liest sich die Kritik der Pädagogen an den Eltern eher als eine Kritik am bestehenden Bildungssystem, das diese veränderte gesellschaftliche Situation nicht aufgefangen hat, etwa durch Ganztagsschulen als Regelschule.

An der hier exemplarisch durchgeführten Gegenüberstellung von Daten und Befragungsgruppen, läßt sich die Vielfalt der Interpretationsansätze, die sich durch unterschiedliche Kombinationen ergeben, gut anschaulich machen. Entsprechend des Gesichtspunkts, unter welchem Daten miteinander verglichen werden, ergeben sich Anschlußmöglichkeiten für Analysen oder Hypothesen, die entweder einen bildungstheoretischen Fragehorizont reflektieren oder eine bestimmte pädagogische Praxis perspektivieren oder aber beides zugleich in gegenseitiger Verwiesenheit. Je umfangreicher und komplexer strukturiert der Fragebogen, um so zahlreicher die Kombinationsmöglichkeit der Einzelergebnisse. Daher kann die im folgenden angebotene Interpretation der Gesamtauswertung auch nicht beanspruchen, sämtliche Schlußfolgerungen aus dem vorliegenden empirischen Material zu benennen, sondern kann nur versuchen, Haupttendenzen zu thematisieren. Indirekt wird hier durch die Lektüre der Daten dazu aufgefordert, eigene Fragen an das erhobene Material zu stellen, also Kombinationen vorzunehmen, die beispielsweise Auskunft darüber gäben, wie idealer Unterricht auszusehen hätte oder welche bildungspolitischen Maßnahmen ergriffen werden müßten, damit Unterricht erziehend und bildend sein könnte.

a) Gesamtauswertung

I. Angaben zur Person
s. o. S. 62.

II. In den letzten Jahren wird zunehmend die Forderung nach einer neuen Werteorientierung erhoben. Sind Sie der Meinung, daß ...

a) ... sich die Gesellschaft in einer besonderen Umbruchsituation befindet?

	Gesamt	Lehrer	Studierende	Schüler	K-gruppe (L)
Ja	79,6%	85,7%	82,9%	78,1%	85,7%
Nein	16,4%	14,3%	17,1%	16,6%	14,3%
Keine Angabe	4,0%	--	--	5,3%	--

b) ... man zu moralischem Verhalten erziehen kann?

	Gesamt	Lehrer	Studierende	Schüler	K-gruppe (L)
Ja	89,5%	85,7%	90,2%	89,1%	100%
Nein	9,3%	4,8%	7,3%	10,5%	0%
bedingt	1,2%	9,5%	2,4%	0,4%	0%

c) ... „Werte" im Schulunterricht vermittelt werden können?

	Gesamt	Lehrer	Studierende	Schüler	K-gruppe (L)
Ja	76,5%	66,7%	90,2%	74,1%	92,9%
Nein	18,9%	19,0%	9,8%	21,1%	7,1%
bedingt	1,2%	14,3%	--	0,4%	--
Keine Angabe	3,4%	--	--	4,5%	--

Insgesamt scheint eine große Übereinstimmung darin zu bestehen, gegenwärtige gesellschaftliche Prozesse als im Umbruch begriffene zu verstehen. Als Gründe wurden genannt: Auswirkungen der Globalisierung, Werteverlust, neue Kommunikationstechnologien, aber auch ökologische Veränderungen und neue berufliche Anforderungen. Auch wenn die Übereinstimmung unter allen Befragungsgruppen groß ist, ist doch eine leichte Alterskurve zu erkennen, d. h. je jünger die Befragten waren, um so eher waren sie bereit, die unmittelbare Wirklichkeit als „Normalzustand" zu begreifen. Bemerkenswert ist, daß diejenigen, welche die Gesellschaft in keiner besonderen Umbruchsituation sahen, dies mit der Permanenz gesellschaftlicher Umbrüche begründeten.

Beinahe vollkommene Übereinstimmung besteht in der Annahme, daß man zu moralischem Verhalten erziehen kann. Vielleicht wäre die Zustimmung geringer ausgefallen, wenn statt von moralischem Verhalten, von moralischem Handeln gesprochen worden wäre. Verhalten impliziert eher eine passive reaktive Handlungsweise und verweist auf Anpassungstechniken, die in der Tat gelehrt werden können. Hätten wir die Frage moralphilosophisch gestellt, etwa: Kann die Befolgung des kategorischen Imperativs gelehrt werden?, wäre sicher eine skeptischere Haltung an den Tag gelegt worden. Mit einer so spezifisch gestellten Frage, hätten wir uns jedoch weit vom Alltagsverständnis aller Befragten entfernt und eigentlich nicht die Informationen bekommen, die wir wollten. Mehr oder weniger alle glaubten, daß moralische Erziehung möglich ist, und vielleicht liegt gerade darin, aus bildungstheoretischer Perspektive betrachtet, der Grund ihres Scheiterns. Die wenigen Stimmen jedenfalls, die die Möglichkeit moralischer Erziehung in Zweifel stellten, mahnten – ganz im Sinne Kants – die Selbstkonstituierung moralischer Subjektivität an[14].

Etwas ausgeprägter stellte sich die Skepsis gegenüber der „Wertevermittlung" dar. Immerhin bezweifelten 19% der am Seminar teilnehmenden Lehrer, daß sie „Werte" vermitteln könnten, aus der Kontrollgruppe der Lehrer dagegen nur 7%. Obgleich „Wertevermittlung" eigentlich das „kleinere" Geschäft ist, da sie durch normative und affirmative Pädagogik geleistet wird[15], waren die Zweifel an ihrem Erfolg größer als im Hinblick auf die Möglichkeit von moralischer Erziehung überhaupt. Dies deutet auf einen Mangel grundsätzlicher bildungstheoretischer Reflexion seitens der Pädagogen hin, die über die Schülerperspektive eigentlich nicht hinausreicht.

---

[14] Vgl. dazu: S. S. Kim: Die Selbstkonstituierung des moralischen Subjekts und das Faktum der Vernunft. Münster et al. 2003.
[15] Vgl. zur Theorie einer nicht-affirmativen Pädagogik: D. Benner: Bruchstücke einer nicht-affirmativen Theorie pädagogischen Handelns. In: Zeitschrift für Pädagogik. 38. Jahrgang. Heft 6 (1992).

II. Empirischer Teil

III. Wenn Sie die Anteile von öffentlicher und privater Erziehung im Hinblick auf „Wertevermittlung" in ein Verhältnis stellen, für welche Proportionen würden Sie sich dann entscheiden?

Einschätzung: **IST**

priv.Erz.	öff.Erz.	Gesamt	Lehrer	Studierende	Schüler	K-gruppe (L)
100%	0%	2,8%	---	---	3,6%	---
90%	10%	9,3%	---	2,4%	10,5%	21,4%
80%	20%	20,4%	9,5%	14,6%	22,3%	21,4%
70%	30%	**27,6%**	14,3%	12,2%	**31,6%**	21,4%
60%	40%	13,3%	4,8%	17,1%	14,2%	---
50%	50%	5,0%	---	4,9%	5,3%	7,1%
40%	60%	8,7%	14,4%	12,2%	7,7%	14,3%
30%	70%	7,4%	**33,3%**	**22,0%**	2,8%	7,1%
20%	80%	3,1%	19,0%	4,9%	1,2%	7,1%
10%	90%	0,3%	---	2,4%	---	---
0%	100%	---	---	---	---	---
Keine Angabe		1,9%	4,8%	7,3%	0,5%	---

Einschätzung: **SOLL**

priv.Erz.	öff.Erz.	Gesamt	Lehrer	Studierende	Schüler	K-gruppe (L)
100%	0%	4,0%	---	---	4,9%	7,1%
90%	10%	5,0%	---	2,4%	6,1%	---
80%	20%	13,6%	9,5%	12,2%	14,6%	7,1%
70%	30%	17,6%	19,0%	17,1%	17,4%	21,4%
60%	40%	17,6%	19,0%	12,2%	18,2%	21,4%
50%	50%	**34,7%**	**38,1%**	**43,9%**	**32,8%**	**35,7%**
40%	60%	3,4%	4,8%	7,3%	2,8%	---
30%	70%	0,9%	---	2,4%	0,8%	---
20%	80%	0,9%	---	2,4%	0,8%	---
10%	90%	---	---	---	---	---
0%	100%	0,6%	---	---	0,8%	---
Keine Angabe		1,5%	9,5%	---	0,8%	7,1%

Bei der Frage nach den Anteilen von öffentlicher und privater Erziehung im Hinblick auf Wertevermittlung, sollten die Befragten zwischen „Ist-Zustand" und „Soll-Zustand" unterscheiden. Im Rahmen des „Soll" gab es kaum Unterschiede, die meisten Befragten wünschten sich ein ausgewogenes Verhältnis zwischen öffentlicher und privater Erziehung. Doch bei der

Einschätzung des „Ist-Zustands" gingen die Positionen auseinander. Während sich die meisten Lehrer und zukünftigen Pädagogen darauf verständigten, daß 70% der Wertevermittlung im Unterricht geschieht, sahen die meisten Schüler dies genau umgekehrt und gaben an, daß Wertevermittlung nur zu 30% im öffentlichen Unterricht gelingen kann. Mit dieser Einschätzung trafen sich die Schüler mit der Kontrollgruppe der Lehrer.

IV. Ist der Bildungsauftrag der Schulen/Universitäten/Weiterbildungsinstitutionen Ihrer Meinung nach mit dem Anspruch einer Werteerziehung verknüpft?

	Gesamt	Lehrer	Studierende	Schüler	K-gruppe (L)
Ja	64,4%	90,5%	80,5%	58,7%	78,6%
Nein	32,8%	9,5%	19,5%	37,7%	21,4%
Bedingt	0,9%	---	---	1,2%	---
Keine Angabe	1,9%	---	---	2,4%	---

Während die überwiegende Mehrheit der Pädagogen den Anspruch öffentlicher Erziehung mit „Werteerziehung" verknüpft, sehen dies fast 40% der Schüler anders und verbinden Bildungseinrichtungen wahrscheinlich eher mit beruflichen Qualifikationsmaßnahmen als mit bildendem Unterricht. Hier zeigt sich, daß die „Ökonomisierung" der Bildungsvorstellungen auf dem Vormarsch ist, d. h. einseitige, fachspezifische Kenntnisse, die sich schnell auszahlen, zunehmend gewünscht werden und die Reflexion ethischer Sachverhalte auf den privaten Raum begrenzt wird. Gleichzeitig wird deutlich, daß der Kontext von Allgemeinbildung und moralischer Reflexivität zunehmend aus dem Blick gerät und dadurch Bedingungen geschaffen werden, unter denen ein funktionstüchtiger Menschenpark installiert werden kann.

V. Welche Qualitäten bzw. Qualifikationen verbinden Sie mit dem Begriff der Bildung bzw. des gebildeten Subjekts?

	Gesamt	Lehrer	Studierende	Schüler	K-gruppe (L)
a) vielfältige Kenntnisse in verschiedenen Wissensgebieten	89,2%	90,6%	75,6%	90,7%	100%

b) Sprach-/Redegewandtheit/ Kommunikationsfähigkeit	73,4%	71,5%	75,6%	72,5%	85,7%
c) strukturelles, logisches Denken	71,2%	66,7%	65,9%	72,1%	78,6%
d) historisches Reflexionsvermögen	57,3%	81,0%	70,7%	53,0%	57,1%
e) Selbstreflexivität/Selbstkritik	50,2%	85,7%	92,7%	38,1%	85,7%
f) Kenntnisse fremder Kulturen	48,3%	47,6%	56,1%	45,7%	71,4%
g) moralisches Handeln	46,1%	81,0%	85,4%	35,2%	71,4%
h) gesunder Menschenverstand	44,6%	19,0%	70,7%	42,9%	35,7%
i) Studium	43,7%	4,8%	19,5%	53,0%	7,1%
j) Menschenkenntnis	41,2%	47,6%	63,4%	36,4%	50%
k) besondere Kenntnisse in einem Spezialgebiet	31,0%	9,5%	24,4%	33,6%	35,7%
l) Einfühlungsvermögen	28,8%	66,7%	75,6%	16,2%	57,1%
m) technisches Verständnis	27,9%	28,6%	19,5%	30,0%	14,3%
n) politisches/gesellschaftliches Engagement	27,6%	33,3%	51,2%	22,3%	42,9%
o) Medienkompetenz	26,0%	52,4%	34,1%	21,2%	50%
p) Kunstverstand	14,6%	23,8%	22,0%	10,9%	42,9%
q) autonomer Lebensstil	13,9%	23,8%	29,3%	10,1%	21,4%
r) gehobenes Einkommen	2,9%	0%	0%	3,6%	0%

Diese Frage zielte darauf, Merkmale zu ermitteln, die allgemein mit Bildung verknüpft wurden. Vielfältige Kenntnisse und Kommunikationsfähigkeit, im weitesten Sinne Dialogizität und Diskursivität, wurden von fast allen Befragten mit „Bildung" verbunden. Strukturelles logisches Denken stand auch hoch im Kurs, ebenso wie historisches Reflexionsvermögen. Auffällig ist, daß im Hinblick auf „Geschichte" sich die Schüler von den Seminarteilnehmern um rund 20-30% unterscheiden, nicht aber von der Kontrollgruppe der Lehrer. Dies läßt vermuten, daß im Seminar eine historische Reflexionsperspektive eröffnet wurde, dessen Notwendigkeit in der allgemeinen Unterrichtspraxis nicht immer eingesehen wird. Selbstkritik stand bei den Schülern nicht so hoch im Kurs, ebensowenig wie die Kenntnis fremder Kulturen. Wenn diese relativ geringe Einschätzung bei Schülern zwischen 14 und 18 Jahren noch verständlich ist – man hat genug Probleme, sich in seiner eigenen Kultur zurechtzufinden – so ist eigentlich nicht nachzuvollziehen, daß Lehrer und Studenten diesen Punkt gleich schwach bewertet haben. Was soll die Rede von der besseren Integration nicht-deutschsprachiger Schüler, wenn mit Bildung noch nicht einmal die Kenntnis fremder Kulturen in Verbindung gebracht wird?

Auffällig auch, daß die so viel beschworene Medienkompetenz, bei den Schülern nur zu einem Drittel als Bildungsmerkmal gilt, bei den Lehrern dagegen zu 50%. Wahrscheinlich glauben die Schüler, daß man automatisch medienkompetent wird, und die Lehrer hoffen auf mehr Disziplin durch ausgewählten Umgang mit den Medien. Vielleicht drückt sich in dieser unterschiedlichen Einschätzung aber auch nur der Nachholbedarf der Lehrerschaft aus, die ziemlich spät zur neuen Kommunikationstechnologie fand. Fast 30% der Studenten verbinden einen autonomen Lebensstil mit Bildung und mehr als 50% mit politischem Engagement. Hier finden sie mehr Verbündete bei den Lehrern als bei den Schülern, bei denen politisches Engagement ganz unten auf der Skala rangiert.

Einig war man sich auch darin, daß Bildung eigentlich nichts mit Geld zu tun hat. Bacons Diktum, daß Wissen Macht sei und Marx Identifizierung von Macht und Kapital, geht am deutschen Bildungsverständnis offensichtlich völlig vorbei. Dies kann man begrüßen, weil so etwas wie die Ahnung von einer moralischen Vernunft durchscheint, kann natürlich auch als traditionsverhaftete Blindheit gedeutet werden, d. h. man bezieht sich auf ein Bildungsideal, das eigentlich gar keine gesellschaftliche Realität mehr hat und wahrscheinlich auch nie hatte.

VI. Wenn Sie die Anteile von Bildungs- und Ausbildungsfaktoren im öffentlichen Unterricht an allgemeinbildenden Schulen in ein Verhältnis stellen, für welche Proportionen würden Sie sich entscheiden?

Einschätzung: **IST**

Bildung	Ausbildung	Gesamt	Lehrer	Studierende	Schüler	K-gruppe (L)
100%	0%	2,8%	---	---	3,6%	---
90%	10%	8,0%	---	2,4%	9,7%	7,1%
80%	20%	14,2%	14,3%	9,8%	15,4%	7,1%
70%	30%	**18,6%**	9,5%	4,9%	**22,3%**	7,1%
60%	40%	8,4%	---	7,3%	9,7%	---
50%	50%	4,6%	---	2,4%	5,7%	---
40%	60%	9,6%	---	14,6%	9,3%	14,3%
30%	70%	13,3%	33,3%	12,2%	12,1%	7,1%
20%	80%	10,2%	**33,3%**	29,3%	4,9%	14,3%
10%	90%	5,3%	4,8%	14,6%	3,2%	14,3%
0%	100%	---	---	---	---	---
Keine Angabe		5,0%	4,8%	2,4%	4,0%	**28,6%**

Einschätzung: **SOLL**

Bildung	Ausbildung	Gesamt	Lehrer	Studierende	Schüler	K-gruppe (L)
100%	0%	0,9%	4,8%	---	0,8%	---
90%	10%	3,4%	---	2,4%	4,0%	---
80%	20%	11,8%	4,8%	22,0%	10,5%	14,3%
70%	30%	14,6%	19,0%	12,2%	14,6%	14,3%
60%	40%	14,6%	14,3%	19,5%	14,2%	7,1%
50%	50%	**41,5%**	**38,1%**	**39,0%**	**42,5%**	**35,7%**
40%	60%	4,0%	4,8%	2,4%	4,5%	---
30%	70%	3,4%	9,5%	2,4%	2,8%	7,1%
20%	80%	1,9%	---	---	2,4%	---
10%	90%	0,6%	---	---	0,8%	---
0%	100%	---	---	---	---	---
Keine Angabe		3,4%	4,8%	---	2,8%	21,4%

Auch bei dieser Frage nach den Anteilen von Bildung und Ausbildung durch Schule und Universitäten einigten sich alle Gruppen darauf, daß zwischen Bildung und Ausbildung ein ausgewogenes Verhältnis bestehen sollte. Bei der Einschätzung des „Ist-Zustands" liegen Pädagogen und Schüler wieder weit auseinander. Die meisten Schüler siedeln die Bildungsanteile zu 70% gegenüber 30% Ausbildung an, während die Lehrer in der Mehrheit nur von 20% Bildungsanteil sprechen. Besonders auffällig ist, daß fast 30% der Kontrollgruppe der Lehrer mit der Differenzierung von Bildung und Ausbildung offensichtlich gar nichts anfangen können.

VII. Halten Sie ein zusätzliches Unterrichtsfach wie „Praktische Philosophie" für sinnvoll, um dem gegenwärtig beklagten Werteverlust posttraditionaler Gesellschaften zu begegnen?

	Gesamt	Lehrer	Studierende	Schüler	K-gruppe (L)
Ja	86,7%	90,5%	85,4%	87,4%	71,4%
Nein	12,4%	9,5%	12,2%	11,7%	28,6%
Keine Angabe	0,9%	---	2,4%	0,8%	---

1. In welcher Form sollte das Fach „Praktische Philosophie" eingeführt werden?

	Gesamt	Lehrer	Studierende	Schüler	K-gruppe (L)
PP als Ersatzfach	**46,4%**	28,6%	19,5%	**52,6%**	**42,9%**
PP für alle	39,3%	**61,9%**	**63,4%**	34,0%	28,6%
Kein PP	12,4%	9,5%	12,2%	11,7%	28,6%
Keine Angabe	0,9%	---	4,9%	0.8%	---

2. Ab welchem Schuljahr sollte man das Fach „Praktische Philosophie" unterrichten?

Ab Schuljahr	Gesamt	Lehrer	Studierende	Schüler	K-gruppe (L)
1	3,1%	28,5%	7,3%	0,4%	---
2	---	---	---	---	---
3	---	---	---	---	---
4	0,6%	---	---	0,8%	---
5	12,4%	**42,9%**	19,5%	7,7%	**21,4%**
6	2,8%	4,8%	7,3%	2,0%	---
7	12,7%	4,8%	19,5%	12,6%	7,1%
8	**26,6%**	4,8%	17,1%	**30,8%**	14,3%
9	9,9%	4,8%	7,3%	10,1%	**21,4%**
10	3,7%	---	4,9%	4,0%	---
11	4,3%	---	---	5,3%	7,1%
12	0,3%	---	---	0,4%	---
Keine Angabe	10,5%	---	2,4%	13,4%	---

Das neue Schulfach „Praktische Philosophie" hielten die meisten Befragten für sinnvoll, um dem „Werte- und Traditionsverlust" der posttraditionalen Gesellschaften konstruktiv zu begegnen. Während die meisten Lehrer der Meinung waren, mit dem Unterricht in „Praktischer Philosophie" in der Klasse 5 zu beginnen, wünschten sich die meisten Schüler dies neue Schulfach nicht vor der Klasse 8. Vielleicht schreckte die Schüler der etwas hochtrabende Name ab und hätte ein Begriff wie „Lebenskunde" größeren Anklang gefunden[16]. Schüler und die Lehrer der Kontrollgruppe stimmten darin überein, daß „Praktische Philosophie" als Ersatzfach unterrichtet werden sollte, während die Seminarteilnehmer sich mehrheitlich für eine

---

[16] Vgl. dazu: B. Osuch: Humanismus – Lebenskunde – Erich Fromm. Traditionen und Perspektiven eines kaum bekannten Schulfachs. In: J. Claßen (Hrsg.): Erich Fromm – Erziehung zwischen Haben und Sein. A. a. O.

generelle Etablierung dieses Schulfachs aussprachen. Dies mag damit zusammenhängen, daß die meisten Lehrer dieses Seminar im Rahmen ihres Aufbaustudiums zum Erwerb der Unterrichtsqualifikation für das Fach „Praktische Philosophie" besuchten. Aber auch die Studenten waren zu fast zwei Dritteln überzeugt, daß „Praktische Philosophie" ein reguläres Schulfach sein sollte.

VIII. Sollte der Fachunterricht insgesamt mehr auf allgemeinbildende und ethische Fragestellungen eingehen?

	Gesamt	Lehrer	Studierende	Schüler	K-gruppe (L)
Ja	81,1%	76,2%	87,8%	81,0%	71,4%
Nein	15,8%	14,3%	9,8%	16,2%	28,6%
Bedingt	0,9%	---	2,4%	0,4%	---
Keine Angabe	2,2%	9,5%	---	2,4%	---

Im Hinblick auf die allgemeinbildende Funktion von Fachunterricht bestand große Übereinstimmung. Nur 15,8% aller Befragten gab an, daß im Unterricht entweder genug auf ethische Sachverhalte eingegangen werde oder aber, daß solche im Fachunterricht gar nichts zu suchen haben. Solche Positionen sind eher im Wissenschaftspositivismus zu Hause und schlagen sich vor allem in der Didaktik von Mathematik und Naturwissenschaften nieder. Es wäre zu fragen, ob eine allgemeinbildende Ausrichtung beispielsweise des Mathematikunterrichts nicht auch zu einer größeren Akzeptanz dieses Schulfachs innerhalb der Schülerschaft führen könnte, beispielsweise durch Kurvendiskussion im Kontext von Konjunktur und politischen Umfragen.

IX. Welche Maßnahmen müssen ergriffen werden, um Schulunterricht in erziehenden und bildenden Unterricht umzuwandeln?
[Mehrfachnennungen möglich]

		Gesamt	Lehrer	Studierende	Schüler	K-gruppe (L)
a)	Verringerung der Schülerzahl pro Klasse (mehr Lehrer)	76,5%	90,5%	97,6%	71,7%	92,9%
b)	Ausbau der Hilfsangebote für lernschwache Schüler	64,7%	61,9%	75,6%	63,2%	64,3%
c)	Mehr Projektunterricht	63,2%	52,4%	68,3%	64,4%	42,9%
d)	ein reguläres Angebot schulpsychologischer und sozialpädagogischer Beratung	53,9%	81,0%	90,2%	44,1%	78,6%
e)	eine verbesserte praktische Ausbildung der zukünftigen Lehrer an den Universitäten	46,4%	52,4%	80,5%	39,7%	57,1%
f)	Englisch in der Grundschule	45,5%	9,5%	22,0%	54,3%	14,3%
g)	stärkere Einbindung der Eltern in den Unterricht	35,3%	66,7%	82,9%	23,1%	64,3%
h)	„Entbeamtung" der Lehrerschaft und dadurch höhere Einstellungsflexibilität	32,5%	33,3%	29,3%	34,0%	14,3%
i)	Ausbau der Hochbegabtenförderung	30,3%	14,3%	41,5%	28,7%	78,6%
j)	reguläre Hausaufgabenbetreuung am Nachmittag (mehr Lehrer)	25,1%	19,0%	36,6%	23,9%	21,4%
k)	stärkere Leistungskontrolle und Selektion	25,1%	0%	9,8%	30,4%	14,3%
l)	Flexibilisierung der Altersstufen	21,1%	42,9%	43,9%	16,2%	7,1%
m)	Wiederholung des Schuljahres nur durch Selbstantrag	20,7%	14,3%	19,5%	22,3%	7,1%
n)	Abschaffung der Notenskala von 1-6 (wenigstens bis Klasse 8)	19,8%	28,6%	31,7%	17,8%	7,1%
o)	Ganztagsunterricht (mehr Lehrer)	15,8%	33,3%	41,5%	10,5%	7,1%
p)	Schulgeld	8,0%	0%	4,9%	9,7%	0%
q)	Abschaffung der Schulfächer	7,7%	19,0%	26,8%	3,6%	7,1%

Die Auswertung dieses Fragekomplexes wirft einige Probleme auf, da sich höchst unterschiedliche Allianzen bilden und sogenannte fortschrittliche, problemorientierte Positionen nicht gerade bei der jungen Generation anzutreffen sind, es sei denn, sie sind mit einer gewissen Vorteilsnahme verknüpft. Relativ einig war man sich, mit Blick auf die durchschnittliche Klassengröße, darin, daß mehr Lehrer eingestellt werden müßten. Die Schüler weichen mit ihrer Einschätzung etwas ab, nur um die 70% wünschen kleinere Klassen, aber es ist nicht ausgeschlossen, daß Schüler sich nicht für die Alternative hätten erwärmen können, hin und wieder im Team unterrichtet zu werden. Teamunterricht wäre aber wahrscheinlich bei den meisten Lehrern auf Ablehnung gestoßen. War es nicht überraschend, daß sogenannte radikale Reformvorschläge im „ranking" ziemlich weit unten landeten, wie Abschaffung der Notenskala oder grundsätzlicher Ganztagsunterricht, so war es schon erstaunlich, daß hier vor allem die Schüler konservativ punkteten im Zusammenschluß mit den Lehrern aus der Kontrollgruppe. Daraus läßt sich der Schluß ziehen, daß die Seminarteilnehmer, und hier vor allem die Studenten, wahrscheinlich deshalb unkonventionelle Prioritäten setzen, weil durch die bildungstheoretische Reflexion pädagogischer Prinzipien eine ganz andere Sicht auf pädagogische Praxis ermöglicht wird. Jedenfalls scheuten sich fast 27% der Studenten und 19% der am Seminar teilnehmenden Lehrer nicht, sogar für die Abschaffung der Schulfächer zu plädieren, um dadurch so etwas wie „ganzheitlichen" Unterricht zu ermöglichen. In der Kontrollgruppe machten sich nur 7% für diesen Reformvorschlag stark. Mehr als 40% der Seminarteilnehmer begrüßten eine Flexibilisierung der Altersstufen, die in der Kontrollgruppe keine große Zustimmung fand. Vielleicht wäre es gar nicht verkehrt, Lehrer in regelmäßigen Abständen mit der Universität in Kontakt zu bringen. Vielleicht bedarf es ja nicht einer mehr praktischen Ausbildung der zukünftigen Lehrer, wie 80% der Studierenden meinen, sondern eines „Mehr" an theoretischen Zugängen für die Praktiker. Dies scheint der Vergleich beider Lehrergruppen im Hinblick auf Reformkonzepte nahezulegen.

Selektion war für 30% der Schüler keine Abschreckungsmethode. Anzunehmen ist, daß jene Schüler für mehr Selektion gestimmt haben, die in der Schule ganz gut zurecht kommen, während die übrigen zwei Drittel der „mäßigen" oder „schwächeren Schüler" wohl nicht ausgesiebt zu werden wünschen. Hier kann man deutlich sehen, wie sich Trends vor allem in der jungen Generation etablieren. Ellenbogenmentalität, einer der Grundpfeiler der bürgerlichen Konkurrenzgesellschaft, muß früh eingeübt werden, will

man auf die Sonnenseite der Gesellschaft. Dies ist den meisten Schülern sehr wohl klar.
Der Schulpsychologe soll es nach Meinung der meisten Lehrer und Studenten richten, wenn Schule und Elternhaus überfordert sind. Die Schüler sind nur zu etwa 45% der Meinung, daß hier größerer Bedarf besteht. Dies ist kein Wunder, fühlen sie sich doch von ihren Eltern immer noch ausreichend betreut und erzogen. Und vermutlich wissen sie auch, daß kein Schulpsychologe die Disziplin im Unterricht herstellen kann, wohl aber interessanter Unterricht. Dies wäre Unterricht, der sich von normativen Vorgaben lösen könnte und eine diskursive Eigendynamik ermöglicht, die jeden, mit Schiller gesprochen, noch gegen seinen eigenen Willen, in den Bildungsprozeß einschließt[17] und zwar durch den zur Diskussion stehenden Sachverhalt selbst, der immer wieder neue Fragen, neue Sachverhalte erschließt.
Große Einigkeit bestand unter allen Befragten an dem Punkt eines erweiterten Hilfsangebots für lernschwache Schüler. Diese Tendenz zur Solidarität, wie sie auch in den Fragekomplexen XIV und XV zum Ausdruck kommt, wird allerdings abgeschwächt, wenn es um konkrete pädagogische Arbeit geht, also etwa um reguläre Hausaufgabenbetreuung oder Ganztagsunterricht. Dies wollen verständlicherweise die meisten Schüler nicht, findet aber auch bei den Pädagogen keine allzu große Resonanz.

X. Kann Schülern durch Unterricht vermittelt werden, daß Schule bzw. Lernen die bessere Alternative ist gegenüber „Nichtstun" oder Arbeiten?

	Gesamt	Lehrer	Studierende	Schüler	K-gruppe (L)
Ja	81,1%	76,2%	73,2%	93,9%	71,4%
Nein	15,8%	23,8%	24,4%	5,3%	7,1%
Bedingt	0,9%	---	---	---	14,3%
Keine Angabe	2,2%	---	2,4%	0,8%	7,1%

Erstaunlich ist bei der Beantwortung dieser beinahe moralphilosophischen Frage die fast uneingeschränkte Zustimmung der Schüler. Sie wissen ganz genau, daß es ihnen besser geht als Gleichaltrigen aus der dritten Welt, die, statt zur Schule zu gehen, alle möglichen Jobs ausüben müssen. Und auch

---

[17] F. Schiller: Über die ästhetische Erziehung des Menschengeschlechts in einer Reihe von Briefen (1793/94). In: Sämtliche Werke. Hrsg. v. G. Fricke/H. G. Göpfert. Bd. 5. München 1959.

der Slogan „mehr Freizeit statt Schule" scheint den Schülern keine erstrebenswerte Sinnperspektive zu eröffnen. Lehrer und Studierende waren sich nicht so sicher, ob der „Wert" des Lernens an sich erkannt wird. Solange ihn die Schüler erkennen, mögen die Zweifel der Lehrer erlaubt sein.

XI. Wie ließe sich Zwang in der Schule bzw. im Unterricht abbauen?

Diese Frage war völlig offen gestellt, ohne einen Optionskatalog anzubieten. Aus diesem Grunde wurde die Frage auch nicht von allen Teilnehmern beantwortet, so daß mathematisch vergleichbare Aussagen kaum gemacht werden können. Immerhin läßt sich festhalten, daß im Rahmen der freiwilligen Angaben fast die Hälfte der Studenten die Abschaffung des Notensystems in Betracht zogen im Unterschied zu knapp 10% der Lehrer, und daß diese statt dessen auf mehr Freiwilligkeit in kleineren Lerngruppen setzen. Die Abschaffung des Sitzenbleibens wurde innerhalb dieser nicht standardisierten Fragestellung von Lehrern nicht genannt und nur von 2,4% der Studenten, aber immerhin von 4,5% der Schüler.

XII. Welche Unterrichtsform wird Ihrer Meinung nach von den Schülern bevorzugt gewählt?

Einschätzung:	Gesamt	Lehrer	Studierende	Schüler	K-gruppe (L)
a) Projektunterricht	**67,5%**	52,4%	80,5%	68,0%	**42,9%**
b) Gruppenunterricht	67,5%	23,8%	56,1%	**74,5%**	**42,9%**
c) Praktika	49,9%	38,1%	43,9%	52,6%	28,6%
d) Dialog/Diskurs	40,9%	28,6%	56,1%	40,1%	28,6%
e) Frontalunterricht	18,0%	28,6%	14,6%	17,0%	28,6%
f) Jahrgangsübergreifender Unterricht	9,3%	9,5%	17,1%	8,1%	7,1%
g) Einzelunterricht	6,5%	9,5%	4,9%	5,7%	21,4%

Mit der Auswertung dieser Frage wird, wie oben schon erwähnt, sichtbar, daß Fremd- und Selbsteinschätzung der Schülerinteressen auseinandergehen und zwar nicht nur zwischen Lehrern und Schülern, sondern auch schon zwischen Studenten und Schülern, obgleich längst nicht so deutlich. Daß Frontalunterricht in den Augen von fast einem Drittel der Lehrer als die bevorzugte Lernweise von Schülern angesehen wird, muß demnach wohl damit zusammmenhängen, daß Schüler in den Augen ihrer Lehrer nicht wissen, was sie selber wollen. Daß ¾ der Schüler Gruppenunterricht jeder anderen Unterrichtsform vorziehen, haben die Pädagogen insgesamt nicht vorhersehen können.

XIII. Wann ist ein Unterricht als gelungen zu bezeichnen?

	Gesamt	Lehrer	Studierende	Schüler	K-gruppe (L)
a) wenn sich viele Schüler am Unterricht beteiligt haben	**85,1%**	85,7%	75,6%	**86,2%**	92,9%
b) wenn alle aufgeworfenen Fragen am Ende des Unterrichts beantwortet sind	65,3%	23,8%	24,4%	77,7%	28,6%
c) wenn viele Fragen gestellt werden	48,9%	76,2%	**87,8%**	38,5%	78,6%
d) wenn die Schüler wenigstens einmal in der Stunde gelacht haben	41,8%	71,4%	58,5%	36,0%	50%
e) wenn Tests gut ausfallen	39,0%	19,0%	12,2%	46,6%	14,3%
f) wenn wenige „Störungen" aufgetreten sind	32,5%	38,1%	14,6%	34,8%	35,7%
g) wenn freiwillige Ausarbeitungen vorgelegt wurden	27,2%	33,3%	48,8%	21,9%	50%
h) wenn Schüler ihre Hausaufgaben gemacht haben	26,3%	14,3%	17,1%	29,1%	21,4%
i) wenn am Ende des Unterrichts Fragen offenbleiben	15,2%	42,9%	53,7%	5,7%	28,6%
j) wenn der „Zeitplan" für die Stoffvermittlung eingehalten wurde	10,2%	4,8%	2,4%	11,7%	14,3%

Bei der Beantwortung der Frage nach den Qualitätsmerkmalen gelungenen Unterrichts stimmen eigentlich alle Teilnehmer darin überein, daß Unterricht dialogisch und diskursiv sein muß. Tests spielen als Leistungsmaßstab für Qualität bei den Pädagogen nur eine untergeordnete Rolle im Unterschied zu fast der Hälfte der Schüler. Gedrillt auf meßbare Leistung, versetzt diese affirmative Haltung der Schüler nicht in Erstaunen, wohl aber der Umstand, daß in der Realität der Lehrer zunächst sein Notenbüchlein zückt, wenn Eltern zum Elternsprechtag anrücken. Wenn Tests immer nur Auskunft geben über einen augenblickhaften Wissensstand, der je nach Tagesform ausfällt und eigentlich als Bildungsmaßstab untauglich ist, warum schafft man ihn dann als Selektionsinstrument nicht ab? Standardisierung von Wissen, das Gegenteil von Bildung, führt, wie die PISA-Studie zeigt, ja nicht einmal zu einem flächendeckenden Durchschnittswissen. Da auch aus dieser Perspektive nicht mehr viel zu verlieren ist, sollte eigentlich die Bereitschaft vorhanden sein, einmal etwas ganz anderes zu versuchen und den Erfolg mancher Reformschule neu zu bewerten[18].

XIV. Welche Schlußfolgerungen würden Sie aus der PISA-Studie ziehen, im Hinblick auf den gegenwärtigen Zustand von Schule und Gesellschaft?

	Gesamt	Lehrer	Studierende	Schüler	K-gruppe (L)
a) Leistungsbereitschaft muß gesamtgesellschaftlich gefördert werden.	51,1%	71,4%	39,0%	50,6%	64,3%
b) Interdisziplinärer Unterricht muß gefördert werden zwecks Vermittlung von Schlüsselqualifikationen.	47,1%	52,4%	41,5%	47,8%	50,0%
c) Verbesserte Integration nicht-deutscher Schüler	46,7%	57,1%	75,6%	39,7%	71,4%
d) Eltern/Familie entziehen sich zunehmend ihrer erzieherischen Aufgaben.	43,7%	76,2%	70,7%	34,8%	78,6%
e) Die Gesellschaft braucht einen neuen Wertekonsens.	38,4%	42,9%	48,8%	35,6%	50,0%
f) Umstrukturierung des Fächerkanons	36,2%	14,3%	26,8%	41,7%	0%
g) Wir brauchen mehr Demokratie im Unterricht (Diskurs).	29,7%	33,3%	36,6%	29,6%	7,1%
h) Deutschland ist in einer Bildungskrise.	25,7%	33,3%	34,1%	24,7%	7,1%
i) Neues Schulfach „Praktische Philosophie"	25,1%	14,3%	41,5%	23,9%	14,3%
j) Das Gesamtschulkonzept ist gescheitert.	20,4%	33,3%	12,2%	21,1%	14,3%
k) Das dreigliedrige Schulkonzept ist als gescheitert zu betrachten.	16,4%	42,9%	22,0%	14,2%	0%

Fortsetzung nächste Seite!

---

[18] Vgl. hierzu z. B. S.-I. Lübke: Schule ohne Noten. Lernberichte in der Praxis der Laborschule. Opladen 1996. Dazu passen auch die Ergebnisse der Reformschulen, die sich auf freiwilliger Basis dem Pisatest unterzogen. Vgl.: Der späte Triumph der Struwwelpeter-Schule. http://www.spiegel.de/unispiegel/studium/0,1518,222795,00.html (21.4.2003) Außerdem: Was die Schule von der Polis lernen kann. http://www.frankfurter-rundschau.de/fr/221/t221008.html (vom 12. 9. 2002)

l) Das Bildungswesen ist besser als sein Ruf.	15,2%	38,1%	17,1%	13,4%	7,1%
m) Es muß mehr Wert auf technisch-praktisches Wissen gelegt werden.	13,9%	14,3%	12,2%	14,6%	7,1%
n) Wir brauchen endlich eine Gesamtschule für alle.	9,6%	14,3%	19,5%	8,1%	0%

Mit Ausnahme der Studenten nahm Leistungsbereitschaft bei allen befragten Gruppen den höchsten Stellenwert ein. Wenn Leistung sich wieder lohnen muß, dann müssen sich auch gute Noten lohnen, egal, wie sie zustande kommen. Leistung ist meßbar, entweder durch Noten oder durch Lohn und Einkommen. Wenn Bildung nicht automatisch zu Wohlhabenheit führt, Wohlhabenheit aber ein ausgesprochenes Qualitätsmerkmal einer gelungenen Lebensweise ist, muß sich die Schule, so ließe sich schlußfolgern, gut rousseauisch gesprochen, entscheiden, ob sie zum funktionalen Leistungsträger der Gesellschaft oder zum „Menschen" erziehen will. Beides zusammen ist ein Unding. Wer nicht weiß, ob er einen Menschen oder Bürger erziehen will, weiß nicht, was er will, so Rousseau[19], und daß der Mensch vor dem Bürger steht, wissen wir seit Humboldt[20]. Vielleicht sollte sich das System der öffentlichen Erziehung bis zum 10. Schuljahr auf ein wirkliches Programm von Allgemeinbildung verständigen, welche allerdings dann nicht in gewohnter Weise abfragbar wäre, um die Schüler daraufhin in Spezialschulen, wie Humboldt sie nannte, zu schicken, in denen dann auf solider Basis berufliches Wissen vermittelt würde. Dies wäre dann die Gesamtschule für alle, in der frühe Selektion vermieden und Unterricht auf einer ganz neuen Didaktik beruhen würde und in welcher Interdisziplinarität nicht nur eine Worthülse wäre[21]. Daß zu dieser entscheidenden Reform nur die wenigsten bereit sind, zeigt der auf die letzte Position abgerutschte Vorschlag einer Gesamtschule für alle, für den sich nur ein Bruchteil der Seminarteilnehmer aussprach.

An diesem gesamten Fragekomplex wird deutlich, daß sich die Lehrer, die am Seminar teilnahmen, in ihren Einschätzungen deutlich von ihrer Kon-

---

[19] J. J. Rousseau: Émile. A. a. O. S. 12.
[20] W. v. Humboldt: Idee zu einem Versuch die Gränzen der Wirksamkeit des Staates zu bestimmen (1791). In: Ders.: Werke in fünf Bänden. Hrsg. v. A. Flitner/K. Giel. Bd. I. Stuttgart 1980³. Kap. X.
[21] Vgl. W. Klafki: Allgemeinbildung heute – Grundzüge internationaler Erziehung. A. a. O. S. 26.

trollgruppe unterscheiden. Etwa 43% der am Projekt beteiligten Lehrer hielten das dreigliederige Schulsystem für gescheitert im Unterschied zu 0% in der Kontrollgruppe. Demokratie und Diskurs stehen bei der Seminargruppe in höherem Kurs als bei den anderen Lehrern und auch die Hoffnung, daß noch nicht alles verloren sei – „das Bildungswesen ist besser als sein Ruf" – wird immerhin von 38% der Lehrer im Seminar geteilt, im Unterschied zu 7% der nicht am Projekt beteiligten Lehrer.

Für die verbesserte Integration nicht-deutschsprachiger Schüler machten sich vor allem die Studenten stark, aber auch die Kontrollgruppe, in welcher Lehrer aus dem Ruhrgebiet überdurchschnittlich vertreten waren im Vergleich zur Schülergruppe und dementsprechend auch im Vergleich zur Gruppe der Lehrer, die am Seminar teilnahmen. Allein an diesem Detail des Fragekomplexes läßt sich die unterschiedliche Bedürfnislage von Schule zu Schule erkennen, der man durch Standardisierung gerade nicht gerecht werden kann. Warum nicht zusätzliche Sprachlehrer berufen und zusätzlichen Anfangsunterricht an jenen Schulen anbieten, die Bedarf anmelden? Warum nicht an jenen Schulen die Anzahl der Schüler pro Klasse verringern, in denen der Anteil nicht muttersprachlich deutsch sprechender Schüler über dem Durchschnitt liegt? Warum werden die Sporthallen nachmittags kaum genutzt? Warum gibt es für Schüler, die in bestimmten Fächern Schwierigkeiten haben, keine Förderkurse? Warum gibt es für Schüler, die in manchen Wissensgebieten ihren Mitschülern voraus sind, keine Projekte, in denen sie gestalterisch tätig sein können? Was eigentlich hat Benotung mit Motivationsförderung zu tun, d. h. mit der Aufforderung zur Selbsttätigkeit? Wann endlich werden solche Strukturen geschaffen, innerhalb derer Pädagogen erziehen und bilden können?

Schüler, die es nicht anders kennen, können es auch nicht besser wissen. Lehrer jedoch, die durch Studium und unterschiedliche pädagogische Erfahrungen gegangen sind, wissen es eigentlich besser, oder anders gesagt, es braucht nicht viel Anstoß, um Lehrern die Notwendigkeit einer grundsätzlichen Bildungsreform vor Augen zu führen, wie die Differenz zwischen der Kontrollgruppe und jener Lehrer, die am Seminar teilgenommen haben, unter Beweis stellt. Wenn es also zu einer grundsätzlichen Bildungsreform kommen soll, dann ist diese nicht nur ohne die Lehrer nicht zu machen, sondern sie muß wahrscheinlich auch von den Lehrern selbst ausgehen, denn Schüler und Eltern können es nicht, und Bürokraten wollen es nicht. Braucht die Republik neue Lehrer?

XV. Unter der Voraussetzung, daß eine Bildungsreform nur im Prozeß eines gesellschaftlichen Reformations-/Modernisierungsprozesses durchgeführt werden kann, erscheint ein Paradigmenwechsel notwendig. Welche Leitformel wäre geeignet, diesen Paradigmenwechsel einzuleiten?

	Gesamt	Lehrer	Studierende	Schüler	K-gruppe (L)
a) „Bildung für alle" (Verzicht auf eine Bildungselite)	58,8%	23,8%	51,2%	65,2%	21,4%
b) „Neue Lehrer braucht das Land" (individuelles Engagement)	47,4%	42,9%	51,2%	48,6%	21,4%
c) „Solidarität statt Egoismus" (sozialer Konsens)	44,3%	81,0%	78,0%	34,4%	64,3%
d) „Schulen/Betriebe ans Netz" (Modernisierung und Technisierung von Bildung und Ausbildung)	27,2%	9,5%	17,1%	31,2%	14,3%
e) „Mehr Demokratie wagen" (größeres Mitspracherecht in Betrieben, Institutionen usw.)	26,3%	33,3%	51,2%	21,9%	28,6%
f) „Global thinking" (Auflösung des Nationalstaats)	26,3%	28,6%	48,8%	23,1%	14,3%
g) „Leistung muß sich wieder lohnen" (Abbau des Sozialstaats)	24,1%	23,8%	2,4%	29,6%	14,3%
h) „Abitur nach 12 Jahren" (Verkürzung der Ausbildungs-/Bildungsgänge)	18,6%	9,5%	9,8%	21,1%	14,3%
i) „Eltern zurück an den Herd!" (Erziehung findet in den Familien statt)	14,9%	23,8%	24,4%	12,1%	21,4%
j) „Autonome Schule" (Privatisierung des Bildungswesens)	9,9%	9,5%	12,2%	10,1%	0%
k) „Durch Deutschland muß ein Ruck gehen" (Reaktivierung traditionaler Werte)	9,6%	9,5%	17,1%	8,5%	7,1%
l) „Leitkultur" (Dominanz eines bestimmten Wertekanons)	2,8%	0%	7,3%	0,8%	28,6%
m) „Standort Deutschland" (Dominanz der Profitlogik)	2,5%	0%	2,4%	2,8%	0%

Immerhin war knapp die Hälfte aller Befragten der Meinung, daß „das Land neue Lehrer" brauche. Studenten und Schüler lagen bei dieser Einschätzung eng beieinander, während nur 21% der Kontrollgruppe die Notwendigkeit einer pädagogischen Neudefinition des Lehrerberufs erkannten. Die Lehrergruppe des Seminars war an diesem Punkt entschieden selbstkritischer (41%).

Der Leitformel „Solidarität statt Egoismus" konnte sich die überwiegende Mehrheit aller Lehrer und Studenten anschließen, aber nur 34% der Schüler. Andererseits steht bei den Schülern „Bildung für alle" an erster Stelle, welches man als Übersetzung der abstrakten Solidaritätsformel in eine konkrete Handlungsmaxime interpretieren könnte. Gut möglich, daß mit der recht abstrakten Formulierung „Solidarität statt Egoismus" nicht immer der Schülerhorizont getroffen wurde. Hätten wir es mit einer neuen egoistischen Generation zu tun, so würden sie sich nicht Bildung für alle wünschen. Allerdings votiert auch wieder ein knappes Drittel der Schüler für ein ausgewogenes Preis-Leistungs-Verhältnis und leistet damit einer zunehmenden Ökonomisierung von Bildung Vorschub. Dies kommt auch in den recht positiven Bewertungen pragmatischer Zielvorgaben zum Ausdruck, wie „Schulen ans Netz" oder „Abitur nach 12 Jahren". An diesen Punkten überrundeten die Schüler ihre Lehrer um ein mehrfaches.

Die Antworten der Studenten fallen innerhalb dieses Fragekomplexes ein wenig aus dem Rahmen. Ihre stärksten Positionen liegen neben der Solidaritätsformel und der Forderung nach neuen Lehrern in dem Wunsch nach mehr Demokratie und Mitsprache sowie einem neuen Bewußtsein gegenüber globalen Herausforderungen. An beiden Punkten werden sie von den anderen Gruppen ziemlich im Stich gelassen, welches sich wohl so erklären läßt, daß Lehrer und Schüler wohl mehrheitlich der Überzeugung sind, daß erstens der Unterricht demokratisch gestaltet ist, und daß zweitens über Umweltzerstörung, Krieg, Terror und Arbeitslosigkeit im Unterricht ausreichend diskutiert wird. Wahrscheinlich heißt es in den Klassenzimmern schon bald: „Nicht schon wieder den 11. September!" Diese Verweigerungshaltung kann nur durch fächerübergreifenden Unterricht verhindert werden, welcher der globalen Vernetzung der Teilprobleme gerecht wird und dadurch eine strukturierte Gesamtperspektive ermöglicht, von der ausgehend der Schüler seine individuelle Position im Kontext des Ganzen bestimmt[22].

Auf abgeschlagenen Plätzen und zwar bei allen Befragten landeten Privatisierung von öffentlichen Aufgaben, Wertekonservativismus, Nationalismus und einseitiges Profitstreben. Vielleicht ist das deutsche Bildungswesen ja doch nicht so schlecht wie sein Ruf? Vielleicht gibt es immer noch etwas zu verteidigen, welches im Zuge der Bürokratisierung von Bildung zwar unsichtbar zu werden droht, aber unbewußt doch mitschwingt: das Wissen um die Einbindung des Bildungsprojekts in den Prozeß der Menschwerdung und Moralisierung, der aus transzendentaler Perspektive betrachtet immer noch aussteht und eigentlich nie vollständig eingeholt werden kann, es sei denn der Mensch würde in den geschichtslosen Naturzustand zurückstürzen.

XVI. Letzte Frage: „Spaß am Lernen" ist ...

	Gesamt	Lehrer	Studierende	Schüler	K-gruppe (L)
a) eine Bedingung für Bildung (Selbsttätigkeit)	66,6%	61,9%	85,4%	64,0%	64,3%
b) ein Bildungsziel	65,3%	57,1%	78,0%	64,4%	57,1%
c) ein pädagogisches Kriterium	24,1%	47,6%	41,5%	18,6%	35,7%
d) eine Utopie	5,9%	14,3%	4,9%	5,7%	7,1%
e) eine Aufforderung zum „Nichtstun"	1,9%	4,8%	0%	2,0%	0%

Einmütig kamen alle Befragten darin überein, daß Spaß am Lernen, wenn nicht ein Bildungsziel, so doch eine Bedingung für Bildung ist. Auch hier vertrat die Gruppe der Studenten diese Position am deutlichsten. Mit „Nichtstun" verband nur ein verschwindend geringer Anteil von 1,9% den Spaß am Lernen. Überdurchschnittlich (5%) fiel die Ablehnung des

---

[22] Klafki nennt dies einen auf „Schlüsselprobleme" zugeschnittenen Unterricht. Schlüsselprobleme sind seiner Meinung nach nicht beliebig zu vervielfachen, sondern im wesentlichen auf sieben Problemfelder zu beziehen: „Krieg und Frieden, Kulturspezifik und Interkulturalität, die ökologische Frage, das rapide Wachstum der Weltbevölkerung, die gesellschaftlich produzierte Ungleichheit, Gefahren und Möglichkeiten der der neuen technischen Steuerungs-, Informations- und Kommunikationsmedien und schließlich die Subjektivität des einzelnen und das Phänomen der Ich-Du-Beziehungen." Vgl. W. Klafki, Allgemeinbildung heute – Grundzüge internationaler Erziehung. A. a. O. S. 22f.

"Spaßmoments" bei den Lehrern aus, die am Seminar teilgenommen hatten. Vermutlich hatten sie hier etwas gelernt, ohne dabei Spaß gehabt zu haben.

b) Differenzierung der Lehrer in ältere und jüngere Lehrer

Die hier anstehenden Binnendifferenzierungen der Befragungsgruppen, werden nun nicht den gesamten Fragekatalog neu durchspielen, sondern nur auf prägnante Differenzen oder Übereinstimmungen zwischen älteren und jungen Lehrern aufmerksam machen. Daher werden exemplarisch nur einige Tabellen vorgestellt, durch welche die unterschiedlichen Sichtweisen beider Altersgruppen besonders deutlich hervortreten. Als ältere Lehrer galten solche, die mindestens 30 Jahre unterrichteten. Jung waren diejenigen, die nicht länger als acht Jahre im Beruf standen.

V. Welche Qualitäten bzw. Qualifikationen verbinden Sie mit dem Begriff der Bildung bzw. des gebildeten Subjekts?

	Lehrer (alt)	Lehrer (jung)
a) Selbstreflexivität/Selbstkritik	62,5%	100%
b) Moralisches Handeln	75%	57,1%
c) Vielfältige Kenntnisse in verschiedenen Wissensgebieten	87,5%	100%
d) historisches Reflexionsvermögen	50%	71,4%
e) Sprach-/Redegewandtheit/Kommunikationsfähigkeit	62,5%	100%
f) Einfühlungsvermögen	50%	28,6%
g) strukturelles, logisches Denken	62,5%	57,1%
h) Menschenkenntnis	37,5%	28,6%
i) gesunder Menschenverstand	25%	42,9%
j) Kenntnisse fremder Kulturen	62,5%	28,6%
k) politisches/gesellschaftliches Engagement	37,5%	28,6%
l) Medienkompetenz	25%	71,4%
m) autonomer Lebensstil	12,5%	43,9%
n) technisches Verständnis	12,5%	28,6%
o) Kunstverstand	50%	14,3%
p) besondere Kenntnisse in einem Spezialgebiet	37,5%	14,3%
q) Studium	12,5%	0%
r) gehobenes Einkommen	0%	0%

100% der jungen Lehrer verbanden Bildung mit Selbstreflexivität im Unterschied zu nur 60% der älteren Pädagogen. Ebenso hoch schätzen die jungen Pädagogen Kommunikationsfähigkeit ein, welche bei den älteren Kollegen auch nicht die Zweidrittelmarke erreicht. Dazu paßt, daß die jungen Lehrer Medienkompetenz und technisches Verständnis relativ hoch veranschlagen. Die älteren dagegen punkteten an den Positionen: Einfühlungsvermögen, Kenntnisse fremder Kulturen, Kunstverständnis und politisches Engagement, während die jungen Lehrer die Bedeutung des autonomen Lebensstils hervorhoben. Nur an einem Punkt überrundeten die jungen Lehrer ihren offensichtlichen Pragmatismus und zugleich den Traditionalismus der älteren Kollegen. Mehr als 70% hielten historisches Reflexionsvermögen für unabdingbar gegenüber nur 50% ihrer älteren Kollegen. Offenbar ist deren Ausbildung in die Zeit des „großen Verdrängens" gefallen, von dem sich das Nachkriegsdeutschland nur mühsam befreite.

IX. Welche Maßnahmen müssen ergriffen werden, um Schulunterricht in erziehenden und bildenden Unterricht umzuwandeln?
[Mehrfachnennungen möglich]

	Lehrer (alt)	Lehrer (jung)
a) Verringerung der Schülerzahl pro Klasse (mehr Lehrer)	75%	100%
b) ein reguläres Angebot schulpsychologischer und sozialpädagogischer Beratung	62,5%	85,7%
c) stärkere Einbindung der Eltern in den Unterricht	62,5%	71,4%
d) eine verbesserte praktische Ausbildung der zukünftigen Lehrer an den Universitäten	37,5%	57,1%
e) Ausbau der Hilfsangebote für lernschwache Schüler	50%	42,9%
f) Mehr Projektunterricht	25%	85,7%
g) Flexibilisierung der Altersstufen	25%	14,3%
h) Ganztagsunterricht (mehr Lehrer)	25%	28,6%
i) Ausbau der Hochbegabtenförderung	50%	28,6%
j) Reguläre Hausaufgabenbetreuung am Nachmittag (mehr Lehrer)	25%	14,3%
k) Abschaffung der Notenskala von 1-6 (wenigstens bis Klasse 8)	12,5%	0%
l) „Entbeamtung" der Lehrerschaft und dadurch höhere Einstellungsflexibilität	25%	28,6%
m) Abschaffung der Schulfächer	25%	0%
n) Wiederholung des Schuljahres nur durch Selbstantrag	25%	0%
o) Englisch in der Grundschule	12,5%	28,6%
p) Stärkere Leistungskontrolle und Selektion	0%	14,3%
q) Schulgeld	0%	0%

Im Hinblick auf Maßnahmen zur Reformierung des Unterrichts unterscheiden sich ältere von jüngeren Lehrern nur wenig. Bis auf den Umstand, daß 85% der jungen Lehrer auf Projektunterricht setzen, welches für ältere Lehrer nichts anderes als eine moderne Umschreibung praxisorientierten Lernens ist und daher keine wirkliche Reformmaßnahme in der Schule darstellt – gewissermaßen ist jede Unterrichtsstunde ein Projekt – stimmt man im großen und ganzen darin überein, bloß nichts zu verändern. In gewisser Weise zeigten sich die älteren Lehrer reformfreudiger als die jungen, denn immerhin stimmten 12,5% für die Abschaffung der Notenskala, 25% für die Abschaffung von Schulfächern und Sitzenbleiben. Bei den jungen Lehrern gab es für diese Reformvorschläge überhaupt keine Unterstützung. Englisch in der Grundschule stand bei ihnen höher im Kurs als Hausaufgabenbetreuung. Dies zeugt nicht gerade von großem Engagement der jungen Lehrergeneration, welches ihnen wahrscheinlich durch die die Referendarzeit begleitenden Studienseminare ausgeprügelt worden sein dürfte und erst wieder langsam aufgebaut werden müßte. Auch aus diesem Grunde empfiehlt es sich hin und wieder, Lehrer in regelmäßigen Abständen zur Fortbildung an die Universität zu schicken.

XIV. Welche Schlußfolgerungen würden Sie aus der PISA-Studie ziehen, im Hinblick auf den gegenwärtigen Zustand von Schule und Gesellschaft?

	Lehrer (alt)	Lehrer (jung)
a) Eltern/Familie entziehen sich zunehmend ihrer erzieherischen Aufgaben.	50%	85,7%
b) Verbesserte Integration nicht-deutscher Schüler	62,5%	57,1%
c) Leistungsbereitschaft muß gesamtgesellschaftlich gefördert werden.	75%	42,9%
d) Die Gesellschaft braucht einen neuen Wertekonsens.	37,5%	42,9%
e) Interdisziplinärer Unterricht muß gefördert werden zwecks Vermittlung von Schlüsselqualifikationen.	12,5%	71,4%
f) Wir brauchen mehr Demokratie im Unterricht (Diskurs)	12,5%	28,6%
g) Deutschland ist in einer Bildungskrise.	12,5%	14,3%
h) Neues Schulfach „Praktische Philosophie"	12,5%	28,6%
i) Das dreigliedrige Schulkonzept ist als gescheitert zu betrachten.	12,5%	14,3%

Fortsetzung nächste Seite!

j) Das Bildungswesen ist besser als sein Ruf.	12,5%	28,6%
k) Umstrukturierung des Fächerkanons	0%	0%
l) Das Gesamtschulkonzept ist gescheitert.	12,5%	57,1%
m) Wir brauchen endlich eine Gesamtschule für alle.	0%	14,3%
n) Es muß mehr Wert auf technisch-praktisches Wissen gelegt werden.	0%	42,9%

In diesem Fragekomplex ragen zwei Vergleichsdaten heraus: Fast 86% der jungen Lehrer nehmen die Eltern für ihre unerzogenen Sprößlinge in Haft, während nur 50% der älteren Lehrer diese Ansicht teilen. Dies läßt auf deren besseres Verständnis der Doppelbelastungen in den Familien schließen und auch auf ein höheres Problembewußtsein hinsichtlich gesellschaftlicher Dependenzen. Die jungen Lehrer wiederum favorisieren zu mehr als 70% interdisziplinären Unterricht, den die älteren Kollegen nicht besonders zu schätzen scheinen. Darüber hinaus fällt nur noch auf, daß mehr als doppelt so viele Junglehrer das Bildungswesen für besser halten als seinen Ruf, nämlich fast 29%, wobei sie sich wohl selber gemeint haben dürften. Auffällig dürfte darüber hinaus sein, daß 57% der Junglehrer das Gesamtschulkonzept für gescheitert halten gegenüber nur 12,5% der älteren Kollegen. Ob allerdings eine neue substantielle Bildungsreform auf der Basis des dreigliedrigen Schulsystems entstehen kann, bleibt trotz der negativen Einschätzung des Gesamtschulkonzepts zu bezweifeln, weil ihre Differenzierungsstrukturen zu Selektionsinstrumenten mutieren.

XV. Unter der Voraussetzung, daß eine Bildungsreform nur im Prozeß eines gesellschaftlichen Reformations-/Modernisierungsprozesses durchgeführt werden kann, erscheint ein Paradigmenwechsel notwendig. Welche Leitformel wäre geeignet, diesen Paradigmenwechsel einzuleiten?

	Lehrer (alt)	Lehrer (jung)
a) „Solidarität statt Egoismus" (sozialer Konsens)	62,5%	57,1%
b) „Neue Lehrer braucht das Land" (individuelles Engagement)	12,5%	28,6%
c) „Mehr Demokratie wagen" (größeres Mitspracherecht in Betrieben, Institutionen usw.)	12,5%	28,6%
d) „Bildung für alle" (Verzicht auf eine Bildungselite)	0%	42,9%
e) „Global thinking" (Auflösung des Nationalstaats)	12,5%	14,3%
f) „Eltern zurück an den Herd!" (Erziehung findet in den Familien statt)	37,5%	42,9%

g) „Schulen/Betriebe ans Netz" (Modernisierung und Technisierung von Bildung und Ausbildung)	0%	28,6%
h) „Durch Deutschland muß ein Ruck gehen" (Reaktivierung traditionaler Werte)	0%	0%
i) „Autonome Schule" (Privatisierung des Bildungswesens)	12,5%	14,3%
j) „Leistung muß sich wieder lohnen" (Abbau des Sozialstaats)	37,5%	28,6%
k) „Abitur nach 12 Jahren" (Verkürzung der Ausbildungs-/Bildungsgänge)	0%	0%
l) „Leitkultur" (Dominanz eines bestimmten Wertekanons)	25%	14,3%
m) „Standort Deutschland" (Dominanz der Profitlogik)	0%	0%

Die Frage nach einer neuen Leitformel weist an zwei Punkten eine eklatante Differenz zwischen älteren und jüngeren Lehrern auf. Verhältnismäßig einfach läßt sich noch erklären, warum die jungen Pädagogen fast zu einem Drittel eine technische Aufrüstung ihres Arbeitsplatzes wünschen, und warum niemand von den älteren dafür noch Bedarf anmeldet kurz vor Beendigung des Berufslebens. Warum sich aber keiner der älteren Lehrer für das Motto „Bildung für alle" entscheiden konnte im Unterschied zu fast 43% der jungen Lehrer, obgleich sich mehr als 62% für „Solidarität statt Egoismus" entschieden, muß wohl auf „Erfahrungswerte" eines langen Berufslebens zurückgeführt werden. Wer wüßte nicht aus Gesprächen gerade mit erfahrenen Lehrern zu berichten, daß die meisten Schüler den an sie gestellten Anforderungen nicht gerecht werden? Würden nicht noch mehr Schulversager die Gymnasien stürmen und dadurch das Lernniveau noch tiefer sinken, als es durch die Öffnung des Bildungssystems in den siebziger Jahren schon geschehen ist? Sind nicht Lehrer von Staats wegen dazu berufen, zu selektieren und dadurch eine Bildungselite sicherzustellen, ohne welche die Gesellschaft ins Mittelmaß zurückfallen würde wie bereits geschehen? Dennoch, so lautet das bildungstheoretische Argument, ist Bildung für alle ein allgemeines Menschenrecht, das zwar nicht die Inhalte festschreibt, wohl aber die gesellschaftliche Pflicht formuliert, die strukturellen Bedingungen dafür sicherzustellen, daß jeder sich bilden, daß jeder seine Fähigkeiten so vollkommen entwickeln kann, wie es ihm möglich ist. Wie kann sich ein Pädagoge dieser gesellschaftlichen Pflicht entziehen?

XVI. Letzte Frage: „Spaß am Lernen" ist ...

	Lehrer (alt)	Lehrer (jung)
a) eine Bedingung für Bildung (Selbsttätigkeit)	50%	42,9%
b) ein Bildungsziel	50%	71,4%
c) ein pädagogisches Kriterium	12,5%	42,9%
d) eine Utopie	0%	0%
e) eine Aufforderung zum „Nichtstun"	12,5%	0%

„Spaß am Lernen" wird von den jüngeren Pädagogen offensichtlich höher bewertet als von den Älteren, die mit Bildung wohl eher die „Anstrengung der Vernunft" verbinden als das freie Spiel der Kräfte, das eigentlich in der Muße sich am besten entfaltet, weshalb die Antike auch dort Bildung und Philosophie ansiedelte. Daß Vernunft sich aber auch im Spiel anstrengen kann und nicht nur durchs Auswendiglernen von Vokabeln und Formeln, sollte sich inzwischen herumgesprochen haben. Immerhin halten mehr als 70% der jüngeren Lehrer „Spaß am Lernen" für ein Bildungsziel, und vielleicht, aber nur vielleicht, ist ihnen auch noch nicht ganz der Spaß an der Lehre vergangen.

c) Differenzierung von jüngeren Lehren und Studenten

Auch hier wird nicht der ganze Fragebogen wieder durchgespielt, sondern nur auffällige Differenzen benannt und erklärt. Aufgrund des geringen Altersunterschieds beider Befragungsgruppen, müßten in diesem Vergleich eigentlich die größten Übereinstimmungen zu finden sein, und größere Differenzen könnten nicht mit einem Generationenkonflikt begründet werden, sondern müßten auf berufsbiographische Ursachen zurückgeführt werden.

V. Welche Qualitäten bzw. Qualifikationen verbinden Sie mit dem Begriff der Bildung bzw. des gebildeten Subjekts?

	junge Lehrer	Studierende
a) Selbstreflexivität/Selbstkritik	100%	92,7%
b) Moralisches Handeln	57,1%	85,4%
c) vielfältige Kenntnisse in verschiedenen Wissensgebieten	100%	75,6%
d) historisches Reflexionsvermögen	71,4%	70,7%
e) Sprach-/Redegewandtheit/Kommunikationsfähigkeit	100%	75,6%
f) Einfühlungsvermögen	28,6%	75,6%

g) strukturelles, logisches Denken	57,1%	65,9%
h) Menschenkenntnis	28,6%	63,4%
i) gesunder Menschenverstand	42,9%	70,7%
j) Kenntnisse fremder Kulturen	28,6%	56,1%
k) politisches/gesellschaftliches Engagement	28,6%	51,2%
l) Medienkompetenz	71,4%	34,1%
m) autonomer Lebensstil	43,9%	29,3%
n) technisches Verständnis	28,6%	19,5%
o) Kunstverstand	14,3%	22,0%
p) besondere Kenntnisse in einem Spezialgebiet	14,3%	24,4%
q) Studium	0%	19,5%
r) gehobenes Einkommen	0%	0%

In der Tat ist die Übereinstimmung im Bereich der kognitiven Fähigkeiten sehr groß, und die etwas unterschiedliche Beantwortung in der Sparte der Medienkompetenz läßt sich wohl durch den kommunikationstechnologischen Schub der letzen drei Jahre erklären, der bei den etwas jüngeren Studenten zu einem sehr selbstverständlichen Umgang mit den neuen Medien geführt hat, so daß übliche „User-Kenntnisse" kaum mit dem Gütesiegel der Bildung versehen werden. Viel befremdlicher ist das Ergebnis dieses Vergleichs hinsichtlich der Einschätzung sozialer Kompetenzen. Während zwei Drittel bis drei Viertel der Studenten angab, daß Einfühlungsvermögen, Menschenkenntnis, gesunder Menschenverstand zur Bildung dazugehören, wurden diese Merkmale noch nicht einmal zu einem Drittel von den jungen Lehrern genannt. Ebenso abgeschlagen liegen bei den jungen Lehrern politisches Engagement und Kenntnisse fremder Kulturen, die für mehr als die Hälfte der Studenten als Bildungsmerkmale gelten. Hier stellt sich nicht nur die Frage, wo die jungen Lehrer ihr Einfühlungsvermögen und Engagement gelassen haben, sondern vor allem, wie sie ohne Berücksichtigung dieser Qualitäten lehren wollen?

VIII. Sollte der Fachunterricht insgesamt mehr auf allgemeinbildende und ethische Fragestellungen eingehen?

	junge Lehrer	Studierende
Ja	57,1%	87,8%
Nein	42,9%	9,8%
Bedingt	---	2,4%

Auch hier votieren die Studenten ganz eindeutig gegen eine bloß funktionale Ausrichtung von Fachunterricht. Die jungen Lehrer scheinen schon eine Tendenz entwickelt zu haben, der Vermittlung von Fachwissen Priorität einzuräumen. Diese Einschätzung scheint sich im Lauf der Berufspraxis festzusetzen, denn an diesem Punkt unterscheiden sich ältere von jüngeren Lehrern nämlich kaum – 62% der älteren Lehrer stimmten für Allgemeinbildung –, was zu dem Schluß führt, daß irgend etwas mit den jungen Lehrern während ihrer praktischen Ausbildungszeit passiert, das ihnen genau jenen Idealismus nimmt, den man braucht, um Menschen bilden zu wollen – wie Buber sagen würde.

IX. Welche Maßnahmen müssen ergriffen werden, um Schulunterricht in erziehenden und bildenden Unterricht umzuwandeln?
[Mehrfachnennungen möglich]

	junge Lehrer	Studierende
a) Verringerung der Schülerzahl pro Klasse (mehr Lehrer)	100%	97,6%
b) ein reguläres Angebot schulpsychologischer und sozialpädagogischer Beratung	85,7%	90,2%
c) stärkere Einbindung der Eltern in den Unterricht	71,4%	82,9%
d) eine verbesserte praktische Ausbildung der zukünftigen Lehrer an den Universitäten	57,1%	80,5%
e) Ausbau der Hilfsangebote für lernschwache Schüler	42,9%	75,6%
f) Mehr Projektunterricht	85,7%	68,3%
g) Flexibilisierung der Altersstufen	14,3%	43,9%
h) Ganztagsunterricht (mehr Lehrer)	28,6%	41,5%
i) Ausbau der Hochbegabtenförderung	28,6%	41,5%
j) reguläre Hausaufgabenbetreuung am Nachmittag (mehr Lehrer)	14,3%	36,6%
k) Abschaffung der Notenskala von 1-6 (wenigstens bis Klasse 8)	0%	31,7%
l) „Entbeamtung" der Lehrerschaft und dadurch höhere Einstellungsflexibilität	28,6%	29,3%
m) Abschaffung der Schulfächer	0%	26,8%
n) Wiederholung des Schuljahres nur durch Selbstantrag	0%	19,5%
o) Englisch in der Grundschule	28,6%	22,0%
p) Stärkere Leistungskontrolle und Selektion	14,3%	9,8%
q) Schulgeld	0%	4,9%

Junge Lehrer setzen auf Projektunterricht und Schulpsychologen, Studenten machen sich noch für die lernschwachen Schüler stark und setzen auch mehr auf Ganztagsunterricht und die Flexibilisierung von Altersstufen. Kein junger Lehrer möchte auf das Machtmittel der Notenvergabe verzichten, was sich etwa ein Drittel der Studenten vorstellen kann, ebenso wie die Abschaffung der Schulfächer. Festzustellen ist, daß die Reformbereitschaft mit der Integration ins Berufsleben verschwindet, welches Schule insgesamt nicht gerade in einem innovativen Klima erscheinen läßt. Hier wird nicht nur der Schüler unter allen Umständen dem Standard angepaßt, sondern auch der junge Pädagoge. Alles andere ist Aufsässigkeit oder Querulantentum. Statt des von vielen Pädagogen favorisierten Mottos „Eltern zurück an den Herd", wäre nach diesen Analysen eher zu fordern: „Pädagogen zurück an die Uni!"

XV. Unter der Voraussetzung, daß eine Bildungsreform nur im Prozeß eines gesellschaftlichen Reformations-/Modernisierungsprozesses durchgeführt werden kann, erscheint ein Paradigmenwechsel notwendig. Welche Leitformel wäre geeignet, diesen Paradigmenwechsel einzuleiten?

	junge Lehrer	Studierende
a) „Solidarität statt Egoismus" (sozialer Konsens)	57,1%	78,0%
b) „Neue Lehrer braucht das Land" (individuelles Engagement)	28,6%	51,2%
c) „Mehr Demokratie wagen" (größeres Mitspracherecht in Betrieben, Institutionen usw.)	28,6%	51,2%
d) „Bildung für alle" (Verzicht auf eine Bildungselite)	42,9%	51,2%
e) „Global thinking" (Auflösung des Nationalstaats)	14,3%	48,8%
f) „Eltern zurück an den Herd!" (Erziehung findet in den Familien statt)	42,9%	24,4%
g) „Schulen/Betriebe ans Netz" (Modernisierung und Technisierung von Bildung und Ausbildung)	28,6%	17,1%
h) „Durch Deutschland muß ein Ruck gehen" (Reaktivierung traditionaler Werte)	0%	17,1%
i) „Autonome Schule" (Privatisierung des Bildungswesens)	14,3%	12,2%
j) „Leistung muß sich wieder lohnen" (Abbau des Sozialstaats)	28,6%	2,4%
k) „Abitur nach 12 Jahren" (Verkürzung der Ausbildungs-/Bildungsgänge)	0%	9,8%
l) „Leitkultur" (Dominanz eines bestimmten Wertekanons)	14,3%	7,3%
m) „Standort Deutschland" (Dominanz der Profitlogik)	0%	2,4%

Junge Lehrer haben es so schwer, daß sich nur noch ein wenig mehr als die Hälfte von der Solidaritätsformel leiten lassen. Leistung soll sich wieder lohnen (28,6%), und die Eltern sollen dafür sorgen, daß die Schüler dies auch so sehen. Weder braucht es neue Lehrer mit pädagogischem Engagement, noch eine besondere dialogische Unterrichtskultur. Globales Denken ist bei den jungen Lehrern auch nicht besonders populär, wohl aber die Modernisierung von Ausbildungsgängen. Während sich 17% der Studenten eine traditionale Werteorientierung wünschten, setzen 14,3% der Lehrer direkt auf eine „Leitkultur", wie widersprüchlich dieser Begriff in sich selbst auch immer ist.

d) Differenzierung von jüngeren Lehrern und Schülern

Mit dieser Differenzierung sollte herausgefunden werden, ob jüngere Lehrer mehr der Erwartungshaltung ihrer Schüler entsprechen oder ob sich hier schon ein Riß zwischen den Generationen abzeichnet.

XII. Welche Unterrichtsform wird Ihrer Meinung nach von den Schülern bevorzugt gewählt?

Einschätzung:	junge Lehrer	Schüler
a) Projektunterricht	**71,4%**	68,0%
b) Gruppenunterricht	42,9%	**74,5%**
c) Praktika	28,6%	52,6%
d) Dialog/Diskurs	28,6%	40,1%
e) Frontalunterricht	14,3%	17,0%
f) Jahrgangsübergreifender Unterricht	14,3%	8,1%
g) Einzelunterricht	28,6%	5,7%

Schüler wollen offenbar nicht nur Projekte erarbeiten, sondern sie favorisieren zu ¾ Gruppenunterricht. Warum dies von mehr als der Hälfte der jungen Lehrer nicht erkannt wird, ist eigentlich ein Rätsel. Auch die Beliebtheit der Praktika wird nicht erkannt, welches vielleicht darauf zurückzuführen ist, daß deren Betreuung mit einem zeitlichen Mehraufwand verknüpft ist, welches die von den jungen Lehrern hoch geschätzte autonome Lebensweise etwas einschränken dürfte. Die Vorliebe der Schüler für Einzelunterricht scheinen die jungen Lehrer wohl in ihren Nachhilfestunden festzustellen, sonst hätte nicht ein knappes Drittel der Meinung sein können, daß dies die von den Schülern bevorzugte Unterrichtsform ist.

XIII. Wann ist ein Unterricht als gelungen zu bezeichnen?

	junge Lehrer	Schüler
a) wenn sich viele Schüler am Unterricht beteiligt haben	**71,4%**	**86,2%**
b) wenn alle aufgeworfenen Fragen am Ende des Unterrichts beantwortet sind	42,9%	77,7%
c) wenn viele Fragen gestellt werden	71,4%	38,5%
d) wenn die Schüler wenigstens einmal in der Stunde gelacht haben	57,1%	36,0%
e) wenn Tests gut ausfallen	14,3%	46,6%
f) wenn wenige „Störungen" aufgetreten sind	42,9%	34,8%
g) wenn freiwillige Ausarbeitungen vorgelegt wurden	28,6%	21,9%
h) wenn Schüler ihre Hausaufgaben gemacht haben	14,3%	29,1%
i) wenn am Ende des Unterrichts Fragen offenbleiben	42,9%	5,7%
j) wenn der „Zeitplan" für die Stoffvermittlung eingehalten wurde	0%	11,7%

Hier zeigen sich die Schüler wesentlich ergebnisorientierter. Sie wollen Antworten auf ihre Fragen haben. Und das ist ihr gutes Recht. Sie wollen auch gute Tests schreiben, nicht nur, weil dann der Druck insgesamt nachläßt, sondern weil ein gelungener Test auch als Beweis gilt, daß man etwas gelernt, mit anderen Worten verstanden hat. Deshalb ist die Enttäuschung ja auch so groß, wenn es wieder nicht gereicht hat. Man ist ausgeschlossen aus der Runde der „Wissenden" und „Verstehenden". Schüler müssen noch nicht wissen, daß die Fähigkeit, Fragen zu stellen, eigentlich die ist, auf die es ankommt, und sie müssen auch nicht wissen, daß offene Fragen ein didaktisches Mittel aufbauenden Unterrichts sind, solange sie nur wissen, daß es ein sicheres Merkmal für gelungenen Unterricht gibt, nämlich die Beteiligung der Schüler. Solange sich Schüler beteiligen, ist ihr Interesse geweckt, wird ein Thema behandelt, über das sie mehr wissen wollen. Daß es meistens nicht am Thema, sondern an der Art und Weise ihrer Vermittlung liegt, daß Unterricht sich oft so zäh gestaltet, dürfte auch kein Geheimnis sein. Hier sind die Didaktiker gefordert, die ihre Konzepte mehr auf pädagogischen Mut als auf die Standardisierung von Leistungen ausrichten sollten. Dies scheinen die jungen Lehrer noch zu wissen, sehen aber wohl kaum Möglichkeiten, solche nicht meßbaren Ansprüche unterrichtspraktisch umzusetzen.

XVI. Letzte Frage: „Spaß am Lernen" ist ...

	junge Lehrer	Schüler
a) eine Bedingung für Bildung (Selbsttätigkeit)	42,9%	64,0%
b) ein Bildungsziel	**71,4%**	**64,4%**
c) ein pädagogisches Kriterium	42,9%	18,6%
d) eine Utopie	0%	5,7%
e) eine Aufforderung zum „Nichtstun"	0%	2,0%

Wie sich zeigt, halten 64% der Schüler „Spaß am Lernen" für eine Bedingung von Bildung im Unterschied zu nur 42% der jungen Lehrer. Dennoch ist für 5,7% der Schüler „Spaß am Lernen" eine reine Utopie. Dies sind eindeutig 5,7% zuviel.

e) Differenzierung von Studenten und Schülern

Diese letzte Binnendifferenzierung legt sich die Frage vor, ob ebenso wie zwischen jungen Lehrern und Studenten ein Bruch im Verständnis von Bildung und bildendem Unterricht zu verzeichnen ist, oder ob sich hier vielleicht Übereinstimmungen zeigen, die daraus resultieren, daß beide Befragungsgruppen noch nicht fest in die Lohnarbeitsgesellschaft integriert sind.

IV. Ist der Bildungsauftrag der Schulen/Universitäten/Weiterbildungsinstitutionen Ihrer Meinung nach mit dem Anspruch einer Werteerziehung verknüpft?

	Studierende	Schüler
Ja	80,5%	58,7%
Nein	19,5%	37,7%
bedingt	---	1,2%
Keine Angabe	---	2,4%

Hier ist interessant, daß die Studenten ihr „Bildungsumfeld" nicht so fachspezifisch wahrnehmen wie die Schüler. Dies kann damit zusammenhängen, daß das Fach „Erziehungswissenschaft" insgesamt in den Augen der Lehramtsstudenten eher einen allgemeinbildenden Ruf hat, der wohl auch geschätzt wird im Unterschied zum bloßen Fachstudium. Mehr als ein Drittel der Schüler sieht auf jeden Fall keinen Allgemeinbildungsauftrag mit dem Fachunterricht verknüpft, welches wohl bedeutet, daß er auch nicht erkannt wird. Es scheint, als hätten hier die Universitäten einen leichten Vorsprung im Selbstverständnis als Bildungsinstitution.

IX. Welche Maßnahmen müssen ergriffen werden, um Schulunterricht in erziehenden und bildenden Unterricht umzuwandeln?
[Mehrfachnennungen möglich]

	Studierende	Schüler
a) Verringerung der Schülerzahl pro Klasse (mehr Lehrer)	97,6%	71,7%
b) Ausbau der Hilfsangebote für lernschwache Schüler	75,6%	63,2%
c) Mehr Projektunterricht	68,3%	64,4%
d) ein reguläres Angebot schulpsychologischer und sozialpädagogischer Beratung	90,2%	44,1%
e) eine verbesserte praktische Ausbildung der zukünftigen Lehrer an den Universitäten	80,5%	39,7%
f) Englisch in der Grundschule	22,0%	54,3%
g) stärkere Einbindung der Eltern in den Unterricht	82,9%	23,1%
h) „Entbeamtung" der Lehrerschaft und dadurch höhere Einstellungsflexibilität	29,3%	34,0%
i) Ausbau der Hochbegabtenförderung	41,5%	28,7%
j) reguläre Hausaufgabenbetreuung am Nachmittag (mehr Lehrer)	36,6%	23,9%
k) stärkere Leistungskontrolle und Selektion	9,8%	30,4%
l) Flexibilisierung der Altersstufen	43,9%	16,2%
m) Wiederholung des Schuljahres nur durch Selbstantrag	19,5%	22,3%
n) Abschaffung der Notenskala von 1-6 (wenigstens bis Klasse 8)	31,7%	17,8%
o) Ganztagsunterricht (mehr Lehrer)	41,5%	10,5%
p) Schulgeld	4,9%	9,7%
q) Abschaffung der Schulfächer	26,8%	3,6%

Soweit die Positionen auch im einzelnen auseinander gehen mögen, etwa im Hinblick auf die Rolle der Eltern, treffen sich Schüler und Studenten an entscheidenden Punkten. Beide Gruppen bevorzugen aktiven Unterricht, wollen mehr pädagogische Unterstützung für nicht so leistungsbereite Schüler. Dies bedeutet, die Ellenbogenmentalität hat sich als positiv zu bewertender Charakterzug nicht standardisiert und könnte, mit Blick auf die zunehmende Solidaritätsakzeptanz während des Studiums, nach und nach abgebaut werden durch entsprechend akzeptierte und eingeübte Unterrichtsformen. Der zweite Punkt, an dem Schüler und Studenten sich treffen, ist der des „Sitzenbleibens". Auch wenn Schüler auf der Oberfläche für mehr Selektion votieren, 30,4% gegenüber 9,8% der Studenten, würde doch ein knappes Viertel der Schüler und ein Fünftel der Studenten das „Sitzenbleiben" gern abschaffen. Möglicherweise ist dies die Gruppe, die mit ihren mäßigen Noten zurechtkommen muß, wobei zu beachten ist, daß mäßige Noten in der Schule nicht automatisch zu mäßigen Noten während des Studiums führen. Einstein ist auch nicht als guter Schüler bekannt geworden, und mancher Euro würde dem Steuerzahler erspart, wenn Schüler nicht das ganze Jahr wiederholen müßten, nur weil sie in zwei Fächern gepatzt haben, in zwei Fächern von zwölf oder mehr.

XIV. Welche Schlußfolgerungen würden Sie aus der PISA-Studie ziehen, im Hinblick auf den gegenwärtigen Zustand von Schule und Gesellschaft?

	Studierende	Schüler
a) Leistungsbereitschaft muß gesamtgesellschaftlich gefördert werden.	39,0%	**50,6%**
b) Interdisziplinärer Unterricht muß gefördert werden zwecks Vermittlung von Schlüsselqualifikationen.	41,5%	47,8%
c) Verbesserte Integration nicht-deutscher Schüler	**75,6%**	39,7%
d) Eltern/Familie entziehen sich zunehmend ihrer erzieherischen Aufgaben.	70,7%	34,8%
e) Die Gesellschaft braucht einen neuen Wertekonsens.	48,8%	35,6%
f) Umstrukturierung des Fächerkanons	26,8%	41,7%
g) Wir brauchen mehr Demokratie im Unterricht (Diskurs).	36,6%	29,6%
h) Deutschland ist in einer Bildungskrise.	34,1%	24,7%
i) Neues Schulfach „Praktische Philosophie"	41,5%	23,9%
j) Das Gesamtschulkonzept ist gescheitert.	12,2%	21,1%
k) Das dreigliedrige Schulkonzept ist als gescheitert zu betrachten.	22,0%	14,2%
l) Das Bildungswesen ist besser als sein Ruf.	17,1%	13,4%
m) Es muß mehr Wert auf technisch-praktisches Wissen gelegt werden.	12,2%	14,6%
n) Wir brauchen endlich eine Gesamtschule für alle.	19,5%	8,1%

In gewisser Weise alarmierend ist, daß nur rund 40% der Schüler für eine verbesserte Integration nicht-deutscher Schüler votieren. Es sind ihre Klassenkameraden, die in Fächern wie Deutsch, Geschichte, Politik und Latein ihre Schwierigkeiten haben, die damit zusammenhängen, daß man zweisprachig aufwächst, was oftmals nur zu einer doppelten Halbsprachlichkeit führt. Wenn in der Grundschule Sprachkurse für nicht-deutsprachige Kinder angeboten werden müssen, so müssen dies in den weiterführenden Schulen vielleicht verbindliche Literaturkurse sein, die außerhalb von Benotungsrastern stehen. Verbindlichkeit kann nämlich nicht nur durch die Notenvergabe erzwungen werden. Insgesamt scheint in der Tat die Differenz zwischen den Einschätzungen der Schüler und Studenten nicht allzu groß zu sein, sieht man davon ab, daß sich die Reflexionsperspektive unmittelbarer Betroffenheit mit zunehmendem Wissen in eine gesellschaftliche und auch theoretische Reflexionsperspektive verwandelt. Noch wissen die Studenten, was ihnen in der Schule gefehlt hat, und was sie eigentlich um so nötiger brauchen, um in der Massenuniversität zu bestehen: Eigeninitiative, Intuition, Kooperation, Ausdauer und Diskursbereitschaft. Diese sind Schlüsselqualifikationen, wie sie überall gebraucht werden. Warum lehren wir sie dann nicht von Anfang an?

f) Übereinstimmungen

Es gibt nicht viele Übereinstimmungen zwischen allen Befragungsgruppen, aber die wenigen, die vorhanden sind, markieren durchaus eine Tendenz im Hinblick darauf, was auf der Grundlage eines pädagogischen common sense zügig realisiert werden könnte.
Die erste Übereinstimmung besteht in der Einschätzung, daß sich die gegenwärtige Gesellschaft in einer spezifischen Umbruchsituation befindet verursacht durch Globalisierungsprozesse und neue Technologien. Etwa 80% von allen Befragungsgruppen teilen diese Wahrnehmung, d. h. bei dieser Frage gibt es keine generationsabhängige Differenzerfahrung (II a). Trotz dieser Einschätzung, sind zwischen 85% und 100% aller Gruppen von der Möglichkeit der „Wertevermittlung" überzeugt (II b). Dies bedeutet, daß man sich auch im Vertrauen auf die „Machbarkeit" einer rechtsstaatlichen Gesellschaft durch Erziehung und Bildung allgemein einig ist. Im Hinblick auf Werteerziehung und Allgemeinbildung sprechen sich alle Beteiligten mehrheitlich für ein ausgewogenes Verhältnis zwischen öffentlicher und privater Erziehung aus (III, VI), und daß Bildung etwas mit vielfältigen Kenntnissen in verschiedenen Wissensgebieten zu tun hat, war auch common sense. Ebenso scheint kein Weg an Sprache vorbeizuführen, d. h. mehrheitlich sind sich alle Gruppen darin einig, daß Bildung sich in Kommunikation weiterleitet und durch strukturelles Denken gekennzeichnet ist (V). Hier könnte auch ein Hinweis für die Anerkennung der allge-

meinbildenden Funktion von Mathematikunterricht verborgen sein, da diesem ja allgemein logische Argumentationsstrukturen nachgesagt werden. Beim Fragekomplex nach den Bildungskriterien fällt eine weitere Übereinstimmung auf, die Auskunft darüber gibt, welches Kriterium auf keinen Fall mit Bildung zusammenhängt, nämlich gehobenes Einkommen (V r). Nicht, daß die wenig funktionalistische Definition von Bildung uns unsymphatisch wäre, aber sie zeigt das Dilemma auf, in dem Schule und öffentliche Bildungseinrichtungen insgesamt stecken. Natürlich werden gute Bildungsabschlüsse mit höheren Einkommenserwartungen verknüpft. Wer mehr weiß, kann anderen sagen, was sie zu tun haben und wird besser bezahlt als jene. Darum quälen Eltern und Lehrer die nachwachsende Generation durch die Bildungsanstalten. Wer keine Million erben kann, braucht einen qualifizierten Berufsabschluß, um seine Existenz selbständig zu sichern. Und Bildung stellt gewissermaßen den Weg zu diesem qualifizierten Berufsabschluß dar. Wer nicht über ein Minimum an allgemeinem Wissen verfügt, wird keine Ausbildung je qualifiziert abschließen.

Aber Schule soll nicht zu einem bestimmten Beruf qualifizieren, soll nicht ausbilden, sondern bilden. Wie kann sie bilden, wenn ihre eigentliche Aufgabe Selektion ist, also in niedere und höhere Berufe einzuteilen, in besser und schlechter bezahlte Arbeit? Wie soll sie bilden, wenn sie in Wirklichkeit ein Instrument ist, das die Gesellschaft in Klassen strukturiert. Soll Schule bilden jenseits von Einkommensfragen, muß die Gesellschaft auch strukturiert sein jenseits der Profitrate. Diese Logik führt zu Überlegungen eines Grundgehalts für alle[23], welches es ermöglicht, auch solche Arbeit zu honorieren, die allgemein nicht in den Lohnarbeitssektor fällt wie Hausarbeit, familiäre Kindererziehung, ehrenamtliche Tätigkeiten, künstlerisches Schaffen oder Nachbarschaftshilfe. Eine Gesellschaft, der die Lohnarbeit ausgeht, kann nicht einfach ein Drittel der Erwerbsfähigen durch Selektion vom Arbeitsmarkt ausschließen, damit zwei Drittel so weitermachen können wie bisher, als hätte sich nichts verändert. Vom Ende gesehen, rächt sich solche Politik, denn in der Gesellschaft wird weder Frieden noch Wohlstand herrschen. Daher müssen die Zugangsmodi zu Einkommen anders definiert werden[24]. Genau in solchen Neudefinierungen, auch Paradigmenwechsel genannt, offenbart sich gebildetes Bewußtsein, das nämlich

---

[23] Vgl. A. Gorz: Arbeit zwischen Utopie und Misere. Frankfurt a. M. 1999.
[24] Vgl. auch: O. Gianni/P. M. Liedtke: Wie wir arbeiten werden. Der neue Bericht an den Club of Rome, Hamburg 1998. Und P. Werner, der darauf aufmerksam macht, daß mit dem Grundgehalt das Recht auf Arbeit mit der Pflicht zur Arbeit gekoppelt ist.

II. Empirischer Teil

nicht mit dem Zeitgeist geht, sondern ihn bestimmt. Daran sollten möglichst alle teilhaben, keine Stimme soll im Zeitgeist verloren gehen. Dies ist Aufgabe allgemeinbildender Schulen – und alle Verantwortlichen wissen es, ebenso wie sie wissen, daß dieser Anspruch gewollt unterlaufen wird. Deshalb quittierte Humboldt als Kultusminister den Staatsdienst schon vor Jahresfrist: Schule und Bildung schienen in einer bloß funktional ausgerichteten Gesellschaft schlichtweg inkompatibel.
Entsprechend dieses Wissens um den eigentlich allgemeinbildenden Anspruch der Schulen, sind zwischen 70% und fast 90% aller Befragungsgruppen der Meinung, daß Fachunterricht mehr auf allgemeinbildende Inhalte eingehen sollte. Lehrer wie Schüler wissen, daß Bildung nicht die Aufhäufung von Faktenwissen ist, doch sie wissen auch, wie sehr sie notwendig ist, um in der Gesellschaft zu bestehen. Sie stehen beide zwischen Anspruch und Wirklichkeit und organisieren innerhalb dieses Widerspruchs Unterricht. Vielleicht ließe sich sagen, daß Unterricht um so besser ist, je weniger er diesen Widerspruch verdeckt, sondern benennt. Dies ist das Gebiet des Diskurses, der einzigen Form des problemorientierten, offenen Unterrichts. Damit ist nicht die Sachautorität des Lehrers beschädigt, auch nicht seine pädagogische Leitfunktion, aber jeglicher Drill, zu dessen Handlanger der Lehrer sich instrumentalisieren läßt im Sog der Bürokratie.
Bürokratieabbau im Bildungswesen wäre eine der dringlichsten bildungspolitischen Maßnahmen. Ob ein Zentralabitur oder andere Standardisierungsmaßnahmen dies leisten, steht zu bezweifeln, da solche Maßnahmen nur mit einem höheren bürokratischen Aufwand erzielt werden. Vielleicht wäre der einfachste Schritt, das Studium einem jeden zu ermöglichen, der zwölf oder dreizehn Jahre die Schule besucht hat, ohne daß er hätte sitzen bleiben müssen, aber statt dessen mit einem qualifizierten Zeugnis, das seine besonderen Fähigkeiten benennt, das Studium zu beginnen, so daß es ihm leichter fällt, sich für ein Studium, eine Ausbildung oder für andere gesellschaftlich nützliche Arbeit zu entscheiden. Vielleicht gingen uns auf diese Weise nicht so viele Genies verloren, die oftmals nach dem vierten Schuljahr schon ins Reich des Morpheus abwandern. „Schule ohne Noten" und Selbstdefinition der gesellschaftlichen Position statt Fremdbestimmung sind nicht eine Chimäre, sondern ein realer Prospekt. Irgendwann und irgendwo muß angefangen werden. Schule sollte sich der Selbstreform nicht entziehen. Es wäre ihr Ende.
Insgesamt bestand Konsens darüber, daß die Schülerzahl pro Unterrichtseinheit zu groß sei, auch wenn sich dies aus Schülerperspektive nicht ganz

so problematisch darstellte (IX a). Auch waren zwei Drittel aller Befragungsgruppen für einen Ausbau an Hilfsangeboten für lernschwache Schüler. Dies ist gewissermaßen Konsens. Warum fängt man nicht damit an? Grund könnte sein, daß Lernschwäche als individuelles Merkmal gar nicht existiert, wohl aber lernhemmender Unterricht. Vielleicht ist es ja mit Nachhilfe nicht getan, sondern der Unterricht müßte neu strukturiert, gemessen und perspektiviert werden. Vermutlich kann mit der notwendigen Reform nur jeder Lehrer allein anfangen durch milde Notenvergabe, durch Diskurs mit Kollegen, durch interessanten Unterricht, durch Entbürokratisierung seiner pädagogischen Aufgabe. Auf die Politik kann er nicht warten, und die Schüler schon gar nicht. Ein wenig Mut ist schon vonnöten, neben Ausdauer und Engagement. Verbündete sind zahlreich: es sind die Schüler. Immerhin sagen mehr als 90% der Schüler, daß Schule besser sei als Arbeiten (X)!

Übereinstimmung besteht auch darin, daß der notwendige gesellschaftliche Paradigmenwechsel nicht ökonomisch bestimmt sein sollte (X m). Sowenig Bildung eine materielle Kategorie in den Augen aller Befragungsgruppen ist, sowenig werden nationalökonomische Forderungen der Wirtschaft in den Bildungsbegriff integriert. Bildung ist immer noch ein ideeller „Wert", das „Bildungsgut" ist nicht in Dollar und Euro unmittelbar zu übersetzen, es ist keine direkte Währung, aber auch nicht abseits vom „Spaß am Lernen", der für die große Mehrheit zur Bildung dazu gehört (XVI). Vielleicht ist das deutsche Bildungsideal immer noch der Paideia näher als alle gängige Bildungskonzepte. Vielleicht schneiden deutsche Schüler und mit ihnen die Lehrer im internationalen Vergleich deshalb so schlecht ab. Vielleicht müssen wir endlich die Reform beginnen, um letzte Reste der Paideia zu erhalten. Vielleicht haben wir etwas zu verteidigen.

8. Resümee

Es wäre verkehrt, von empirischen Untersuchungen über das Bildungsverständnis eine allgemeinverbindliche Definition von Bildung zu erwarten. Dies ist Aufgabe der Theorie, die aber nötig ist für die bildungstheoretische Fundierung der empirischen Untersuchung. Die Art und Weise, wie Fragen zur Bildung gestellt werden, repräsentiert den theoretischen Standpunkt des Fragenden bzw. sein theoretisches Vorverständnis. Es können keine Optionen angeboten werden, die zuvor nicht einmal als solche bedacht worden

II. Empirischer Teil

sind, ob gutgeheißen oder verworfen. Die Vielfalt der Optionen, welche die Unvoreingenommenheit des Fragenden indiziert, ist der Schlüssel eines informativen Befragungsergebnisses. Informativ sind nicht unbedingt solche Ergebnisse, die eine eindeutige Interpretation zulassen. Solche eindeutigen Ergebnisse findet man nur, wenn der Fragebogen einspurig ist, also so aufgebaut ist, daß die zugrunde liegende Hypothese nur bestätigt werden kann.

Wir sind aber nicht von einer Hypothese, sondern von einer Frage ausgegangen, die sich verkürzt so stellt: Welches Verständnis von Bildung haben diejenigen, die unmittelbar in den Prozeß öffentlicher Bildung einbezogen sind, und schlägt sich dieses Verständnis strukturell und inhaltlich im Unterricht nieder? Ebenso kurz gefaßt lautete die Antwort: Insgesamt herrscht ein nicht-instrumentelles, nicht-materialistisches, nicht-profitorientiertes Verständnis von Bildung vor, welches aber unterrichtspraktisch nicht realisiert wird. Zwar dient das Bildungsideal in gewisser Weise als Maßstab, um bildenden von bloß qualifizierendem Unterricht zu unterscheiden, aber indirekt scheint eine große Übereinstimmung darin zu bestehen, daß man in öffentlichem, verwaltetem Unterricht wohl nicht bilden kann, sonst hätten sich mehr Teilnehmer dazu entschlossen, die veralteten Verwaltungsstrategien öffentlicher Bildung in Frage zu stellen. Zwischen Bildungsanspruch und öffentlichem Unterricht scheint eine große Kluft zu bestehen, aber ohne diese Kluft, d. h. ohne den Bildungsanspruch, wäre Unterricht wahrscheinlich noch schlechter, auch wenn abfragbares Wissen vermehrt würde. Wie ließe sich im Kontext der Rahmenstrukturen öffentlicher Unterricht in bildenden umwandeln? Gibt es im Bereich pädagogischer Praxis positive Bestimmungskriterien, die den negativen, nicht-instrumentellen Bildungsbegriff widerspiegeln? Vielleicht bleiben nur wenige Kriterien übrig, die bildenden Unterricht allgemein kennzeichnen: Sachbezogenheit, Problemorientierung, dialogisch-diskursiver Gesprächsverlauf, Interdisziplinarität, Verzicht auf schnelle Resultate, wirkliches Mitspracherecht der Schüler und pädagogisches Engagement der Lehrer als Umschreibung für die klassische Formel von Erziehung als „Aufforderung zur Selbsttätigkeit" (Fichte).

Auf der Grundlage dieser wenigen Kriterien lassen sich durchaus praktische Maßnahmen benennen, die eingeleitet werden müssen, um so etwas wie eine Bildungsreform in Gang zu bringen. Die im folgenden vorgestellten Maßnahmen werden sich nicht mit den zur Zeit populären Vorschlägen decken, die Zentralisierung oder Dezentralisierung des Bildungswesens empfehlen, d. h. nur über eine neue Verwaltungsebene von Bildung nachdenken. Die hier im Anschluß an empirische Untersuchungen vorgeschlagenen Reformmaßnahmen öffentlichen Unterrichts können direkt angegangen werden unter einer Voraussetzung, daß die durchschnittliche Anzahl von Schülern, die ein Lehrer pro Unterrichtseinheit zu unterrichten hat, deutlich gesenkt wird bzw. daß die Lehrerschaft für alle Schultypen um etwa 30% aufgestockt wird. Unter der Voraussetzung, daß im Zuge des permanenten gesellschaftlichen Umbruchs es der Schule gut anstünde, „sich in einem ebensolchen zu befinden"[25], wird hier ein Maßnahmenkatalog aufgelistet, der weder vollständig noch logistisch durchorganisiert, wohl aber pädagogisch, d. h. bildungstheoretisch begründet ist und sich aus der Differenz von Bildungsanspruch und Unterrichtswirklichkeit eigentlich von selbst ergibt. Ein Maßnahmenkatalog kann nicht pädagogisches Engagement ersetzen und auch nicht erzeugen, aber er kann denjenigen, die Interesse an der „Sache der Bildung" haben, ein Leitfaden des Widerstands sein, um etwas zu verteidigen und zu schützen, das noch nie eine wirkliche Chance hatte, sich zu entfalten: die Selbstkonstituierung moralischer Subjektivität oder mit Kant gesprochen, die Idee zu einer Geschichte der Menschheit in weltbürgerlicher Absicht.

Erste Maßnahmen zur Reform des öffentlichen Unterrichts:

1. Planstellen für Lehrer sollten für alle Schultypen um 30% angehoben werden. Diese Maßnahme wäre finanzierbar durch die schrittweise „Entbeamtung" der Lehrerschaft und organisierbar durch die zusätzliche Akkreditierung von (arbeitslosen) Akademikern, die nicht „verschultes" Wissen weitergeben.

2. Die frühe Selektion nach dem vierten Schuljahr sollte eingestellt werden und die Differenzierung in weiterführende Bildungsinstitutionen erst nach dem zehnten Schuljahr beginnen.

3. Der Unterricht sollte insgesamt ganztägig angeboten werden. Dazu gehören eine warme Mahlzeit sowie Sport-, Spiel- und Lerngruppen unter pädagogischer Betreuung am Nachmittag.

---

[25] O. Geister: Schule im Umbruch: Zum Problem der Werteerziehung und des Ethikunterrichts in Zeiten der Postmoderne. Münster et al. 2002. S. 11.

4. Ergänzender Förderunterricht sollte der Regelfall sein, und zwar nicht nur für jene, die fachliche Unterstützung brauchen, sondern auch für besonders Begabte, um deren Motivation zu erhalten. Dieser ergänzende Unterricht kann parallel zum Fachunterricht stattfinden, wenn Schüler in Gruppen arbeiten und wenigstens zwei Lehrer den Unterricht betreuen.

5. Fächerübergreifender Unterricht sollte verbindlich gemacht werden. Dieser sollte von jeweils sich formierenden Lehrerteams einer Jahrgangsstufe organisiert werden, jenseits des 45 Minuten Takts. Doppelstunden, die durch 20 Minuten Pausen voneinander getrennt werden, ermöglichten darüber hinaus kontextuelles Lernen.

6. Die Nicht-Versetzung von Schülern sollte ersatzlos gestrichen werden. Statt dessen muß vertiefender Unterricht angeboten werden in Fächern, die Schwierigkeiten bereiten.

7. Schriftliche Ausarbeitungen von Schülern sollten kommentiert werden, ebenso wie Zeugnisse einer sachlichen, nicht schablonisierten Kommentierung bedürfen. Dies bedeutete die Abschaffung der Notenskala bis zum neunten Schuljahr und differenziertere Leistungskriterien als sie in einer Notenskala von 1-6 zum Ausdruck gebracht werden können.

8. Lehrer sollten regelmäßig an erziehungswissenschaftlichen und didaktischen Veranstaltungen der benachbarten Universität teilnehmen, um der eigenen Routine zu entkommen.

9. Jahrgangsübergreifender Unterricht sollte als fester Bestandteil von Projektunterricht integriert werden. Dies fördert nicht nur Solidarität, sondern ist vor allem innovativ für alle Altersgruppen.

10. In regelmäßigen Abständen, wenigstens einmal im Monat, sollte die Schulzeitung, nicht Schülerzeitung, erscheinen, in der Lehrer, Schüler und Eltern schreiben und die auch unter einer gemeinsamen Redaktion steht. Diese Zeitung informiert über Entwicklungen, bietet aber auch Platz für theoretische Reflexion und Gastbeiträge.

11. Studienseminare, in denen jungen Lehrern systematisch ausgeprügelt wird, was sie im Studium gelernt haben, sollten ersatzlos gestrichen werden. Sinnvoller wäre eine praktische Begleitung durch die Lehrer „vor Ort" und die wissenschaftliche Betreuung durch die Universität, die entsprechende Veranstaltungen anzubieten hätte.

12. Schulleiter sollten die Möglichkeit haben, bei Bedarf kurzfristig Lehrerstellen auszuschreiben und eine Kommission zur Besetzung dieser Stellen zu bilden. Es spricht nichts dagegen, Bewerber einzustellen, die dem Anforderungsprofil entsprechen, aber nicht durch die Mühle der Lehrerausbildung gegangen sind.

Wie oben bereits erwähnt, geht es nicht um einen vollständigen, sondern eher um einen einleitenden Maßnahmenkatalog, der aber durchaus das bisherige Verwaltungssystem von öffentlicher Bildung auf den Kopf stellt. Eine solche Reform hat naturgemäß viele Feinde, da es Besitzstände gibt, die verschiedene Statusgruppen gesichert sehen wollen. Der Einwand der Praxis, der uns weismachen will, daß diese Reform praktisch nicht umsetzbar sei, ist ungültig, weil sie noch nicht erprobt wurde. Erprobt hingegen wurden allerlei Reförmchen, die dazu geführt haben, daß unsere einzige natürliche „Rohstoffressource" allmählich versiegt. Wir sollten dies nicht den Schülern und auch nicht den Eltern anlasten, die beide an ihre Leistungsgrenzen gekommen sind. Es ist der Einfluß eines veralteten Beamtentums, das die Politik lähmt, weniger die Wirtschaft, die ebenso wie die Wissenschaft um die Schlüsselqualifikationen bangt, die notwendig sind, um hochkomplexe Systeme zu organisieren und weiterzuentwickeln.

Es ist wirklich an der Zeit, daß öffentliche Bildung sich aus ihrer selbstverschuldeten Unmündigkeit erhebt und den Kreislauf der Selbststabilisierung des Irrationalen durchbricht. Besserer Unterricht steht nicht am Ende einer wirklichen Bildungsreform, sondern an deren Anfang. Darum sind als Erste die Lehrer gefordert, sowohl im schulischen als auch im universitären Bereich. Vielleicht ist es sogar an der Zeit, die Pädagogen, und mit ihnen die große Schar der Unzufriedenen an die klassische Bürgertugend zu erinnern, die J. F. Kennedy einmal so auf den Punkt brachte: Frage nicht, was der Staat für dich tut, sondern frage, was du für den Staat tun kannst.

III. Literaturverzeichnis

ADORNO, Theodor W.: Ästhetische Theorie. Frankfurt a. M. 1974².
ADORNO, Theodor W.: Erziehung nach Auschwitz. In: Erziehung zur Mündigkeit. Vorträge und Gespräche mit Hellmut Becker (1959-69). Frankfurt a. M. 1971.
ADORNO, Theodor W.: Negative Dialektik (1966). In Gesammelte Schriften Bd. 6. Frankfurt a. M. 1973.
ADORNO, Theodor W.: Theorie der Halbbildung (1959). In: Gesammelte Schriften. Bd. VIII. Frankfurt a. M. 1992
ALBROW, Martin: Abschied vom Nationalstaat. Frankfurt a. M. 1998.
D'ALEMBERT, Jean Le Rond: Einleitung zur Enzyklopädie. Hrsg. v. Günther Mensching. Hamburg 1997.
ARISTOTELES: „De memoria" oder „De anima, De sensu, De memoria, De somno similique argumento" 449 b12.
AUGUSTINUS, Aurelius: Enchiridion de fide, spe et caritate. Hrsg. V. Joseph Barbel. Düsseldorf 1960.
BAUMAN, Zygmunt.: Die Krise der Politik. Hamburg 2000.
BAUMAN, Zygmunt: Modernity and the Holocaust 1989 (Dt.: Die Dialektik der Ordnung, Hamburg 1992).
BECK, Ulrich: Das Zeitalter der Nebenfolgen und die Politisierung der Moderne. In: U. Beck, Ulrich et al.: Reflexive Modernisierung. Eine Kontroverse. Frankfurt a. M. 1996.
BENNER, Dietrich: Bildung und Religion. Überlegungen zu ihrem problematischen Verhältnis und zu den Aufgaben eines öffentlichen Religionsunterricht heute. In: Battke, Achim u. a. (Hrsg.): Schulentwicklung – Religion – Religionsunterricht. Profil und Chance von Religion in der Schule der Zukunft. Freiburg i. B. 2002. S. 51-70.
BENNER, Dietrich: Bruchstücke einer nicht-affirmativen Theorie pädagogischen Handelns. In: Zeitschrift für Pädagogik. 38. Jahrgang. Heft 6 1992.
BREINBAUER, Ines Maria: Ethikunterricht – ein Anachronismus?! In: Ladenthin, Volker und Reinhard Schilmöller (Hrsg.): Ethik als pädagogisches Projekt. Grundfragen schulischer Werteerziehung. Opladen 1999. S. 203-222.
BRUMLIK, Micha: Kein Weg als Deutscher und Jude. Eine bundesrepublikanische Erfahrung. München 1996.
BUBER, Martin: Rede über das Erzieherische (1919). In: Reden über Erziehung. Heidelberg 1959.
BUBER, Martin: Ich und Du (1923). In: Das dialogische Prinzip. 4. Auflage. Heidelberg 1979.
FEUERBACH, Anselm v.: Aktenmäßige Darstellung merkwürdiger Verbrechen (1828/29), zusammengestellt in einer neuen Ausgabe: Merkwürdige Verbrechen. Hrsg. v. Hans Magnus Enzensberger. Frankfurt a. M. 1993.
FEUERBACH, Ludwig: Das Wesen des Christentums (1841) in: Gesammelte Werke. Hrsg. v. Werner Schuffenhauer. Berlin 1984 ff. Bd. 5. Grundsätze der Philosophie der Zukunft (1843). A. a. O. Bd. 9. Wider den Dualismus von Leib und Seele, Fleisch und Geist (1846). A. a. O. Bd. 10.
FREIRE, Paulo: Pädagogik der Unterdrückten. Bildung als Praxis der Freiheit. Stuttgart/Berlin 1972.

FUKUYAMA, Francis: Das Ende der Geschichte. Wien 1992.
FUKUYAMA, Francis: Der große Aufbruch. Wien 2000.
GEISTER, Oliver: Schule im Umbruch: Zum Problem der Werteerziehung und des Ethikunterrichts in Zeiten der Postmoderne. Münster et al. 2002.
GIARINI, Orio/Liedtke, Patrick M.: Wie wir arbeiten werden. Der neue Bericht an den Club of Rome, Hamburg 1998.
GIDDENS, Anthony : Leben in einer posttraditionalen Gesellschaft. In: Beck, Ulrich et al. (Hrsg): Reflexive Modernisierung. Eine Kontroverse. Frankfurt a. M. 1996.
GORZ, André: Arbeit zwischen Utopie und Misere. Frankfurt a. M. 1999.
GRONEMEYER, Marianne: Lernen mit beschränkter Haftung. Über das Scheitern der Schule. Berlin 1997.
HABERMAS, Jürgen: Wahrheitstheorien. In: Festschrift für Walter Schulz zum 60. Geburtstag. Pfullingen 1974.
HEGEL, G. W. F.: Phänomenologie des Geistes (1803). In: Werke in zwanzig Bänden. Hrsg. v. E. Moldenhauer und K. M. Michel. Frankfurt a. M. 1969-71.
HEITGER, Marian: Ethik im Unterricht. Anmerkungen zu einem Grundsatzproblem. In: Ladenthin, Volker/Schilmöller, Reinhard (Hrsg.): Ethik als pädagogisches Projekt. Grundfragen schulischer Werteerziehung. Opladen 1999. S. 197-202.
HOBSBAWM, Eric: Das Gesicht des 21. Jahrhunderts. München/Wien 2000.
HORKHEIMER, Max/Adorno, Theodor W.: Dialektik der Aufklärung. Philosophische Fragmente. Frankfurt a. M. 2002.
HORKHEIMER, Max: Traditionelle und Kritische Theorie (1937) In: Kritische Theorie. Hrsg. v. Alfred Schmidt. Bd. 2. Frankfurt a. M. 1972.
HORKHEIMER, Max: Zur Kritik der instrumentellen Vernunft (1947). In: Kritische Theorie Hrsg. v. Alfred Schmidt. Bd. 2. Frankfurt a. M. 1972.
HUMBOLDT, Wilhelm v.: Idee zu einem Versuch die Gränzen der Wirksamkeit des Staates zu bestimmen (1791). In: Ders.: Werke in fünf Bänden. Hrsg. v. A. Flitner und K. Giel. Bd. I. Stuttgart 1980[3].
KANT, Immanuel: Grundlegung zur Metaphysik der Sitten (1785/86). In: Kants gesammelte Schriften. Hrsg. v. d. Königlich Preußischen Akademie der Wissenschaften. Berlin 1902-23.
KANT, Immanuel: Kritik der praktischen Vernunft. In: Kants gesammelte Schriften. A. a. O. Bd. IV.
KANT, Immanuel: Idee zu einer allgemeinen Geschichte in weltbürgerlicher Absicht (1784). In: A. a. O. Bd. VIII.
KANT, Immanuel: Über Pädagogik (1803). In: A. a. O. Bd. IX.
KANT, Immanuel : Zur Beantwortung der Frage: Was ist Aufklärung? (1784). In: Kants gesammelte Werke. A. a. O. Bd. VIII.
KAULBACH, Friedrich: Philosophie des Perspektivismus. Bd. I. Berlin/New York 1990.
KIM Sang Sup: Die Selbstkonstituierung des moralischen Subjekts und das Faktum der Vernunft. Münster et al. 2003.
KLAFKI, Wolfgang: Allgemeinbildung heute – Grundzüge internationaler Erziehung. In: Pädagogisches Forum. Heft 1 (1993). S. 21-28.
KLAFKI, Wolfgang: Neue Studien zur Bildungstheorie und Didaktik. Zeitgemäße Allgemeinbildung und kritisch-konstruktive Didaktik. Weinheim 1996[5].
KOCH, Lutz: Wert und Würde in der Erziehung. In: Vierteljahrsschrift für wissenschaftliche Pädagogik 77. Heft 1. (2001). S. 6-24.

MARX, Karl und Friedrich Engels: Die deutsche Ideologie. MEW. Bd. 3. Berlin 1969.
LÜBKE Silvia-Iris: Schule ohne Noten. Lernberichte in der Praxis der Laborschule. Opladen 1996.
MINISTERIUM FÜR SCHULE UND WEITERBILDUNG DES LANDES NRW (Hrsg.): Kerncurriculum „Praktische Philosophie" Erprobungsfassung. Curriculares Rahmenkonzept. Düsseldorf 1997.
MONTAIGNE, Michel de: Gewohnheit auf der Insel Cea. In: Ders.: Essais. Bd. I. Zürich 1992.
OSUCH, Bruno: Humanismus – Lebenskunde – Erich Fromm. Traditionen und Perspektiven eines kaum bekannten Schulfachs. In: Erich Fromm: Erziehung zwischen Haben und Sein. Hrsg. v. Johannes Claßen. Eitorf 2002. S. 255-303.
PONGRATZ. Ludwig: Bildung als Ware: Die Transformation des Bildungsbürgerszum Selbstvermarkter. In: Erich Fromm: Erziehung zwischen Haben und Sein. Hrsg. v. Johannes Claßen. Eitorf 2002. S. 37-55.
RADLMAIER, Steffen. (Hrsg.): Der Nürnberger Lernprozeß. Von Kriegsverbrechern und Starreportern. Frankfurt a. M. 2001.
REITEMEYER, Ursula: Bildung und Arbeit von der Aufklärung bis zur nachmetaphysischen Moderne. Würzburg 2001.
REITEMEYER, Ursula: Das Programm des Junghegelianismus zur Verwirklichung der Philosophie. In: Ludwig Feuerbach und die Fortsetzung der Aufklärung. Hrsg. H. Holzhey. Zürich. 2002/03.
REITEMEYER, Ursula: Perfektibilität gegen Perfektion. Rousseaus Theorie gesellschaftlicher Paxis. Münster 1996.
ROUSSEAU, Jean Jacques: Abhandlung über die Frage, ob die Wiederherstellung der Wissenschaften und Künste zur Läuterung der Sitten beigetragen hat (1750). In: Schriften. Hrsg. v. Henning Ritter. Bd. 1. Frankfurt a. M. 1988.
ROUSSEAU, Jean Jacques: Brief an Herrn von Voltaire (1760). In: Schriften. Hrsg. v. Henning Ritter. Bd. 1. Frankfurt a. M. 1988.
ROUSSEAU, Jean Jacques: Emile oder über die Erziehung (1762). Paderborn 1985[7].
ROUSSEAU, Jean Jacques: Abhandlung über den Ursprung und die Grundlagen der Ungleichheit unter den Menschen (1754). In Schriften. Hrsg. v. Henning Ritter. Bd. 1. Frankfurt a. M. 1988.
SCHILLER, Friedrich: Über die ästhetische Erziehung des Menschengeschlechts in einer Reihe von Briefen (1793/94). In: Sämtliche Werke. Hrsg. v. G. Fricke u. H. G. Göpfert. München 1959, Bd. 5.
SCHOLEM, Gershom: Die jüdische Mystik in ihren Hauptströmungen (1941). Frankfurt a. M. 1980.
SCHWANITZ, Dietrich: Bildung. Alles was man wissen muss. Frankfurt a. M. 1999.
SLOTERDIJK, Peter: Regeln für den Menschenpark. Ein Antwortschreiben zum Brief über den Humanismus. Frankfurt a. M. 1999.
STERN, Frank: Dann bin ich um den Schlaf gebracht. Ein Jahrtausend jüdisch-deutsche Kulturgeschichte. Berlin 2002.
TERHART, Ewald: Lehr-Lern-Methoden. Weinheim/München 2000.

IV. Pädagogische Konsequenzen

Oliver Geister

Bildung als Aufgabe allgemeinbildender Schulen
Entschulung als Schulreform?

> **non vitae sed scholae discimus**
> Nicht für das Leben, sondern für die
> Schule lernen wir. *Seneca*

Allgemeinbildende Schulen haben sich einem Bildungsbegriff verpflichtet, dessen Wurzeln in der historischen Epoche der Aufklärung zu finden sind. Schulische Bildung soll die Schülerinnen und Schüler zu einer mündigen Gestaltung ihres Lebens befähigen und zielt auf die eigenständige Erschließung ihrer Lebenswelt in all ihren Dimensionen. Dieses Ziel schulisch umzusetzen scheint schwierig, wenn nicht gar aussichtslos. Denn die heutige Zeit, die vielfach mit Adjektiven wie „posttraditional" oder „postmodern" charakterisiert wird, ist geprägt von gesellschaftlichen Umbrüchen besonderen Ausmaßes. Es droht zunehmend orientierungslose Willkür, wodurch erfolgreiche Bildungsprozesse allgemein erschwert werden[1].

In der aktuellen Diskussion um Schule und Schulreform im Kontext von Bildung wird dieser Sachverhalt überdeckt von zwei besonders erschütternden Ereignissen im Jahr 2002: dem dramatischen Abschneiden deutscher Schüler im internationalen Leistungsvergleich, belegt durch die Ergebnisse der PISA-Studie[2] und dem Schulmassaker in Erfurt, dem im April des Jahres insgesamt 17 Menschen zum Opfer fielen[3]. Vor diesem Hintergrund wird in Anlehnung an Georg Picht[4] schon eine „neue deutsche Bildungskatastrophe"[5] ausgerufen und damit die Forderung nach einer konsequenten Schulreform laut. Dabei, so scheint es, geht es weniger darum, dem

---

[1] Vgl.: O. Geister: Schule im Umbruch. Zum Problem der Werteerziehung und des Ethikunterrichts in Zeiten der Postmoderne. Münster et al. 2002.
Vgl auch: G. Raddatz: Pädagogik im freien Fall. Posttraditionale Didaktik zwischen Negativer Dialektik und Dekonstruktion. Münster et al. 2003.

[2] Vgl.: Deutsches PISA-Konsortium (Hrsg.): PISA 2000. Basiskompetenzen von Schülerinnen und Schülern im internationalen Vergleich. Opladen 2001.

[3] Vgl. K. Hurrelmann: Nachwort. Wie kommt es zu Gewalttaten an Schulen? In: M. Rhue: Ich knall euch ab! Ravensburg 2002. S. 146-159.

[4] G. Picht: Die deutsche Bildungskatastrophe. München 1965.

[5] Vgl. z. B.: H.-G. Herrlitz: Eine neue „deutsche Bildungskatastrophe". In: Die deutsche Schule. 94. Jg. Heft 1 (2002). S. 6-9.

Bildungsanspruch konsequent Rechnung zu tragen, als Strategien zu entwickeln, die die Schüler leistungsfähiger und „frustrationstolerant"[6] machen sollen – und zwar im Hinblick auf die kommende PISA-Studie und unter dem Anspruch, ein zweites „Erfurt" zu verhindern.
Dennoch bleibt die Forderung nach Bildung aktuell. Sie ist als schulischer Auftrag festgeschrieben und aus bildungstheoretischer Perspektive nicht nur begründbar, sondern auch geboten. Nur stellt sich die Frage, was man unter Bildung versteht. Ist ein gutes Abschneiden bei PISA ein Kriterium für ein gebildetes Subjekt?[7] Welchen gesellschaftlichen Anforderungen muß die Schule neben ihrem Bildungsauftrag noch nachkommen? Werden der Schule Aufgaben aufoktroyiert, die den Bildungsauftrag unterlaufen? Und falls dies bejaht werden muß, welche Konsequenzen sollte man daraus ziehen?

Aus diesen Fragen ergibt sich folgender Aufbau für den vorliegenden Beitrag. Ausgehend vom konstatierten Bildungsauftrag wird erläutert, was unter dem Begriff „Bildung" eigentlich zu verstehen ist. Mit Wolfgang Klafki wird ein aktueller Bildungsbegriff entwickelt, der die gut 200jährige Tradition konstruktiv aufnimmt und sich auf die heutige gesellschaftliche Situation bezieht. In einem nächsten Schritt wird untersucht, worin die Schwierigkeiten liegen, Bildung in den Schulen in angemessener Weise umzusetzen. Dafür gehe ich kurz auf die allgemeine Schultheorie ein, um zu klären, welche Funktionen die Schule neben der „Verbreitung von Bildung" in gesellschaftlicher Hinsicht außerdem kennzeichnen. Vor dem Hintergrund des äußerst zwiespältigen Verhältnisses, auf der einen Seite der Bildung verpflichtet zu sein, und auf der anderen Seite damit konkurrierenden Anforderungen zu genügen, soll nach einem Ausweg aus dieser paradoxen Situation gesucht werden. Ich setze mich mit zwei möglichen Konsequenzen auseinander, die in der bildungspolitischen und bildungstheoretischen Diskussion schon seit dem Ende der 1960er Jahren mehr oder weniger präsent sind: Die erste Konsequenz zielt ab auf eine „Entschulung der Gesellschaft"[8], die zweite auf eine Schulreform. Mir ist klar, daß im gegenwärtigen Diskurs die Debatte über eine „Entschulung" kaum

---

[6] Zur Kritik von Frustrationstoleranz, vgl.: F. Huisken,: z. B. Erfurt. Was das bürgerliche Bildungs- und Einbildungswesen so alles anrichtet. Hamburg 2002.
[7] Es ging bei der PISA-Studie schließlich nicht um die Abfrage von positivem Wissen, sondern um strukturelle Fähigkeiten.
[8] I. Illich: Entschulung der Gesellschaft (1971). Eine Streitschrift. München 1995⁴.

noch präsent ist[9] und stattdessen fast ausnahmslos über mehr oder weniger mutige Reformmaßnahmen und ihre Finanzierbarkeit gestritten wird. Die Vorstellung einer Gesellschaft ohne Pflicht-Schule hat einen hohen utopischen Gehalt und kann aufgrund der derzeitigen Gesellschaftsstrukturen nur ein kontrafaktischer Entwurf sein. Dennoch, so meine These, behalten diese nicht zuletzt bildungstheoretisch fundierten Einwände gegen die Schule bis heute ihre Gültigkeit. Sie gewinnen vor dem Hintergrund sich wandelnder Gesellschaftsstrukturen m. E. sogar eine neue Qualität. Deshalb ist es sinnvoll, auf der Grundlage einer „radikalen Schulkritik"[10] eine Schulreform zu entwerfen, die den Bildungsbegriff als oberstes Leitziel nicht nur definiert, sondern auch den Willen erkennbar werden läßt, ihn konsequent umzusetzen. Es darf dabei nicht übersehen werden, daß eine Reform weder vollständig planbar noch steuerbar ist[11]. Sie kann kaum von oben eingeleitet und umgesetzt, sondern muß als gesamtgesellschaftlicher demokratischer Prozeß verstanden werden, der von *allen* Bürgern (mit-)getragen wird. Deshalb wird im Rahmen dieses Beitrages auch kein Maßnahmenkatalog mit Empfehlungen für die Bildungspolitik entwickelt, sondern aus bildungstheoretischer Perspektive Kritik geübt, verbunden mit der Hoffnung, daß aus *Schulbildung* eines Tages *Bildung* werde und dieses antagonistische Begriffspaar im öffentlichen Diskurs als ein solches verstanden wird.

I. Der Bildungsauftrag der allgemeinbildenden Schulen

Es ist unbestritten, daß Schulen einen expliziten Bildungsauftrag haben. Das macht schon das Adjektiv „*allgemeinbildend*" im Titel dieses Aufsatzes deutlich. Im Grundgesetz ist festgelegt: „Das gesamte Schulwesen steht unter der Aufsicht des Staates" (Artikel 7, Absatz 1). Die Ausgestaltung und Organisation des Schulwesens obliegt jedoch nicht dem Bund, sondern den Ländern, die sich regelmäßig untereinander in der Kultusministerkon-

---

[9] Eine Ausnahme ist etwa: U. Klemm: Lernen ohne Schule. Argumente gegen Verschulung und Verstaatlichung von Bildung. Neu-Ulm 2001.

[10] Vgl.: H. Dauber: Radikale Schulkritik als Schultheorie? Kulturrevolutionäre Perspektiven bei Freire und Illich. In: K.-J. Tillmann, (Hrsg.): Schultheorien. Mit Beiträgen v. W. Klafki et al. Hamburg 1987. S. 104-115.

[11] Vgl.: E. Terhart: Zwischen Aufsicht und Autonomie: Geplanter und ungeplanter Wandel im Bildungsbereich. Essen 2001.

ferenz (KMK) abstimmen, um größere Unterschiede, z. B. im Hinblick auf Lehrpläne oder Leistungsanforderungen zu vermeiden und so die gegenseitige Anerkennung von Abschlüssen zu ermöglichen. Um den schulischen Bildungsauftrag exemplarisch darzustellen, seien im folgenden die Richtlinien des Landes Nordrhein-Westfalen für das Gymnasium, Sekundarstufe I zitiert[12]. Ihnen vorangestellt ist der Artikel 7 der nordrhein-westfälischen Landesverfassung, in dem die Erziehungsfragen geregelt sind:

> (1) Ehrfurcht vor Gott, Achtung und Würde des Menschen und Bereitschaft zum sozialen Handeln zu wecken, ist vornehmstes Ziel der Erziehung.
> (2) Die Jugend soll erzogen werden im Geiste der Menschlichkeit, der Demokratie und der Freiheit, zur Duldsamkeit und zur Achtung vor der Überzeugung des anderen, zur Verantwortung für die Erhaltung der natürlichen Lebensgrundlagen, in Liebe zu Volk und Heimat, zur Völkergemeinschaft und Friedensgesinnung.

Das Gymnasium soll laut Richtlinien auf dieser Grundlage „eine allgemeine Bildung" vermitteln,

> mit dem Ziel, die Schülerinnen und Schüler zur mündigen Gestaltung des Lebens in einer demokratisch verfaßten Gesellschaft zu befähigen. Es bietet ihnen Anregungen und Hilfen, ihre individuellen Anlagen zu entfalten und eigene handlungsbestimmende Werthaltungen aufzubauen.
>
> Bildung in diesem Sinne soll den Schülerinnen und Schülern helfen, die Wirklichkeit in ihren vielfältigen Dimensionen zu erschließen und es ihnen ermöglichen, sie zunehmend verantwortlich mitzugestalten. Eine solche Bildung wird in Auseinandersetzung mit den Phänomenen der Natur und der Gesellschaft, ihren Strukturen und Gesetzmäßigkeiten, den kulturellen Traditionen und der gegenwärtigen kulturellen Wirklichkeit entwickelt. Sie ist durch Komplexität der Fragestellungen und Methodenbewußtsein gekennzeichnet[13].

Daß der hier formulierte Bildungsanspruch ganz in der Tradition der Aufklärung und des Neuhumanismus steht, geht aus den Adjektiven „mündig" und „individuell" hervor. Ebenso das Prinzip der „Selbsttätigkeit", auf welches verwiesen wird, deutet darauf hin, daß auf das klassische Bildungsverständnis zurückgegriffen wird, wie es vor gut 200 Jahren entwickelt wurde.

---

[12] Selbstverständlich haben die Richtlinien aller Schulformen, auch die der Primar- und Sekundarstufen II einen allgemeinen Bildungsauftrag.
[13] Ministerium für Schule und Weiterbildung des Landes Nordrhein-Westfalen (Hrsg.): Richtlinien und Lehrpläne für das Gymnasium – Sekundarstufe I – in Nordrhein-Westfalen. Deutsch. Frechen 1996. S. 11.

Im zweiten Absatz des Zitats wird deutlich, daß der klassische Bildungsbegriff jedoch keineswegs einfach reaktiviert wird, sondern, daß man sich auf die gegenwärtige gesellschaftliche Realität bezieht, die als „komplex" gekennzeichnet wird. Was genau unter einem solchen Bildungsbegriff zu verstehen ist, der die Tradition kritisch aufnimmt, um sich für die Gegenwart zu legitimieren, wird im folgenden näher ausgeführt. Ausgehend von der Entstehung und Entwicklung des Begriffs versuche ich, ein aktuelles Bildungsverständnis zu umreißen.

II. Zur Tradition und Gegenwart des Bildungsbegriffs

Der sich im ausgehenden 18. Jahrhundert entfaltende Bildungsbegriff konnte sich auf bereits bestehende Traditionen stützen. Die drei bedeutendsten Traditionsstränge waren erstens die antike Tugendlehre, die mit dem *paideia*-Begriff schon über ein Äquivalent zum deutschsprachigen Bildungsbegriff verfügte, zweitens die Renaissancephilosophie[14] und drittens die christliche Mystik, die den deutschsprachigen Terminus „Bildung" weiterentwickelte,[15] dessen Wurzeln bereits im Judentum zu finden sind[16].

---

[14] Vgl. dazu etwa den Einfluß Montaignes auf Rousseaus Theorie der Perfektibilität (vgl.: U. Reitemeyer: Bildung und Arbeit zwischen Aufklärung und nachmetaphysischer Moderne. Würzburg 2001. S. 39f.)

[15] Etymologisch gesehen ist der Begriff „Bildung" bzw. „sich bilden" bereits seit dem 9. Jahrhundert im Althochdeutschen (*bildunga; bilidôn*) und später im Mittelhochdeutschen (*bildunge; bilden*) belegt. „Bilden" bedeutete etwa soviel wie „gestalten, eine Form geben", später wurde der Begriff auch im Sinne von „abbilden" und „nacheifern" gebraucht. Vgl.: Kluge. Etymologisches Wörterbuch der deutschen Sprache. Bearbeitet v. E. Seebold. Berlin/New York 1995[23]. S. 110.

[16] Das Wort „Bild" im Begriff „Bildung" verweist auf den Aspekt der Gottesebenbildlichkeit und bezieht sich auf das 1. Buch Mose, wo es heißt, Gott habe den Menschen nach seinem Abbilde geschaffen: „Dann sprach Gott: ‚Laßt uns Menschen machen nach unserem Abbild, uns ähnlich; sie sollen herrschen über des Meeres Fische, über die Vögel des Himmels, über das Vieh, über alle Landtiere und über alle Kriechtiere am Boden!' So schuf Gott den Menschen nach seinem Abbild, nach Gottes Bild schuf er ihn, als Mann und Frau erschuf er sie." (1 Mose 1,26-27.) Neben diesem sehr „statischen" Bild von „Bildung" oder in diesem Zusammenhang von „Bild – Abbild – Ebenbildlichkeit Gottes", klingt im zweiten Korintherbrief das Prozeßhafte der Bildung an: „Wir alle aber werden, wenn wir mit enthülltem Antlitz den Glanz des Herrn widerspiegeln, zum selben Bild umgeformt von Herrlichkeit zu Herrlichkeit, wie sie ausstrahlt vom Geist des Herrn." (2 Korinther 3,18.)

Das Zeitalter der Aufklärung wird zu einem Kulminationspunkt, in dem alle bisherigen Theoriestränge zusammenfinden und in einem neuartigen säkularisierten Verständnis von Bildung aufgehen. Obwohl zu berücksichtigen bleibt, daß ein einheitliches Begriffsverständnis damals ebenso wenig wie heute existiert[17], soll in Anlehnung an Wolfgang Klafki dennoch versucht werden, das Verbindende der zwischen 1770 und 1830 entstandenen Bildungstheorien herauszuarbeiten[18], um problemgeschichtliche Aspekte des Bildungsbegriffs nicht zu ignorieren oder hinter das bisher erreichte Problemniveau zurückzufallen. Das klassische Verständnis des Bildungsbegriffs wird auf einen notwendigen Minimalkonsens reduziert und zu vier Punkten zusammengefaßt.

1. Bildung als Befähigung zu vernünftiger Selbstbestimmung

Spätestens seit Rousseau gilt der Mensch als bildsames Wesen, d. h. als ein Wesen, das zu freier vernünftiger Selbstbestimmung fähig ist. Ihm falle die Aufgabe zu, „sich zu kultivieren", um sich, mit Kant gesprochen, aus seiner „selbstverschuldeten Unmündigkeit" zu befreien[19]. Bildung gilt in diesem Sinne als der Weg und Ausdruck solcher *Selbstbestimmungsfähigkeit*.

2. Bildung als Subjektentwicklung im Medium objektiv allgemeiner Inhaltlichkeit

Dieser Prozeß der Selbstbestimmungsfähigkeit ist kein rein subjektivistischer Akt, sondern geschieht in Auseinandersetzung mit der Umwelt. In diesem Zusammenhang tauchen in den klassischen Bildungstheorien Schlüsselbegriffe wie „Welt", „Objektivität", „Allgemeines", aber auch „Humanität", „Menschheit" oder „Menschlichkeit" auf. Bildung geschieht im *Medium des Allgemeinen*. Das bedeutet: „Vernünftigkeit, Selbstbestimmungsfähigkeit, Freiheit des Denkens und Handelns gewinnt das Subjekt nur in Aneignungs- und Auseinandersetzungsprozessen mit einer Inhalt-

---

[17] Vgl. G. Buck: Rückwege aus der Entfremdung. Studien zur Entwicklung der deutschen humanistischen Bildungsphilosophie. München/Paderborn 1984. S. 25f.
[18] Vgl.: W. Klafki: Die Bedeutung der klassischen Bildungstheorien für ein zeitgemäßes Konzept allgemeiner Bildung. In: Ders.: Neue Studien zur Bildungstheorie und Didaktik. Zeitgemäße Allgemeinbildung und kritisch-konstruktive Didaktik. Weinheim/Basel 1996[5]. S. 15-41.
[19] Vgl. I. Kant: Beantwortung der Frage: Was ist Aufklärung? (1784) In: Ders. et al.: Was ist Aufklärung? Thesen und Definitionen. Hrsg. v. E. Bahr. Stuttgart 1996. S. 9-17. S. 9.

lichkeit, die zunächst *nicht* ihm selbst entstammt [...]."[20] Diese Auseinandersetzung zwischen dem Individuum und der Welt im weitesten Sinne wird theoretisch freilich nicht nur einer Elite zugesprochen, sondern *allen*. Eine Konsequenz daraus war Humboldts Einheitsschulsystem, eine Schule für alle, in der „jeder, auch der Ärmste eine vollständige Menschenbildung"[21] erhalten sollte.

3. Bildung als Wechselbeziehung von Individualität und Gemeinschaftlichkeit

Diese dritte Bestimmung des klassischen Bildungsbegriffs rückt das Moment des Individuellen in Wechselbeziehung zur Gemeinschaftlichkeit in den Vordergrund mit dem Ziel, Humanität zu verwirklichen, was nur in der Beziehung des Individuums zum Allgemeinen geschehen kann. Sprache und sprachliches Lernen spielen in diesem Zusammenhang eine große Rolle, so daß Diskursfähigkeit zu einem wichtigen Bildungsziel wird. Der Diskurs ist ebenso wie der Bildungsgedanke von seinem Anspruch her frei vom Machtkalkül. Es geht vielmehr um die „Beförderung der Humanität"[22] und keineswegs um „völkische" oder „nationalistische" Aspekte – mit Ausnahme vielleicht einiger Tendenzen bei Fichte[23]. Bildung in ihrem klassischen Verständnis schließt deshalb Frieden als Aufgabe ein[24].

4. Die moralische, kognitive, ästhetische und praktische Dimension des Bildungsbegriffs

Mit dieser vierten Bestimmung des klassischen Bildungsbegriffs wird ausgedrückt, daß es um die Entfaltung *aller* menschlichen Kräfte geht. Humboldt nennt dies eine „umfassende Menschenbildung", eine Bildung, die mit Pestalozzi gesprochen, „Kopf, Herz und Hand" anspricht. Ins Zentrum rückt hier die moralische Verantwortlichkeit und Handlungsfähigkeit, aber auch die Ausbildung instrumenteller Rationalität, wie Klafki betont, was im

---

[20] Klafki. A. a. O. S. 21. [Hervorhebung von Klafki.]
[21] W. v. Humboldt: Anthropologie und Bildungslehre (1792ff.). Hrsg. v. A. Flitner. Düsseldorf/München 1956. S. 77.
[22] Klafki angelehnt an Herder. In: W. Klafki. A. a. O. S. 28.
[23] Vgl. U. Reitemeyer. A. a. O. S. 69ff.
[24] Vgl.: I. Kant: Zum ewigen Frieden (1795). Und: Ders.: Idee zu einer allgemeinen Geschichte in weltbürgerlicher Absicht (1784). In: Ders.: Schriften zur Anthropologie, Geschichtsphilosophie, Politik und Pädagogik 1. Hrsg. v. W. Weischedel. Bd. XI. Frankfurt a. M. 1982⁴. S. 191-251 u. S. 31-50.

heutigen Schulwesen durch das Prinzip der Wissenschaftsorientierung des Unterrichts zum Ausdruck kommt. Dabei soll es allerdings nicht zu einer einseitigen Ausbildung instrumenteller Rationalität kommen, sondern beide Momente sollten miteinander verknüpft in ein Gleichgewicht gebracht werden[25]. Indem die instrumentelle Rationalität unter die Kontrolle reflexiver Vernunft gebracht wird, sollen Handlungen zugleich rational argumentativ und moralisch verantwortet werden können.
Die ästhetische und praktische Bildung[26], die aus der Sicht der Aufklärungsphilosophie eng zusammengehören, leisten einen wichtigen Beitrag zur personalen Entwicklung des Menschen und verweisen darüber hinaus auf künftige praktische, d. s. berufliche Tätigkeiten. In gewisser Weise erinnert die von der Aufklärung angemahnte Einheit von ästhetischer und praktischer Bildung an die antike Einheit von Künstler- und Handwerkertum. Perfektes Handwerk ist ebenso produktiv wie kreativ und beides ist, mit Buber gesagt, durch das „Urheberprinzip" unmittelbar miteinander verschwistert. Das Problem der richtigen Gewichtung zwischen Bildung und Ausbildung knüpft hier an, indem es erweitert wird zu der Frage, ob und inwiefern allgemeine Bildung und Berufsbildung getrennt oder ineinander aufgehend vermittelt werden sollten[27].

An diesen knappen Ausführungen zum „klassischen" Bildungsbegriff wird deutlich, daß die Hoffnungen und Wünsche, die sich mit dem Bildungsbegriff verknüpften, außerordentlich waren. Sein kritischer Gehalt sollte die Menschen, und zwar *alle* Menschen zu mündigen, emanzipierten Bürgern machen. Und dieses hielt man für möglich. Fichte war der Auffassung, daß es „allein die Erziehung sey, die uns retten könne von allen Uebeln, die uns

---

[25] Daß dies Klafki nicht ganz zu gelingen scheint, macht eine Analyse von Musolff und Hellekamps deutlich, die sich auf Klafkis 5. Studie „Thesen zur ‚Wissenschaftsorientierung' des Unterrichts bezieht. Vgl.: H.-U. Musolff/St. Hellekamps: Ist das Konzept der Wissenschaftsorientierung überholt? Zum Wahrheitsbegriff in der Didaktiktheorie. In: Pädagogische Rundschau. 47. Jg. (1993). Heft 6. S. 683-703. Vgl. außerdem: R. Messner: Gymnasiale Bildung und Wissenschaft. In: Ders, et al. (Hrsg.): Die Zukunft der gymnasialen Oberstufe. Beiträge zu ihrer Weiterentwicklung. Weinheim/Basel 1998. S. 59-80.
[26] Vgl. dazu als herausragenden Klassiker der Moderne: F. Schiller: Über die ästhetische Erziehung des Menschen in einer Reihe von Briefen (1795). In: Ders.: Werke in drei Bdn. Hrsg. v. H. G. Göpfert. München 1966. Bd. 2. S. 454-520.
[27] Vgl. dazu: H. Blankertz: Bildung im Zeitalter der großen Industrie. Pädagogik, Schule und Berufsbildung im 19. Jahrhundert. Hannover et al. 1969. Und Peter Werners Beitrag in diesem Band.

drücken"[28], und auch das folgende Zitat Kants zeigt deutlich, wie optimistisch man (noch) im Aufklärungszeitalter war.

> Vielleicht, daß die Erziehung immer besser werden, und daß jede folgende Generation einen Schritt näher tun wird zur Vervollkommnung der Menschheit; denn hinter der Edukation steckt das große Geheimnis der Vollkommenheit der menschlichen Natur. Von jetzt an kann dieses geschehen.[29]

Leider sollte es anders kommen. Denn trotz aller theoretischen Entwürfe zum Thema Bildung und Erziehung, einer systematischen Durchsetzung der Schulpflicht[30] und allem damit verbundenen Optimismus setzte schon bald ein Verfallsprozeß ein. Der Bildungsanspruch konnte nicht verwirklicht und Herrschaftsstrukturen nicht abgebaut werden. Im Gegenteil: Bildung und Besitztum gingen eine „unheilvolle Beziehung" ein. Im Namen der Bildung geschah an den Schulen vieles, was der gutgemeinten Theorie fundamental entgegensteht[31], teils aus Ignoranz, teils aus mangelndem Mut, die Ideen konsequent umzusetzen und teils, weil es aus ideologischen Gründen vermutlich nicht gewollt war. Aber es sollte noch schlimmer kommen. Man stellt sich die Frage, wie es keine 150 Jahre nach dem Aufklärungszeitalter passieren konnte, daß die Bildung, wie sie in der Folgezeit an den Schulen und Universitäten vermittelt wurde, dem Naziregime nichts entgegenzusetzen hatte. Warum konnte „Bildung" Auschwitz nicht verhindern? Lag es an der falschen praktischen Umsetzung von pädagogischen Konzepten oder war gar die Theorie falsch?
Nach 1945 glaubte das wohl zunächst kaum jemand. Die Bildungstheorie knüpfte im Großen und Ganzen dort an, wo man ab 1933 gezwungen war, aufzuhören. Diese ungemütlichen Fragen stellte man sich zunächst nicht. Stattdessen kamen die alten Gelehrten zurück (wenn sie nicht gar geblieben

---

[28] J. G. Fichte: Reden an die deutsche Nation (1808). In: Sämmtliche Werke. Hrsg. v. J. H. Fichte. 3. Abteilung. Populärphilosophische Schriften. Berlin 1846. Bd. 2. Unveränderter Nachdruck. Berlin 1965. S. 257-499. S. 433.

[29] I. Kant: Über Pädagogik (1803). In: Schriften zur Anthropologie, Geschichtsphilosophie, Politik und Pädagogik 2. Frankfurt 1978. S. 700.

[30] Das allgemeine Landrecht für die preußischen Staaten von 1794 erklärte die Schule zu einer Veranstaltung des Staates und schrieb eine sog. Unterrichtspflicht fest, die allerdings erst 1919 durch den Artikel 145 der Weimarer Reichsverfassung zur sogenannten Schulpflicht wurde.

[31] Anschaulich dokumentiert findet man dieses, auch in theoretischen Schlußfolgerungen bei K. Rutschky (Hrsg.): Schwarze Pädagogik. Quellen zur Naturgeschichte der bürgerlichen Erziehung. O. O. 1977.

waren), und auf rein geisteswissenschaftlicher Basis reflektierte man das Gegebene, ohne sich weiter mit lästigen gesellschaftlichen Implikationen seines wissenschaftlichen Tuns auseinanderzusetzen. So wurde das Schulwesen wie zur Weimarer Zeit in seiner Dreigliedrigkeit wieder aufgebaut, sogar entgegen den Plänen der Alliierten, ein Einheitsschulsystem in Deutschland zu etablieren[32]. Eine intensive Aufarbeitung der Gründe für das Versagen des Bildungssystems setzte erst später ein. Die große Debatte um Erziehung und Bildung nach Auschwitz begann gegen Ende der 1960er Jahre, wodurch der Bildungsbegriff zwangsläufig in eine tiefe und längst überfällige Krise stürzte.

Eine Konsequenz daraus war der Versuch, den Bildungsbegriff zu eliminieren. Dies war vor allem ein Trend bestimmter erziehungswissenschaftlicher Theorieströmungen, die dem Kritischen Rationalismus nahe standen. Ihr Vorwurf traf im wesentlichen das Schwammige, nicht Operationalisierbare, das dem Begriff ‚Bildung' innewohnt. So entstanden ganze Didaktiken und Schultheorien, die auf den Bildungsbegriff verzichteten, etwa die kybernetische Didaktik Felix von Cubes, die lediglich auf die Optimierung von Lehr- und Lernprozessen abzielt[33], oder die Schultheorie Theodor Wilhelms, die ihren Schwerpunkt ausschließlich auf die Wissenschaftsorientierung des Unterrichts legt[34]. Wenn zumindest festgestellt wurde, daß der Bildungsbegriff seinen Anspruch offensichtlich nicht erfüllt hatte, fehlte dabei dennoch eine genaue Analyse des Versagens gerade in Bezug auf das Geschehen in Auschwitz. Eine Ausnahme ist Aleida Assmann, die in den 1990er Jahren gerade angesichts dieser Erfahrungen nicht mehr vom Begriff ‚Bildung' sprechen will.

---

[32] Vgl. H.-G. Herrlitz et al.: Deutsche Schulgeschichte von 1800 bis zur Gegenwart. Weinheim/München 1998². Während Führ den Wiederaufbau des deutschen Schulsystems eher als Neuanfang denn als Restauration deutet, sieht Tenorth die Chance einer qualitativen Neuordnung nach 1945 als verpaßt. Vgl.: C. Führ: Deutsches Bildungswesen seit 1945. Grundzüge und Probleme. Berlin 1997.

[33] Vgl.: F. v. Cube: Die kybernetisch-informationstheoretische Didaktik. In: H. Gudjons/R. Winkel (Hrsg.): Didaktische Theorien. Hamburg 1997⁹. S. 57-74.

[34] Vgl.: Th. Wilhelm: Theorie der Schule. Hauptschule und Gymnasium im Zeitalter der Wissenschaften. Stuttgart 1969².

Vor diesem Einbruch des Grauens in die deutsche Geschichte verstummt die Bildung. Sie läßt sich nicht als Tradition beerben, sie ist vielmehr als Teil der deutschen Geschichte zu erinnern.[35]

Eine andere Konsequenz war die Untersuchung der derzeitigen Bedingungen für die Bildung und die Analyse derjenigen Gründe, die es notwendig machten, vom herkömmlichen Bildungsbegriff Abschied zu nehmen und zu einer Neuformulierung des Bildungsbegriffs zu kommen. Horkheimer und Adorno versuchten zu verstehen, wie es dazu kommen konnte, daß das angeblich so „gebildete" deutsche Volk der „Dichter und Denker" zu einem Volk der „Richter und Henker" werden konnte. Kritisch, wenn auch nicht gerade konstruktiv, zeigten sie auf, wie Bildung unter den spezifischen gesellschaftlichen Bedingungen zwangsläufig zur Halbbildung verkommen war, ohne jedoch die Schlußfolgerung zu ziehen, daß der Begriff selbst aufgegeben werden müsse. Ihre in den 1940er Jahren zur „Dialektik der Aufklärung" zusammengefaßten Fragmente[36] bilden im wesentlichen das wissenschaftstheoretische Fundament einer sich in den ausgehenden 1960er Jahren neu konstituierenden Strömung innerhalb der Erziehungswissenschaften, die die Geisteswissenschaftliche Pädagogik allmählich ablöste. Zu den Hauptvertretern dieser „Kritischen Pädagogik" zählt neben Herwig Blankertz und Klaus Mollenhauer unter anderem Wolfgang Klafki, der sich für eine Neubelebung des Bildungsbegriffs stark macht. Er beruft sich auf die klassische Tradition, setzt sich kritisch mit der Verfallsgeschichte der Bildung auseinander und leitet daraus konstruktiv Anforderungen ab, denen Bildung heute zu genügen habe[37]. Seine Studien zur Bildungstheorie und Didaktik bezeichnet er aus diesem Grund als „kritisch-konstruktiv". Was er unter Bildung versteht, läßt sich direkt aus dem oben formulierten klassischen Begriffsverständnis ableiten:
Bildung soll *allgemeine* Bildung sein *für alle*, in *allen Dimensionen* und im *Medium des Allgemeinen*. Aufgrund der Tatsache, daß sich die Festlegung auf einen bestimmten Bildungskanon als unzureichend erwiesen hat – was gerade seit dem 20. Jahrhundert durch die bis heute anhaltende „Wis-

---

[35] A. Assmann: Arbeit am nationalen Gedächtnis. Eine kurze Geschichte der deutschen Bildungsidee. Frankfurt a. M. et al. 1993. S. 111.
[36] Horkheimer, Max/Th. W. Adorno: Dialektik der Aufklärung (1944). Philosophische Fragmente. Frankfurt a. M. 2002.
[37] Vgl. dazu: Jank/Meyer: „Der Bildungstheoretischen Didaktik hätte um 1970 kaum jemand noch ein langes Leben vorausgesagt – aber Totgesagte leben länger!" (W. Jank/H. Meyer: Didaktische Modelle. Berlin 1997^4. S. 165.)

sensexplosion" deutlich wurde – fordert Klafki, den Fokus auf sogenannte Schlüsselprobleme zu richten, um in Auseinandersetzung mit Fragestellungen und Problemen, die *alle*[38] angehen, Bildungsprozesse freizusetzen. Bei dieser Auseinandersetzung stoße man unweigerlich auf dialektische Prozesse und moralische Dilemmata und bilde damit wichtige und notwendige Kompetenzen, sogenannte „Schlüsselqualifikationen"[39] heraus, wie Kritikfähigkeit, Selbstkritik, Diskursfähigkeit usw.[40]

Die Popularität seines Ansatzes läßt sich nicht nur daraus ersehen, daß die von ihm weiterentwickelte bildungstheoretische Didaktik als Grundlage fast jeder theoretischen wie praktischen Lehrerausbildung dient, sondern auch, daß unter dem Stichwort „Bildung" in verschiedenen Lexika fast immer sein Name als einer der bedeutendsten Bildungstheoretiker der Gegenwart auftaucht. Schließlich geht der oben in den Richtlinien formulierte Bildungsanspruch nicht zuletzt auf seinen Einfluß zurück.

Um im folgenden zu untersuchen, ob und wie Schule diesem hier explizierten Bildungsauftrag nachkommen kann, ist es erforderlich, die Funktionen, die sie neben dem Gebot der Bildungsverbreitung in unserer Gesellschaft zu erfüllen hat, genauer in den Blick zu nehmen.

III. Die gesellschaftlichen Funktionen der Schule und ihr Widerspruch zum Bildungsauftrag

G. W. F. Hegel betrachtete die Schule als Vermittlerin zwischen Familie und Staat[41]. Schule war die notwendige Durchgangsstation vom behüteten familiären Leben auf dem Weg in die Gesellschaft mit dem Ziel, die Heranwachsenden auf diese vorzubereiten. Diese Vorstellung hat sich bis heute

---

[38] Klafki sieht dieses „alle" durchaus im globalen Kontext. Vgl.: W. Klafki: Allgemeinbildung heute – Grundzüge internationaler Erziehung. In: Pädagogisches Forum. Heft 1 (1993). S. 21-27.
[39] Zur Kritik des Begriffs „Schlüsselqualifikation" vgl. Gronemeyer, Marianne: Gut beschult und doch entgeistert. Hat Bildung in der Schule eine Chance? Vortrag vom 26.9.2002, gehalten für die evangelische Akademie Thüringen. Internetdokument: www.ev-akademiethueringen.de/Programm/tagung/2002/schule.htm. S. 1-10. S. 8.
[40] Vgl. die Fragebogenanalyse in diesem Band, besonders Frage V.
[41] G. W. F. Hegel: Gymnasialreden. Am 2. September 1811. In: Sämtliche Werke. Jubiläums-ausgabe in 20 Bdn. Hrsg. V. H. Glockner. Bd. 3: Philosophische Propädeutik, Gymnasialreden und Gutachten über den Philosophieunterricht. Stuttgart 1961. S. 264-280. S. 269f.

prinzipiell nicht geändert, nur mit dem Unterschied, daß wir Schule und Familie als Teilbereiche der Gesellschaft auffassen und sie grundsätzlich nicht der Gesellschaft voranstellen. Daher ist das folgende Schaubild so zu verstehen, daß der äußere Rahmen die gesellschaftliche Gesamtheit umfassen soll, um zum Ausdruck zu bringen, daß weder die Funktionen, die der Schule abverlangt werden, noch die Schule selbst losgelöst von der Gesellschaft zu betrachten sind.

```
                              Schule
┌─────────────────────────┐         funktionale Qualifikationen
│ Qualifikationsfunktion  │ ──────► [Schreiben, Rechnen..],
│ [nach Fend, 1980]       │         Tugenden [Ordnung, Fleiß...]
└─────────────────────────┘

┌─────────────────────────┐         Sortierung von
│ Selektions- und         │ ──────► Schülern, Zuweisung in
│ Allokationsfunktion     │         berufliche Positionen
└─────────────────────────┘

┌─────────────────────────┐         durch Inhalte und
│ Integrations- und       │ ──────► Themen, sowie den
│ Legitimationsfunktion   │         „heimlichen Lehrplan"
└─────────────────────────┘

┌─────────────────────────┐
│ Kulturüberlieferung     │ ──────► als Tradierung und
│ [Zusatz, nach Klafki 1989]│        Entwicklung der Kultur
└─────────────────────────┘
                             Bildung!?
```

1.) Die Qualifikationsfunktion

umschreibt Kenntnisse und Fähigkeiten, die Schüler erlernen sollen. Es geht um die Beherrschung grundlegender Symbolsysteme, wie das Erlernen der Sprache, der Schrift, der Grundrechenarten[42], bis hin zur Vermittlung von Qualifikationen, die auf das ökonomische System hin ausgerichtet sind. Die Qualifizierung ist notwendig, um „sich an der zum Überleben notwendigen gesellschaftlichen Arbeit (im weitesten Sinne) zu beteili-

---

[42] Vgl. H. Fend: Theorie der Schule. München et al. 1980. S. 13f.

gen"[43], aber auch, um am gesellschaftlichen Leben überhaupt teilnehmen zu können. Die Vermittlung von extrafunktionalen Qualifikationen (im engeren Sinne: Arbeitstugenden), wie z. B. Pünktlichkeit, Ordnung und Fleiß ist ebenfalls Teil der Qualifikationsfunktion. Hier deutet sich ein Konflikt an zwischen einer richtigen Gewichtung von Bildungsinteressen für den Einzelnen und spezifischen Ausbildungsinteressen, die auf Verwertbarkeit abzielen. Klaus-Jürgen Tillmann verweist auf ein weiteres Problem, das sich in Zukunft stellen könnte. Vieles spreche dafür, „daß in Zukunft die Produktion von immer mehr Waren und Dienstleistungen von immer weniger Menschen bewältigt werden wird."[44] Bei dem derzeitigen Stand von über vier Millionen Arbeitslosen mit vermutlich steigender Tendenz scheint es in näherer Zukunft unmöglich, die Schule als Vorbereitung auf eine Existenz sichernde Arbeit hin zu rechtfertigen, was derzeit als das zentrale Begründungsmotiv für unser kostspieliges Bildungswesen gilt.

2.) Die Selektions- und Allokationsfunktion
sortiert die Schüler in verschiedene Schullaufbahnen. Die Schüler werden unterschiedlichen Schulformen zugewiesen und je nachdem, ob sie bestimmte Hürden überwinden oder nicht, werden sie verschiedenen Ebenen im Beschäftigungssystem zugeführt. Die bei uns vorherrschende Drei-Gliedrigkeit mit Hauptschule, Realschule und Gymnasium macht das besonders deutlich. Aber auch in Gesamtschulen ist das Selektions- bzw. Allokationsprinzip nicht aufgehoben. Der Unterschied ist nur, daß hier die Selektion unter einem Dach stattfindet, und daß die Möglichkeit, einen höheren Abschluß zu erreichen, für die einzelnen Schüler länger offengehalten wird.
Das Leistungsprinzip regelt das, was vor Humboldt fast ausschließlich die Herkunft regelte. Deshalb bestimmt heute letztlich das Abitur bzw. der *Numerus Clausus*, wer welches Fach studieren darf oder wer welchen Beruf erlernt. Prinzipiell ermöglicht dies eine verbesserte Chancengleichheit. Dennoch besteht das Problem der Korrelation zwischen Herkunft und Bil-

---

[43] J. Schlömerkemper: Schüler und Schulreform. Entfremdung und Emanzipation. Zitiert nach: R. Arnold/F. Marz: Einführung in die Bildungspolitik. Grundlagen, Entwicklungen, Probleme. Stuttgart et al. 1979. S. 97.
[44] K.-J. Tillmann: Ist die Schule ewig? Ein schultheoretisches Essay. In: F.-J. Baumgart/U. Lange (Hrsg.): Theorien der Schule. Erläuterungen – Texte – Arbeitsaufgaben. Bad Heilbrunn/Obb. 1999. S. 305-314. S. 309.

dungsabschluß noch immer, was m. E. das bedrückendste Resultat der PISA-Studie ist.

Mit der durch die Schule vorgenommenen Selektion und Allokation wird ausschließlich eine bürokratische Funktion erfüllt. Diese steht in Opposition zum Bildungsgedanken, denn um diese Aufgabe zu erfüllen, wird der Lehrer zwangsläufig zum „Schiedsrichter"[45], sprich „Kindersortierer"[46]. Er bestimmt letztlich darüber, durch die auf ihn übertragene verwaltungstechnische Aufgabe, wieviel Schulbildung den einzelnen Schülern zusteht. Paradoxerweise ist es in unserem Schulsystem so, – wie auch in jedem anderen auf der Welt – daß nicht die schwächeren Schüler am meisten vom Bildungssystem profitieren, etwa durch Förderprogramme o. ä., sondern die ohnehin schon besser gebildeten, indem sie schrittweise den Zugang zu höherer und damit auch kostspieligerer „Bildung" bekommen. Konkrete Reformmaßnahmen, wie eine spätere Selektion, mehr Geld für Förderunterricht und Ganztagsbetreuung würden diese Problematik eventuell entschärfen, aber nicht aufheben können.

3.) Die Integrations- und Legitimationsfunktion

soll helfen, die Schüler in die Gesellschaft zu integrieren. Gesellschaftliche Werte und Normen werden legitimiert, also ihre Gültigkeit begründet, was zum Teil direkt geschieht, z. B. durch Inhalte und Themen im Unterricht. Dabei geht es beispielsweise um unsere Verfassung, die Menschenrechte als Bestandteil der Verfassung o. ä. Indirekt geschieht die Integration durch den sogenannten „heimlichen Lehrplan". Schüler haben sich ganz „nebenbei" an bestimmte Prinzipien zu gewöhnen, wie z. B. das Konkurrenzprinzip oder die Gewöhnung an Fremdbestimmung.

Auch die Integrations- und Legitimationsfunktion steht im Widerspruch zur Bildung. Zwar wird man hier wohl am ehesten Klafkis Schlüsselprobleme ansiedeln können, aber Bildung bedeutet eben *nicht* „nur" die Eingewöhnung in eine bestimmte vorgegebene Gesellschaftsstruktur, was leicht suggeriert werden könnte und durch den „heimlichen Lehrplan" quasi automatisch geschieht. Bildung beinhaltet ihrem Anspruch nach immer auch die Möglichkeit, kritisch in Distanz zum Gegebenen zu treten, was durch die Struktur der Schule unmöglich gemacht wird.

---

[45] Vgl. M. Gronemeyer: Lernen mit beschränkter Haftung. Über das Scheitern der Schule. Darmstadt 1997. S. 80.
[46] F. Huisken. A. a. O., S. 114.

Marianne Gronemeyer verdeutlicht an einem konkreten Beispiel die hier zu Tage tretende Widersprüchlichkeit der Schule. In Bezug auf das Problem zunehmender jugendlicher Gewaltbereitschaft, dem die Schule im Rahmen ihrer Integrationsfunktion entgegenwirken soll, zeigt sie exemplarisch das „Scheitern der Schule" auf.

> Wäre man in der besorgten Debatte um die grassierende Gewaltneigung der Jugendlichen jener bestens legitimierten Gewalt eingedenk, die von der Schule selbst ausgeht, die sie im gesellschaftlichen Auftrag routinemäßig praktiziert und die das Kernstück ihres heimlichen Lehrplans ausmacht, dann müßte man sich fragen, ob ausgerechnet die Schule dazu berufen ist, gegen die Gewaltbereitschaft der Jugendlichen einzuschreiten. Wird nicht der Bock zum Gärtner gemacht, wenn sie beauftragt wird, in ihrem offenen Lehrplan die Gewalt zu brandmarken, die sie in ihrem heimlichen einübt? Was sollen die Schüler glauben, wenn die Moral, die die Schule predigt, den Erfolgskriterien, die in ihr gelten, vollkommen entgegengesetzt ist? [...] Wäre man aufmerksamer auf die Gewalt *der* Schule als auf die Gewalt *in* der Schule, dann müßte man zu anderen Konsequenzen schreiten als zur Serienproduktion von Unterrichtseinheiten gegen die Gewalt für alle Altersstufen.[47]

4.) Die Kulturüberlieferung

ist schließlich die vierte von Klafki hinzugefügte Funktion[48]. Hier geht es um die Aufgabe, eine bestimmte kulturelle Identität zu stiften, die nicht nur passiv übernommen, sondern von den nachwachsenden Generationen aktiv weiterentwickelt wird. Bei dieser Funktion ist die Diskrepanz zum Bildungsbegriff m. E. am geringsten. Denn Bildung setzt sicherlich eine aktive Auseinandersetzung mit der Kultur voraus, die eine Weiterentwicklung von Kultur erlaubt und zum Ziel hat. Man muß allerdings darauf achten, daß keines der beiden Momente – Tradierung und Weiterentwicklung – die Oberhand gewinnt. Denn ein bloßes Einüben in eine vorgegebene Tradition wäre genauso affirmativ wie ein rigoroses Infragestellen des Gegebenen, was nur vom Heranwachsenden selbst hervorgebracht werden dürfte[49].

---

[47] M. Gronemeyer. A. a. O., S. 47.
[48] Vgl.: W. Klafki: Gesellschaftliche Funktionen und pädagogischer Auftrag der Schule in einer demokratischen Gesellschaft. In.: K.-H. Braun et al. (Hrsg.): Subjektivität – Vernunft – Demokratie. Analysen und Alternativen zur konservativen Schulpolitik. Weinheim/Basel 1989. S. 4-33. In neuerer Zeit wird außerdem von einer „Absorptionsfunktion" gesprochen, auf die ich hier nicht näher eingehen kann. Vgl. dazu: R. Block, Rainer/K. Klemm: Lohnt sich die Schule? Aufwand und Nutzen: eine Bilanz. Reinbek b. Hamburg 1997. S. 38ff.
[49] Vgl. D. Benner: Bildsamkeit und Bestimmung. Zu Fragestellung und Ansatz nichtaffirmativer Bildungstheorie. In: Neue Sammlung 1988. S. 460-473.

Es stellt sich jedoch das Problem, inwiefern die uns überlieferte Kultur überhaupt die Möglichkeit bietet, sich an und in ihr zu bilden. Hier rücken die Studien von Horkheimer und Adorno erneut in den Blick. Es geht um die Frage, ob in einer Welt, in der es nichts Ungeformtes und Ungebildetes mehr gibt, Bildungsprozesse überhaupt noch freigesetzt werden können, oder ob Bildung zwangsläufig zu sozialisierter Halbbildung wird[50].

IV. Konsequenzen ziehen: Schule abschaffen oder reformieren?

Es ist deutlich, daß die Schule aufgrund der ihr zugewiesenen gesellschaftlichen Funktionen in ein *unauflösbares Spannungsfeld gerät, in dessen Folge der Bildungsanspruch verdrängt oder gar eliminiert wird, was offensichtlich bewußt in Kauf genommen wird.* Denn die Probleme sind nicht neu. Die Schulkritik, die auf diese Differenzen hinweist, ist beinahe so alt wie die Schule selbst[51]. Einen Höhepunkt erfuhr die Schulkritik seit den ausgehenden 1960er Jahren. Mit Ivan Illich, einem ihrer herausragenden Vertreter, soll diese Kritik noch einmal zusammengefaßt werden, um mögliche Alternativen zum schulischen Lernen entwickeln zu können. Illich schreibt der Schule verschiedene mythenbildende Funktionen zu, die er zu entzaubern versucht. Er hofft, auf demokratische Weise Demokratie zu verwirklichen, die mündige Bürger voraussetzt. Seiner Meinung nach sei das nur durch eine Entschulung zu erreichen. Schule definiert er als „das altersbezogene, an Lehrer gebundene Verfahren, das zur ganztägigen Erfüllung eines Curriculums verpflichtet."[52] Seine Kritik trifft in erster Linie den totalitären, monopolisierenden Charakter der Schule. Genau wie man einst die Trennung von Staat und Kirche erwirkt hat, so soll laut Illich auch die Trennung von Staat und Erziehung erreicht werden[53], denn allgemeine Bildung sei durch Schulung nicht erreichbar[54].

---

[50] Vgl.: M. Horkheimer: Begriff der Bildung (1952). In: Gesammelte Schriften. Frankfurt a. M. 1985. Bd. 8. S. 409-419. Und: Th. W. Adorno: Theorie der Halbbildung. In: Gesammelte Schriften. Hrsg. v. R. Tiedemann et al. Frankfurt a. M. 1990³. Bd. 8. S. 93-121.
[51] Vgl. U. Klemm. A. a. O.
[52] I. Illich, Entschulung der Gesellschaft. A. a. O. Eine Phänomenologie der Schule. S. 48ff.
[53] Vgl.: H. v. Hentig: Vorwort in: I. Illich: Entschulung der Gesellschaft. München 1972. S. 9.
[54] Vgl.: I. Illich: Entschulung der Gesellschaft. A. a. O. S. 7.

> Das Verlangen nach Bildung ist heute dem Zwang zur Schulung gewichen. [...] Ihre Lehre [= die der Schule, O. G.] besagt, daß Bildung ein Produkt der Schule sei, ein Produkt, das sich in Zahlen darstellen läßt. Da gibt es Zahlen, die angeben, wie viele Jahre ein Schüler unter der Obhut von Lehrern verbracht hat, während andere Zahlen den Anteil seiner richtigen Antworten in einer Prüfung wiedergeben. Mit dem Empfang eines Diploms erhält das Bildungsprodukt Marktwert.[55]

Mit diesem Ansatz macht Illich deutlich, daß die Schule aufgrund ihrer Organisationsstruktur gar nichts anderes vermitteln kann als Halbbildung. Durch den Wandel von Bildung zur obligatorischen Schulbildung verkommt sie zur „Ware", was gegenwärtig durch die voranschreitende durchgreifende Ökonomisierung des Bildungssektors verstärkt wird[56]. „Gelungene Bildung" aber „stellt sich quer zu den Ökonomisierungsimperativen der Gesellschaft. Sie macht als Kritik erkennbar, daß Bildung *keine* Ware ist und in keiner objektivistischen Terminologie aufgeht."[57] Dies, so ist mit Illich festzustellen, wäre durch die Schule nicht zu vermitteln, da sie sich aufgrund ihrer Gestalt nicht ihrer ökonomisierenden Funktion entziehen kann.

Mit dem Zwangscharakter der Schule ist ein weiterer Punkt benannt, der Schulbildung aus bildungstheoretischer Sicht zur Farce macht: „Es ist offenbar schwierig, Bildung von einer Schule zu erlangen, die sich weigert zu bilden, sofern nicht die Schüler sich gleichzeitig mit fürsorglicher Aufsicht, unfruchtbarem Wettbewerb und Indoktrination abfinden."[58] Bildung im klassischen Sinne definiert als Befähigung zu vernünftiger Selbstbestimmung (s. o.), wird unmöglich, da die Schule durch die Schulpflicht die Schüler zum Schulunterricht zwingt und damit ihre Freiheit einschränkt, indem sie sich dem vorgegebenen Curriculum sowie dem „heimlichen Lehrplan" auszusetzen haben.

> Die Behauptung, die moderne Schule könne Keimzelle einer liberalen Gesellschaft sein, ist widersinnig. Alle Sicherungen der persönlichen Freiheit werden im Umgang eines Lehrers mit seinem Schüler aufgehoben. Vereinigt der Lehrer in seiner Person die Rol-

---

[55] I. Illich: Schule als heilige Kuh. In: Klarstellungen. Pamphlete und Polemiken. München 1996. S. 13-25. S. 15.
[56] Vgl.: L. Pongratz: Bildung als Ware. Die Transformation des Bildungsbürgers zum Selbstvermarkter. In: J. Claßen (Hrsg.): Erich Fromm – Erziehung zwischen Haben und Sein. Eitorf 2002. S. 37-55.
[57] Ebd. S. 54 [Hervorhebung von mit, O. G.]
[58] I. Illich: Klarstellungen. A. a. O. Schule als heilige Kuh. S. 23.

len des Richters, des Ideologen und des Arztes, so wird die für die Demokratie charakteristische Gewaltenteilung gerade in der Schule verleugnet.[59]

Schließlich weist Illich auf den Mythos der Chancengleichheit durch die Errichtung einer flächendeckenden Beschulung hin. Er kritisiert dies unter globalem Aspekt, aufgrund seiner Erfahrung als „Entwicklungshelfer" in Lateinamerika, bezieht aber seine Fundamentalkritik generell auf die strukturelle Gestalt der Pflichtschule.

> Durch Schulunterricht werden weder Lernen noch Gerechtigkeit gefördert, da die Schulpädagogen darauf bestehen, Unterweisung mit Benotung zu verbinden. Lernen und die Zuweisung sozialer Rollen werden zur Schulung verschmolzen. Dabei bedeutet Lernen, eine neue Fertigkeit oder Erkenntnis zu gewinnen, während Beförderung von der Meinung abhängt, die sich andere gebildet haben.[60]

Auf der Grundlage der hier aufgezählten Argumente zeigt Illich mögliche Alternativen auf, wie Bildung erfolgreicher und kostengünstiger als durch Beschulung zu erreichen sei. Verschiedene Stellen seiner zahlreichen Schriften geben Auskunft über Möglichkeiten nicht-schulischer Bildung. Bildung, so die Grundannahme, könne grundsätzlich überall stattfinden. Erfolgreicher als in der Schule z. B. im Rahmen der „Familien, der Berufsarbeit oder gemeinnütziger Betätigung oder auch in Bibliotheken neuen Stils und anderen Institutionen [...], die Gelegenheit zum Lernen bieten könnten."[61] Als „radikalste Alternative" stellt er sich „ein Netzwerk oder ein[en] Service" vor, das jedem „die gleiche Gelegenheit bietet, seine jeweiligen Anliegen mit anderen zu teilen, welche dieselben Anliegen haben."[62] Dieses neue Bildungswesen sollte drei Zwecken dienen:

> Es sollte allen, die lernen wollen, zu jedem Zeitpunkt ihres Lebens Zugang zu vorhandenen Möglichkeiten gewähren; es sollte alle, die ihr Wissen mit anderen teilen wollen, ermächtigen, diejenigen zu finden, die von ihnen lernen wollen; schließlich sollte es allen, die der Öffentlichkeit ein Problem vorlegen wollen, Gelegenheit verschaffen, ihre Sache vorzutragen. Ein solches System würde die Anwendung verfassungsmäßiger Garantien auf das Bildungswesen erfordern. Lernende sollten weder dazu gezwungen wer-

---

[59] I. Illich: Entschulung der Gesellschaft. A. a. O. Eine Phänomenologie der Schule. S. 55.
[60] Ebd. Warum wir die Schule abschaffen müssen. S. 30.
[61] I. Illich: Klarstellungen. A. a. O., Die Schule als heilige Kuh. S. 24.
[62] I. Illich: Entschulung der Gesellschaft. A. a. O. Warum wir die Schule abschaffen müssen. S. 40.

den, sich einem obligatorischen Curriculum zu unterwerfen, noch sollten sie danach unterschieden werden, ob sie ein Zeugnis oder Diplom besitzen oder nicht.[63]

Diese Entschulung der Gesellschaft deutet Illich selbst als einen „Kulturwandel, durch den ein Volk sich den effektiven Gebrauch seiner Verfassungsfreiheit wieder aneignet: Vor allem der Freiheit, zu lernen und zu lehren [...]."[64] Diese „Bildungsrevolution", wie er sie bezeichnet, hänge davon ab, „daß in zweifacher Hinsicht eine Umkehr stattfindet: eine Neuorientierung der Forschung und ein neues Verständnis des Bildungsstils einer im Entstehen begriffenen Gegenkultur."[65]
In seinem Optimismus hat er sich offensichtlich getäuscht, wie man aus der Retrospektive feststellen kann, die „Gegenkultur" ist bis heute nicht in Sicht. Hoffnungsfroh verkündet er in „Die Schule als heilige Kuh":

> Ich nehme an, daß das, was wir heute Schule nennen, gegen Ende des Jahrhunderts ein historisches Relikt sein wird, das aus der Zeit der Eisenbahn und des Privatautos stammt und zusammen mit ihnen abgeschafft worden sein wird. Es wird sich gewiß bald erweisen, daß die Schule mit Bildung etwa ebensoviel zu tun hat wie der Medizinmann mit der öffentlichen Gesundheitspflege.[66]

Offensichtlich beflügelt vom geistigen und politischen Weltklima der sogenannten 68er-Bewegung und das durch die „Grenzen des Wachstums"[67] ins öffentliche Bewußtsein gebrachte neue ökologische Verständnis alternativer Gruppierungen, erwartete Illich einen baldigen Umschwung. Doch sein „radikaler Humanismus", wie Erich Fromm ihn bezeichnete[68], konnte sich nicht durchsetzen und geriet innerhalb der bildungspolitischen Diskussion nach und nach in Vergessenheit.
Doch sei noch einmal auf die Kritik hingewiesen, die Illich an jene pädagogische Wissenschaft richtet, die ihr Forschungsinteresse in erster Linie instrumentell ausrichtet und ihren Fragehorizont verkürzt, indem sie den Praxisbezug einseitig in den Mittelpunkt ihrer Betrachtung rückt: „Eine auf Praxis bezogene Forschung sucht die Effizienz eines ererbten Systems zu optimieren – eines Systems, das selbst niemals in Frage gestellt worden ist.

---

[63] Ebd. Wege zum Lernen. S. 109.
[64] Ebd. Wider die Verschulung. S. 177.
[65] Ebd. Irrationale Folgerichtigkeit. S. 102ff.
[66] I. Illich: Klarstellungen. A. a. O. Die Schule als heilige Kuh. S. 18.
[67] D. Meadows et al.: Die Grenzen des Wachstums. Bericht des Club of Rome zur Lage der Menschheit. Stuttgart 1972.
[68] Vgl.: E. Fromm: Einleitung, in: I. Illich. Klarstellungen. A. a. O. S. 7-10.

Dieses System hat die syntaktische Struktur eines Trichters für Lehrpakete."[69] Die daraus abgeleitete Forderung, die „heutige Suche nach neuen Bildungstrichtern" umzukehren zu „Bildungsgeflechten, die für jeden mehr Möglichkeiten schaffen, jeden Augenblick seines Lebens, der Teilhabe und Fürsorge zu verwandeln"[70] bleibt bis heute gültig. Doch wird heute weder an der Schulpflicht gerüttelt, noch werden ernsthafte Alternativen zur Pflichtschule erprobt. Statt dessen geht es im aktuellen Diskurs um eine Bildungsreform hauptsächlich um die Optimierung von Lehr- und Lernprozessen. Wenn auch eine „Entschulung der Gesellschaft", verstanden als ein Entwurf von Alternativen zur Pflichtschule, als mögliche bildungstheoretische Konsequenz unter den derzeit gegebenen Umständen kaum realisierbar scheint, so sollte unbedingt, wenn es als *zweite mögliche Konsequenz darum geht, eine neue Schulreform anzugehen, Illichs Kritik beherzigt werden*. Doch in heutiger Zeit sieht es so aus, als setze man sich bei Reformüberlegungen kaum noch mit grundsätzlichen Fragen auseinander.

Einer der wenigen, die dies vor längerer Zeit getan haben, ist Hartmut von Hentig. Er hat in den 1970er Jahren die Schule vor diesem Hintergrund vehement verteidigt und stattdessen zu einer Gegenkritik ausgeholt. Er kritisiert an Illich, daß er „eine karikierende Beschreibung der Wirklichkeit zugrunde" lege und durch eine „Verschwörer-Theorie"[71] ein „Zerrbild"[72] zeichne. Illich unterstelle „eine bewußte Komplizenschaft der Schulleute mit den Organisatoren der kapitalistischen Gesellschaft. In einem zentralen Kapitel seines Buches setzt er sie sogar den Terroristen und Folterknechten der totalitären Regime gleich."[73] Auch wenn nicht von der Hand zu weisen ist, daß Illichs Aussagen oft polemisierend und provozierend sind, so trifft von Hentigs Kritik jedoch eher diese polemisierende Art und Weise als die grundsätzliche Argumentation. Denn ob bewußt oder unbewußt, der „heimliche Lehrplan" bleibt solange wirksam, wie an der grundsätzlichen Institution der Schule nicht gerüttelt wird. Dies kommt von Hentig jedoch nicht in den Sinn, der stattdessen eine Gegenposition skizziert, die er verkürzend als „Entschulung der Schule"[74] bezeichnet. Doch was bringt diese

---

[69] I. Illich: Entschulung der Gesellschaft. A. a. O. Irrationale Folgerichtigkeit. S. 103.
[70] Vorwort zur „Entschulung der Gesellschaft" 1970. S. 7ff.
[71] H. v. Hentig: Cuernavaca oder: Alternativen zur Schule? Stuttgart/München 1971. S. 82.
[72] Ebd. S. 94.
[73] Ebd. S. 83. Er spielt mit diesem Zitat an auf den Schlußteil von Illichs Kapitels „Ritualisierung und Fortschritt".
[74] Ebd. S. 105.

paradoxe Formel? Wäre die Schule entschult, wäre sie keine Schule mehr. Ist sie aber immer noch eine Schule, d. h. betreibt sie neben der Qualifikation noch immer Selektion und Allokation auf der Grundlage der allgemeinen Schulpflicht, dann ist sie nicht wirklich entschult. Von Hentigs Gegenkritik kann m. E. Illichs Kritik nicht aus den Angeln heben, aber immerhin – das muß man ihm zugute halten – versucht er, Illichs Kritik konstruktiv in eine Schulreform zu überführen, mit dem Ziel, Lernprozesse zu Bildungsprozessen werden zu lassen. Da Schule aber – selbst wenn sie noch so reformerisch gestaltet ist – offensichtlich aufgrund ihrer Struktur weder auf die ihr zugewiesenen Funktionen und schon gar nicht auf die Schulpflicht verzichten kann, wird sie die von Illich benannten Probleme auf diese Weise nicht lösen können. Dennoch: eine Abschaffung der Pflichtschule ist unter den derzeit gegebenen gesellschaftlichen Umständen wohl nicht möglich, solange keine flächendeckenden Alternativen ausgestaltet sind. Eine derartige „Kulturrevolution" ist bis heute nicht in Sicht.
Schulreformen müssen sich m. E. deshalb vor dem Hintergrund der radikalen Schulkritik legitimieren, mit dem Ziel, daß Pflichtschulen sich eines Tages selbst überflüssig machen, so wie die Hauptaufgabe des Lehrers darin besteht, sich selbst überflüssig zu machen, sofern er zur Mündigkeit erziehen will.[75] Dafür sollten Alternativen zur Schule entwickelt werden, um schrittweise ihre Abschaffung zu ermöglichen. „Die Befürchtung, daß auch neue Institutionen unvollkommen sein könnten, rechtfertigt nicht, daß wir uns willig in die derzeit vorhandenen fügen."[76]
Wir haben uns also zu entscheiden, ob wir an der Schule festhalten, so wie sie ist, dann würden wir die Bildung aufgeben, oder ob wir *um der Bildung willen* eine radikale Reform einleiten, dann würden wir die Pflichtschule irgendwann aufgeben. Die Schule ist schon lange keine „Institution zur Verteidigung der Bildung"[77] mehr, wie Theodor Ballauf einst meinte. Wahrscheinlich war sie es nie. Zumindest weist darauf der eingangs zitierte Satz Senecas hin: „Nicht für das Leben, sondern für die Schule lernen

---

[75] Vgl.: H. Becker, in: Th. W. Adorno: Erziehung zur Mündigkeit. Vorträge und Gespräche mit H. Becker 1959-1969. Hrsg. v. G. Kadelbach. Frankfurt a. M. 1971. S. 133-147. S. 140.
[76] I. Illich: Klarstellungen. A. a. O. Die Schule als heilige Kuh. S. 24.
[77] Th. Ballauff, zitiert nach: R. Krawitz (Hrsg.): Bildung im Haus des Lernens. Unserem verehrten Kollegen A. Menke gewidmet. Bad Heilbrunn 1997. S. 8.

wir."[78] Offensichtlich lehrte schon vor über 2000 Jahren die Schule vor allem die Wichtigkeit *der* Schule. In eine solche Krise wäre die Schule nicht geraten, wenn sie sich von Anfang an auf das besonnen hätte, was sie ursprünglich einmal war und ihrer etymologischen Bedeutung nach ist: Ein Ort der Muße. An diesem Ort wäre Zeit zum Reflektieren, zum Infragestellen scheinbarer Gewißheiten, Zeit, um einen Ausgleich zur durchgreifenden Ökonomisierung zu schaffen, Zeit, um Zeit zu verlieren. Die Reform müßte hier beginnen, ohne das Ziel aus dem Blick zu verlieren, auf die Auflösung der Pflichtschule als Zwangsveranstaltung hinzuarbeiten.

Literatur:

ADORNO, Theodor W.: Erziehung zur Mündigkeit. Vorträge und Gespräche mit Hellmut Becker 1959-1969. Hrsg. v. Gerd Kadelbach. Frankfurt a. M. 1971.
ADORNO, Theodor W.: Theorie der Halbbildung (1959). In: Ders.: Gesammelte Schriften. Hrsg. v. Rolf Tiedemann et al. 3. Auflage. Bd. 8: Soziologische Schriften I. Frankfurt a. M. 1990. S. 93-121.
ASSMANN, Aleida: Arbeit am nationalen Gedächtnis. Eine kurze Geschichte der deutschen Bildungsidee. Frankfurt a. M., New York/Paris 1993.
BENNER, Dietrich: Bildsamkeit und Bestimmung. Zu Fragestellung und Ansatz nichtaffirmativer Bildungstheorie. In: Neue Sammlung 1988. S. 460-473.
BLANKERTZ, Herwig: Bildung im Zeitalter der großen Industrie. Pädagogik, Schule und Berufsbildung im 19. Jahrhundert. Hannover et al.1969.
BLOCK, Rainer und Klaus Klemm: Lohnt sich die Schule? Aufwand und Nutzen: eine Bilanz. Reinbek b. Hamburg 1997.
BUCK, Günther: Rückwege aus der Entfremdung. Studien zur Entwicklung der deutschen humanistischen Bildungsphilosophie. München/Paderborn 1984.
CUBE, Felix v.: Die kybernetisch-informationstheoretische Didaktik. In: Gudjons, Herbert/Rainer Winkel (Hrsg.): Didaktische Theorien. Mit Beiträgen v. Wolfgang Klafki et al.9. Auflage. Hamburg 1997. S. 57-74.
DAUBER, Heinrich: Radikale Schulkritik als Schultheorie? Kulturrevolutionäre Perspektiven bei Freire und Illich. In: Tillmann, Klaus-Jürgen (Hrsg.): Schultheorien. Mit Beiträgen v. Wolfgang Klafki et al.Hamburg 1987. S. 104-115.
DEUTSCHES PISA-KONSORTIUM (Hrsg.): PISA 2000. Basiskompetenzen von Schülerinnen und Schülern im internationalen Vergleich. Opladen 2001.
FEND, Helmut: Theorie der Schule. München et al. 1980.

---

[78] Vgl. L. A. Seneca: Ad Lvcilivm Epistvlae Morales. Hrsg. v. L. D. Reynolds. Oxford 1965. Bd. 2. S. 447. (Brief 106). Dieses Originalzitat wurde in den darauffolgenden Jahren schulmeisterlich verdreht, indem das es so überliefert wurde, wie es gemeinhin bekannt ist: „Nicht für die Schule, sondern für das Leben lernen wir".

FICHTE, Johann Gottlieb: Reden an die deutsche Nation (1808). In: Ders.: Sämmtliche Werke. Hrsg. v. J. H. Fichte. 3. Abteilung. Populärphilosophische Schriften. Bd. 2: Zur Politik, Moral und Philosophie der Geschichte. Berlin 1846. Unveränderter Nachdruck. Berlin 1965. S. 257-499.
FÜHR, Christoph: Deutsches Bildungswesen seit 1945. Grundzüge und Probleme. Berlin 1997.
GEISTER, Oliver: Schule im Umbruch. Zum Problem der Werteerziehung und des Ethikunterrichts in Zeiten der Postmoderne. Münster et al. 2002.
GRONEMEYER, Marianne: Gut beschult und doch entgeistert. Hat Bildung in der Schule eine Chance? Vortrag vom 26.9.2002, gehalten für die evangelische Akademie Thüringen. Internetdokument: www.ev-akademie-thueringen.de/Programm/tagung/2002/schule.htm. S. 1-10.
GRONEMEYER, Marianne: Lernen mit beschränkter Haftung. Über das Scheitern der Schule. Darmstadt 1997.
HEGEL, Georg Wilhelm Friedrich: Gymnasialreden. Am 2. September 1811. In: Ders.: Sämtliche Werke. Jubiläumsausgabe in 20 Bdn. Hrsg. v. Hermann Glockner. Bd. 3: Philosophische Propädeutik, Gymnasialreden und Gutachten über den Philosophieunterricht. Stuttgart 1961. S. 264-280.
HENTIG, Hartmut v.: Cuernavaca oder: Alternativen zur Schule? Stuttgart/München 1971.
HENTIG, Hartmut v.: Vorwort in: Illich, Ivan: Entschulung der Gesellschaft. München 1972.
HERRLITZ, Hans-Georg: Eine neue „deutsche Bildungskatastrophe". In: Die deutsche Schule. 94. Jg. Heft 1 (2002). S. 6-9.
HERRLITZ, Hans-Georg, Wulf Hopf und Hartmut Titze: Deutsche Schulgeschichte von 1800 bis zur Gegenwart. Mit einem Kapitel über die DDR von Ernst Cloer. Weinheim/München 1998[2].
HORKHEIMER, Max: Begriff der Bildung (1952). In: Ders.: Gesammelte Schriften. Bd. 8: Vorträge und Aufzeichnungen 1949-1973. Frankfurt a. M. 1985. S. 409-419.
HORKHEIMER, Max/Adorno, Theodor W.: Dialektik der Aufklärung. Philosophische Fragmente. Frankfurt a. M. 2002.
HUISKEN, Freerk: z. B. Erfurt. Was das bürgerliche Bildungs- und Einbildungswesen so alles anrichtet. Hamburg 2002.
HUMBOLDT, Wilhelm v.: Anthropologie und Bildungslehre (1792ff.). Hrsg. v. Andreas Flitner. Düsseldorf/München 1956.
HURRELMANN, Klaus: Nachwort. Wie kommt es zu Gewalttaten an Schulen? In: Rhue, Morton: Ich knall euch ab! Ravensburg 2002. S. 146-159.
ILLICH, Ivan: Entschulung der Gesellschaft (1971). Eine Streitschrift. München 1995[4].
ILLICH, Ivan: Klarstellungen. Pamphlete und Polemiken (1970). München 1996.
JANK, Werner/Hilbert Meyer: Didaktische Modelle. 4. Auflage. Berlin 1997.
KANT, Immanuel: Beantwortung der Frage: Was ist Aufklärung? (1784). In: Ders. et al.: Was ist Aufklärung? Thesen und Definitionen. Hrsg. v. Ehrhard Bahr. Stuttgart 1996. S. 9-17.
KANT, Immanuel: Idee zu einer allgemeinen Geschichte in weltbürgerlicher Absicht (1794). In: Ders.: Schriften zur Anthropologie, Geschichtsphilosophie, Politik und Pädagogik 1. Hrsg. v. Wilhelm Weischedel. Werkausgabe. Bd. XI. 4. Auflage. Frankfurt a. M. 1982. S. 31-50.
KANT, Immanuel: Über Pädagogik (1803). In: Ders.: Schriften zur Anthropologie, Geschichtsphilosophie, Politik und Pädagogik 2. Frankfurt 1978.

KANT, Immanuel: Zum ewigen Frieden (1795). In: Ders.: Schriften zur Anthropologie, Geschichtsphilosophie, Politik und Pädagogik 1. Hrsg. v. Wilhelm Weischedel. Werkausgabe. Bd. XI. 4. Auflage. Frankfurt a. M. 1982. S. 191-251.
KLAFKI, Wolfgang: Allgemeinbildung heute – Grundzüge internationaler Erziehung. In: Pädagogisches Forum. Heft 1 (1993). S. 21-27.
KLAFKI, Wolfgang: Die Bedeutung der klassischen Bildungstheorien für ein zeitgemäßes Konzept allgemeiner Bildung. In: Ders.: Neue Studien zur Bildungstheorie und Didaktik. Zeitgemäße Allgemeinbildung und kritisch-konstruktive Didaktik. Weinheim/Basel 1996^5. S. 15-41.
KLAFKI, Wolfgang: Gesellschaftliche Funktionen und pädagogischer Auftrag der Schule in einer demokratischen Gesellschaft. In.: Braun, Karl-Heinz, Klaus Müller und Reinhard Odey (Hrsg.): Subjektivität – Vernunft – Demokratie. Analysen und Alternativen zur konservativen Schulpolitik. Weinheim/Basel 1989. S. 4-33.
KLEMM, Ulrich: Lernen ohne Schule. Argumente gegen Verschulung und Verstaatlichung von Bildung. Neu-Ulm 2001.
KLUGE. Etymologisches Wörterbuch der deutschen Sprache. Bearbeitet v. Elmar Seebold. Berlin/New York 1995^{23}.
KRAWITZ, Rudi (Hrsg.): Bildung im Haus des Lernens. Unserem verehrten Kollegen Anton Menke gewidmet. Bad Heilbrunn 1997.
MEADOWS, Dennis, et al.: Die Grenzen des Wachstums. Bericht des Club of Rome zur Lage der Menschheit. Stuttgart 1972.
MESSNER, Rudolf: Gymnasiale Bildung und Wissenschaft. In: Ders., Erhard Wicke und Dorit Bosse (Hrsg.): Die Zukunft der gymnasialen Oberstufe. Beiträge zu ihrer Weiterentwicklung. Weinheim/Basel 1998. S. 59-80.
MINISTERIUM FÜR SCHULE UND WEITERBILDUNG DES LANDES NORDRHEIN-WESTFALEN (Hrsg.): Richtlinien und Lehrpläne für das Gymnasium – Sekundarstufe I in Nordrhein-Westfalen. Deutsch. Frechen 1996.
MUSOLFF, Hans-Ulrich und Stephanie Hellekamps: Ist das Konzept der Wissenschaftsorientierung überholt? Zum Wahrheitsbegriff in der Didaktiktheorie. In: Pädagogische Rundschau. 47. Jg. (1993). Heft 6. S. 683-703.
PICHT, Georg: Die deutsche Bildungskatastrophe. München 1965.
PONGRATZ, Ludwig: Bildung als Ware. Die Transformation des Bildungsbürgers zum Selbstvermarkter. In: Claßen, Johannes (Hrsg.): Erich Fromm – Erziehung zwischen Haben und Sein. Eitorf 2002. S. 37-55.
RADDATZ, Gregor: Pädagogik im freien Fall. Posttraditionale Didaktik zwischen Negativer Dialektik und Dekonstruktion. Münster et al. 2003.
REITEMEYER, Ursula: Bildung und Arbeit zwischen Aufklärung und nachmetaphysischer Moderne. Würzburg 2001.
RUTSCHKY, Katharina (Hrsg.): Schwarze Pädagogik. Quellen zur Naturgeschichte der bürgerlichen Erziehung. Ohne Ort 1977.
SCHILLER, Friedrich: Über die ästhetische Erziehung des Menschen in einer Reihe von Briefen (1795). In: Ders.: Werke in drei Bdn. Hrsg. v. Herbert G. Göpfert. München 1966. Bd. 2. S. 454-520.
SCHLÖMERKEMPER, J.: Schüler und Schulreform. Entfremdung und Emanzipation. Zitiert nach: Arnold, Rolf und Fritz Marz: Einführung in die Bildungspolitik. Grundlagen, Entwicklungen, Probleme. Stuttgart et al. 1979.

SENECA, Lvcius Annaeus: Ad Lvcilivm Epistvlae Morales. Hrsg. v. L. D. Reynolds. Bd. 2. Oxford 1965.

TERHART, Ewald: Zwischen Aufsicht und Autonomie: Geplanter und ungeplanter Wandel im Bildungsbereich. Essen 2001.

TILLMANN, K.-J.: Ist die Schule ewig? Ein schultheoretisches Essay. In: Baumgart, Franz-Jörg und Ute Lange (Hrsg.): Theorien der Schule. Erläuterungen – Texte – Arbeitsaufgaben. Bad Heilbrunn/Obb. 1999. S. 305-314.

WILHELM, Theodor: Theorie der Schule. Hauptschule und Gymnasium im Zeitalter der Wissenschaften. 2., neubearbeitete und erweiterte Auflage. Stuttgart 1969.

Judith Sieverding

Exkurs: Das Schulfach ‚Praktische Philosophie': zum Stand der Diskussion um Sinn und Unsinn des Ethikunterrichts an allgemeinbildenden Schulen

In der Debatte um die Institutionalisierung von Ethikunterricht an allgemeinbildenden Schulen, die durch die heftig umstrittene Einführung des Faches ‚Praktische Philosophie' in Nordrhein-Westfalen erneut entfacht wurde, muß klar zwischen einer bildungspolitischen und einer bildungstheoretischen Ebene der Diskussion unterschieden werden. Das macht nicht nur die Tatsache deutlich, daß die politischen Instanzen über die Einführung des Faches längst entschieden haben, während auf bildungstheoretischer Seite noch immer über seinen Legitimationsgrund gestritten wird.
Datiert man den Beginn der Bildungsdebatte und die Etablierung allgemeiner Bildungstheorie als eigenständige wissenschaftliche Disziplin historisch auf die Folgezeit der Nachkriegsjahre, so erwies sich die bildungspolitische Hoffnung auf einen moralischen Wiederaufbau Deutschlands nach der nationalsozialistischen Katastrophe durch eine Stärkung der christlichen Werte im öffentlichen Bewußtsein und damit des konfessionellen Religionsunterrichtes schnell als Trugschluß.
Wird beispielsweise in den ersten Übergangslehrplänen für die höheren Schulen nach Kriegsende noch die Devise formuliert: ‚Der christliche Glaube muß die verpflichtende Norm aller Bildung wieder werden', so wird die Möglichkeit einer religiös fundierten Umsetzung des moralischen Bildungsauftrags der Schule im Zuge der immer weiter fortschreitenden Säkularisierungs- und Pluralisierungstendenzen der Gesellschaft radikal in Frage gestellt. Ein bereits seit 1950 zu konstatierender sprunghafter Anstieg der Kirchenaustritte in der gesamten BRD führt zu einer immer weiter steigenden Zahl der Schüler und Schülerinnen, die sich vom konfessionellen Religionsunterricht abmelden; zudem steigt seit den siebziger Jahren kontinuierlich der Anteil der muslimischen Schülerinnen und Schüler als auch

derjenigen Gruppe, die anderen religiös-weltanschaulichen Gemeinschaften angehören.[1]
Die Frage nach der Erreichbarkeit der mittlerweile neben Katholiken und Protestanten drittstärksten Gruppe der Konfessionslosen und derjenigen Schüler und Schülerinnen, die sich vom Religionsunterricht abmelden, löst schließlich die Debatte um die Einführung eines zum Religionsunterricht alternativen Faches ‚Ethik' in der Schule aus, die nicht zuletzt von der durchaus sinnvollen Überlegung, den Philosophieunterricht auf die Sekundarstufe I auszudehnen, angestoßen wird. Die Kirchen fordern zunehmend ein alternatives Pflichtersatzfach für den konfessionellen Unterricht, das den Schülern und Schülerinnen die Abmeldung vom Religionsunterricht unter dem Motto, lieber eine Freistunde als Religionsunterricht, unmöglich machen soll. Diese Forderung trifft auf bildungspolitischer Ebene mit der vermeintlichen Einsicht zusammen, allen Schülern und Schülerinnen, die an keinem Religionsunterricht teilnehmen, durch einen Pflichtersatz Orientierungshilfen an die Hand geben zu müssen, um in einer Gesellschaft, die sich nicht mehr auf festgefügte Traditionen und allgemeingültige Wertvorstellungen berufen kann, „selbst begründete Maßstäbe für verantwortliches Urteilen und Handeln zu entwickeln"[2]. Diese Ausgangslage führt letztendlich auch zum politischen Kompromiß der Einrichtung eines Ersatzfaches ‚Praktische Philosophie' in NRW.
Auf *bildungspolitischer* Ebene wird immer vehementer auf die Notwendigkeit eines zu schaffenden Gegengewichtes zu Orientierungsverlust, steigender Kriminalitätsrate und zunehmender Gewaltbereitschaft verwiesen. Die grundsätzlich wohl zustimmungsfähige Intuition, diesen gerade unter Jugendlichen zu beobachtenden gesellschaftlichen und sozialen Mißständen durch eine verstärkte Auseinandersetzung mit ethischen Frage- und Problemstellungen zu begegnen und Schule unter Maßgabe ihres Bildungsauftrags zu mehr Reflexionsarbeit im Unterricht zu bewegen, führt aber politisch zu dem wohl weniger zustimmungsfähigen Ruf nach verstärkter ‚Werteerziehung' und ‚Wertevermittlung'.

---

[1] Vgl. dazu: D. Birnbacher: Ziele und Aufgaben des neuen Unterrichtsfachs ‚Praktische Philosophie'. www.learn-line.nrw.de/angebote/praktphilo/links/site_map.htm und J. Lott: Wie hast du's mit der Religion? Das neue Schulfach „Lebensgestaltung – Ethik – Religionskunde" (LER) und die Werteerziehung in der Schule. Gütersloh 1998.
[2] Kerncurriculum ‚Praktische Philosophie'. Erprobungsfassung. Curriculares Rahmenkonzept. Hrsg. vom Ministerium für Schule und Weiterbildung des Landes Nordrhein-Westfalen. Düsseldorf 1997. S. 5.

Die *bildungstheoretische* Kritik am Ethikunterricht im Sinne einer regulären ‚Wertevermittlung' richtet sich demgegenüber primär gegen dessen Status als **Pflicht**ersatzfach:

„Aufgrund dieser Ersatz-Funktion wird die inhaltliche und methodische Erörterung der Legitimation und Aufgaben des Faches nicht etwa von der Thematik der ‚Ethik' und den Fragen ihrer theoretischen Verfassung und ihrer Lehrbarkeit aufgerollt [...], sondern es dominiert die Frage, ob der ‚Ersatz' das zu ersetzen vermag, was zu seinen Gunsten abwählbar ist."[3]

Es stellt sich unmittelbar einsichtig die Frage, ob eine stärker werdende Tendenz der Teilnahmeverweigerung am Religionsunterricht in bildungstheoretischer Hinsicht ein ausreichender Legitimationsgrund für die Einrichtung eines Pflichtfaches ist. Die Einführung eines gesonderten Ethikunterrichtes wird von vielen Pädagogen als Versuch angesehen, den vom konfessionellen Religionsunterricht nicht mehr zu erfüllenden Anspruch auf Wertorientierung und Sinnstiftung nun an ein Ersatz- oder Alternativfach abzugeben. Kritisch anzumerken ist, daß Unterricht eigentlich doch immer schon an der regulativen Idee von Bildung, und damit im speziellen von moralischer Bildung, sich messen lassen können müßte. Wenn das Fach ‚Ethik' aber nicht aus inhaltlichen Gründen als zusätzliches, für *alle* Schülerinnen und Schüler zugängliches Fach unterrichtet und zugleich mit einem Bildungsanspruch überstrapaziert wird, der die Defizite des Fachunterrichts auffangen können soll, dann impliziert die Diskussion um die Einführung eines solchen Ersatzfaches letztendlich das Zugeständnis eines Versagens von Schule und institutionalisiertem Unterricht gegenüber dem Bildungsauftrag insgesamt.

Zudem kann aus bildungstheoretischer Perspektive gegen die Einführung eines gesonderten Ethikunterrichtes der Einwand erhoben werden, daß die bildungspolitische Debatte unter der irreführenden Etikettierung der ‚Werteerziehung' zwangsläufig zu einer Verschiebung des Diskussionsschwerpunktes führt: Über Ethikunterricht an allgemeinbildenden Schulen wird auf politischer Ebene offensichtlich nicht um seiner selbst willen nachgedacht, sondern im Vordergrund steht eine dem Fach aufoktroyierte Funktionalität, die das Fach strukturell immer schon überfordert, sofern es als

---

[3] I. M. Breinbauer: Ethikunterricht – ein Anachronismus?! In: Ethik als pädagogisches Projekt. Grundfragen schulischer Werteerziehung. Hrsg. v. V. Ladenthin/R. Schilmöller. Opladen 1999. S. 203-222, hier: S. 204.

der ‚eigentliche Erziehungsunterricht' überstrapaziert wird oder zu einer Art ‚Gewissensberuhigung' für den Fachunterricht und die politischen Instanzen regrediert, indem der Fachunterricht implizit von seiner Pflicht zur erziehenden Reflexionsarbeit entbunden wird. Anders formuliert: Die Einrichtung eines Ethikunterrichtes an allgemeinbildenden Schulen darf ebenso wenig zu der irrigen Annahme führen, durch Ethikunterricht allein wäre eine Lösung für gesellschaftliche, bildungspolitische und ethische Rückstände gefunden, noch einer Zementierung der traditionellen Sinngebung der anderen Fächer als Vermittlung von (Fach-)Wissen und methodischem Können zuarbeiten.

Auch die Konzeption des Faches ‚Praktische Philosophie' in NRW muß sich deshalb insbesondere den Fragen stellen, welche Stellung der Ethikunterricht innerhalb des Fächerkanons einnehmen kann und will, insbesondere im Hinblick auf seine Beziehung zum Religionsunterricht; welche Inhalte und Ziele das Fach auszeichnen sollen und vor allem, mit welchem Anspruch die Einrichtung eines gesonderten Ethikunterrichtes verbunden wird.

Aus der auffälligen Diskrepanz zwischen der bildungspolitischen Befürwortung eines gesonderten Ethikunterrichtes und den bildungstheoretischen Bedenken gegen seine Einführung ergibt sich für den vorliegenden Beitrag folgender Aufbau: da die Debatte um die Einführung des Faches ‚Praktische Philosophie' in NRW auch die Debatte um den Legitimationsgrund des bereits bestehenden Ethikunterrichtes in den anderen Bundesländern neu eröffnet hat, soll zunächst ein Überblick über die Situation des Ethikunterrichtes in der BRD skizziert werden, die „eine ganze Topographie von Ersatz- und Alternativfächern in der Sekundarstufe I"[4] bereithält.

Ein Überblick über den Stand des bereits bestehenden Ethikunterrichts kann die grundsätzlichen Probleme, vor die der Ethikunterricht gestellt ist, deutlich machen und die Erwartungen, die an das Fach ‚Praktische Philosophie' gestellt werden, akzentuieren, da die Konzeption in NRW auf langjährige praktische Erfahrungen in anderen Bundesländern zurückgreifen kann. Gezeigt werden soll, daß sich der Ethikunterricht unter Maßgabe der falschen bildungspolitischen Forderung nach ‚Werteerziehung' in der

---

[4] V. Steenblock: Philosophische Bildung. Einführung in die Philosophiedidaktik und Handbuch: Praktische Philosophie. Münster 2000. S. 57.

Schule zwischen den zwei mißlichen Alternativen der ‚Kompensation' und der ‚Lebensgestaltungshilfe' wiederfindet.
In einem nächsten Schritt soll die Konzeption des Faches ‚Praktische Philosophie' in NRW auf organisatorischer, inhaltlicher und methodischer Ebene unter der leitenden Frage vorgestellt werden, ob die nordrhein-westfälische Konzeption als Alternativmodell zum bereits bestehenden Ethikunterricht angesehen werden kann.
Im Anschluß daran sollen einige kritische Anmerkungen zur Konzeption des Faches ‚Praktische Philosophie' gemacht werden, die insbesondere seine fragwürdige Stellung als Pflichtersatzfach für den konfessionellen Unterricht und den Vorwurf eines der Konzeption inhärenten übersteigerten Anspruchs betreffen.
Zum Abschluß wird noch einmal der Zusammenhang von Ethikunterricht im Besonderen und einem Konzept ‚erziehenden Unterrichts' im Allgemeinen zu reflektieren sein.

Zur Situation des Ethikunterrichts in der BRD

Als erstes Bundesland führt Bayern bereits 1972 das Schulfach ‚Ethik' ein, Baden-Württemberg zieht mit einem gleichnamigen Fach nach. In beiden Bundesländern wird ‚Ethik' in eigentlich allen Schulformen unterrichtet und zwar von Klasse 5 bis in die gymnasiale Oberstufe hinein. Dabei sind Inhalte und Didaktik des Faches den verschiedenen Altersstufen und Schulformen angepasst. In Bayern „gewann eine Bestimmung aus der Bayerischen Landesverfassung an Aktualität, die vorher kaum realisiert worden war: ‚Für Schüler, die nicht am Religionsunterricht teilnehmen, ist ein Unterricht über die allgemein anerkannten Grundsätze der Sittlichkeit einzurichten' (Bayerische Verfassung, Art. 137, Abs. 2)"[5]. Die bayerische Konzeption sieht sich von vielen Seiten der Kritik ausgesetzt und wird insbesondere mit dem Stichwort der ‚materialen Werteerziehung' etikettiert, die auf der Grundlage einer gesellschaftlich stabilisierten ‚Gesinnungsethik', Wertebildung- und erziehung normativ vorgebe. Karl Ernst Nipkow etwa

---

[5] Vgl. zum Ethikunterricht in Bayern: K. Fees: Ethikunterricht in Bayern: Pädagogische Fragen zur Zielsetzung und Konzeption. In: Ethik als Unterrichtsfach. Münstersche Gespräche zu Themen der wissenschaftlichen Pädagogik. Hrsg. v. R. Schilmöller et al. Münster 2000. S. 96-101, hier: S. 96f.

bezeichnet das Fach ‚Ethik' in Bayern als ‚bayerische Tugendlehre', Alfred Treml unterstellt dem Fach eine ‚normierende Didaktik'[6]. Auch die Formulierungen im baden-württembergischen Unterrichts-Plan sind zumindest kritisch zu betrachten, da sie ähnlich wie in Bayern suggerieren, im Ethikunterricht ginge es um die Vermittlung bereits existierender und gesellschaftlich anerkannter Werte. Es heißt dort einleitend: „Ziel des Ethikunterrichtes ist es, den Schülerinnen und Schülern Hilfen an die Hand zu geben, sich in moralischen Entscheidungssituationen an den Wertvorstellungen und Normen unserer freiheitlich-demokratischen Grundordnung zu orientieren."[7]

In Niedersachsen versucht das Konzept des ‚Werte- und Normen-Unterrichts' sich von einer simplifizierenden Vermittlung sittlicher Werte zu distanzieren, indem im Unterricht primär zu ethischer Reflexion angeleitet werden soll. Vorstellungen und Grundlagen von Sittlichkeit sollen hier nicht einfach ‚per Dekret' verordnet werden[8].

Auch in Hamburg und Schleswig-Holstein gibt es bereits seit längerem eine Alternative zum regulären Religionsunterricht. Hamburg bindet dabei das Fach eng an eine aus den Fächern Politik/Gemeinschaftskunde, Sozial- und Rechtslehre bekannte Konzeption und ist daher stark gesellschaftspolitisch ausgerichtet. Das in Schleswig-Holstein ‚Philosophie' genannte Ersatzfach ist dagegen primär an die philosophische Tradition gebunden und orientiert sich grundsätzlich an den vier Kantischen Fragen: Was kann ich wissen? (Erkenntnistheorie); Was soll ich tun? (Moralphilosophie); Was darf ich hoffen? (Religions-/Geschichtsphilosophie); Was ist der Mensch? (Anthropologie).

Als bekanntestes und umstrittenstes unter den Ersatzfächern kann wohl das Fach ‚LER: Lernbereich Lebensgestaltung – Ethik – Religionskunde' gelten, das seit 1996/97 in den Jahrgangsstufen 7-10 als Modellversuch in Brandenburg erprobt wird. LER will als Ersatz für Religions- und Philosophieunterricht eine lebenskundliche Grundbildung vermitteln und beruht auf einem Konzept, das die besonderen Schwierigkeiten, vor die „die zu-

---

[6] Vgl. A. K. Treml: Ethik als Unterrichtsfach in den verschiedenen Bundesländern. Eine Zwischenbilanz. In: Ethik und Unterricht. 5. Jg. Sonderheft 1 (1994). S. 18-29, hier: S. 26, und K. E. Nipkow: Ethik und Religion in der Schule. Eine Streitfrage. In: Ethik ohne Religion? Beiheft zur Berliner Theologischen Zeitschrift. 13. Jg. (1996). S. 107-126. Vgl. auch: K. E. Nipkow: Bildung in einer pluralen Welt. Gütersloh 1998.
[7] Zitiert nach: V. Steenblock. A. a. O. S. 58.
[8] Vgl. dazu: ebd. S. 59.

nehmend multikulturelle und multireligiöse Situation in Brandenburg mit einem sehr hohen Anteil Konfessionsloser"[9] die Schule in diesem Bundesland stellt, auffangen soll. Das Fach LER entstand in Reaktion auf die politischen, gesellschaftlichen und sozio-kulturellen Umbrüche nach der Wiedervereinigung Deutschlands. Der Unterricht soll „praktische Lebenshilfe leisten, indem er die situativen und existentiellen Lebensprobleme der Schüler aufgreift und Anstöße zur Lebensbewältigung bietet."[10] Angefangen von der Sorge der Kirchen, daß LER den konfessionellen Religionsunterricht aus der Schule verdrängen könnte, wird LER aber auch von Pädagogen und Philosophen mißtrauisch beäugt und als ‚Praxisüberforderung' und ‚Hobbytherapie' diskreditiert.[11]

In Berlin gibt es gleich zwei Formen des alternativen Ethikunterrichtes: zum einen das in einem Modellversuch unterrichtete Fach ‚Ethik/Philosophie', zum anderen das Fach ‚Lebenskunde', das es bereits seit 1920 an öffentlichen Schulen gab und in einer freidenkerischen Tradition zu verorten ist, die sich insbesondere an den Werten der Aufklärung und der sozialistischen Arbeiterbewegung orientierte. Dies führte 1933 zu einer Abschaffung des Faches durch die Nationalsozialisten[12]. In den 1980er Jahren wurde an die Tradition des Faches erneut angeknüpft. Diese Form des Ethikunterrichts in Berlin ist allerdings freiwillig, übrigens ebenso wie der Religionsunterricht; die Schüler müssen sich für diese Fächer eigens an- und nicht abmelden. In dieser Hinsicht unterscheiden sich die Berliner Modellversuche von den meisten anderen Bundesländern. Da die Lebenskunde in Berlin starke Selbsterfahrungsanteile mit einbezieht, ist auch dieses Fach nicht von Kritik verschont geblieben, die „im Kampfbegriff des ‚gruppendynamischen Teetrinkens'"[13] gipfelte.

---

[9] J. Lott. A. a. O. S. 117.
[10] A. Regenbrecht: Einführung in die Dokumentation des 17. Münsterschen Gespräches: Ethik als Unterrichtsfach. In: Ethik als Unterrichtsfach. A. a. O. S. 1-11, hier: S. 6.
[11] Vgl. V. Steenblock. A. a. O. S. 57.
[12] Vgl. zum Fach Lebenskunde: B. Osuch: Humanismus – Lebenskunde – Erich Fromm. Traditionen und Perspektiven eines kaum bekannten Schulfaches. In: Erich Fromm – Erziehung zwischen Haben und Sein. Hrsg. v. J. Claßen. Eitorf 2002. S. 255-303.
[13] Ebd. S. 262. Vgl. dazu auch. A. Oswald: Kein Teetrinken mit Gruppendynamik. Reges Interesse am Lebenskundeunterricht. In: Berliner Zeitung v. 28./29. 01. 1995.

Ethikunterricht als ‚Wertevermittlung' zwischen Kompensation und Lebenshilfe

Der hier nur schlaglichtartig skizzierte Überblick über den Stand des ‚Ethikunterrichtes' in der BRD macht deutlich, daß das Fach ‚Ethik' auf mannigfaltige ungelöste Probleme verwiesen ist. Das Fach sieht sich in allen Bundesländern durch seine Funktion als Ersatzfach für den konfessionellen Religionsunterricht in die mißliche Lage versetzt, sowohl weltanschaulich und religiös neutral bleiben zu müssen und zugleich ‚Werte' und ‚Orientierungsmöglichkeiten' für Schüler und Schülerinnen bereitstellen zu sollen, die eben nicht mehr aus einem allgemein verbindlichen traditionellen Wertekonsens zu beziehen sind.

Mit Volker Steenblock lassen sich bei einer analytischen Betrachtung der verschiedenen Konzeptionen des Ethikunterrichtes in der BRD zwei grundsätzliche und nicht unproblematische Strategien unterscheiden, mit der die Schule in Form eines Ersatzfaches für Religion auf die zu konstatierende Sinnkrise durch den offensichtlichen Werte- und Traditionsverlust in einer säkularisierten, pluralistischen Gesellschaft zu reagieren versucht. Steenblock bezeichnet die erste Strategie als „kompensatorische Lösung"[14], die andere als Konzept der „Lebensgestaltungshilfe"[15].

Die ‚kompensatorische Lösung' intendiert einen verstärkten Rückbezug auf normative Traditionen und gesellschaftlich anerkannte Sinnstiftungen. Dies scheint exemplarisch die Grundlage für die Konzepte in Bayern und Baden-Württemberg zu sein.

Der grundsätzliche Einwand, der hier geltend gemacht werden muß, ist der, daß es im Bereich der Ethik niemals um das bereits existierende Sein, sondern um ein anzustrebendes Sollen geht, das sich nicht aus bereits bestehenden und tradierten Normen unhinterfragt legitimieren kann. Ethikunterricht, in welcher Form auch immer, muß sich unter den Anspruch einer regulativen Idee von Bildung stellen, die nicht in der kritiklosen Übernahme tradierter Wertvorstellungen bestehen kann, sondern bestimmt werden muß als Aufforderung zur Selbsttätigkeit und als Hilfe zur „Selbstbestimmung angesichts der Aufgaben und Herausforderungen der Zeit."[16] Das, was im Ethikunterricht eigentlich geleistet werden sollte, nämlich die kriti-

---

[14] V. Steenblock. A. a. O. S. 60.
[15] Ebd. S. 62.
[16] A. Regenbrecht. A. a. O. S. 29.

sche Hinterfragung der moralischen Rechtfertigung und Legitimationsgrundlage bestehender Werte, scheint für die ‚kompensatorische Lösung' nicht Ziel des Unterrichts sein zu können. Zudem macht gerade die Orientierungskrise vieler Jugendlicher, auf die der Ethikunterricht mit neuen Orientierungsmustern reagieren will, das Paradoxon eines ‚kompensatorisch' organisierten Ethikunterrichtes deutlich. Die widersprüchlichen Erfahrungen, die Schülerinnen und Schüler in ihrer immer unübersichtlicher werdenden alltäglichen Lebenswelt machen, können eben nicht mehr in einem geschlossenen Wertekanon kanalisiert und durch normative Setzungen kompensiert werden.

Die zweite Strategie des bestehenden Ethikunterrichtes setzt auf ein Konzept der ‚Lebensgestaltungshilfe'. Exemplarisch ist hierfür der bereits thematisierte Unterricht in Brandenburg (LER) zu nennen. Das Konzept der ‚Lebensgestaltungshilfe' orientiert sich dabei an der Grundprämisse, daß Lernprozesse nur erfolgreich seien, „wenn sie in einer unmittelbaren Auseinandersetzung mit menschlichen Grunderfahrungen (wie ‚Freundschaft und Liebe', ‚Konflikten', ‚Angst' und ‚Grenzerfahrungen') und gesellschaftlicher Wirklichkeit (mit flexiblen Lernorten vom Altenheim bis zum Krankenhaus) stattfinden."[17]

Der Einwand, daß eine solche Konzeption des Ethikunterrichts praktisch überfordert wird und vielleicht besser von ausgebildeten Psychologen als von Pädagogen unterrichtet werden sollte, wiegt dabei ebenso schwer wie das Problem, daß die das Konzept tragenden Grunderfahrungen nicht abstrahierend und wertfrei im schulischen Unterricht eingeholt werden können. Die „antikognitive"[18] Ausrichtung eines lebenskundlich orientierten Ethikunterrichtes verhindert einen Rückbezug auf eine in Vernunft gründende und mit Vernunftgründen zu begründende intersubjektive Praxis, da eine diskursive Verständigung über nur persönlich erlebbare, im Psychologischen gründende Urerfahrungen kaum möglich erscheint und damit eine kritisch-reflektierende Distanz zu den im Unterricht verhandelten Themen wohl gar nicht erst angestrebt werden soll.

---

[17] V. Steenblock. A. a. O. S. 62.
[18] A. Leschinsky: Vorleben oder Nachdenken. Frankfurt a. M. 1996. S. 191.

Der Schulversuch ‚Praktische Philosophie' in NRW

Seit 1997/98 läuft nun auch in NRW, das als letztes Bundesland eine Alternative zum konfessionellen Religionsunterricht einrichtet, ein Schulversuch mit dem Ziel, das Fach ‚Praktische Philosophie' als reguläres Unterrichtsfach in den Schulen einzurichten. Wenn auch bis zu diesem Zeitpunkt noch nicht klar zu sein scheint, ab wann das Fach flächendeckend eingeführt werden soll, wird ‚Praktische Philosophie' derzeit bereits an den beteiligten Schulen als ‚Ersatzfach' für Religion unterrichtet. Ursprünglich haben am Schulversuch in NRW ca. 244 Schulen teilgenommen, wobei alle weiterführenden Schulformen vertreten sind.

‚Praktische Philosophie' richtet sich primär an alle Schülerinnen und Schüler der Jahrgangsstufen 9 und 10, die nicht an einem konfessionellen Religionsunterricht teilnehmen. Als Grundlage für den Schulversuch dient die Erprobungsfassung eines ‚Kerncurriculums', das im Juni 1997 vom Ministerium für Schule und Weiterbildung des Landes Nordrhein-Westfalen herausgegeben wurde. An der wissenschaftlichen Begleitung beteiligten sich die Professoren Ekkehard Martens (Hamburg), Dieter Birnbacher (Düsseldorf) und Peter Nenninger (Koblenz). Ergänzt wurde die Entwicklung des Kerncurriculums durch eine landesweite ‚Qualifikationserweiterungsmaßnahme' zur Ausbildung der Lehrerinnen und Lehrer, die das neue Fach im Modellversuch unterrichten sollten. Zielgruppe waren dabei insbesondere Lehrkräfte von Fächern wie Philosophie, Pädagogik, Geschichte, Deutsch und Kunst; Religionslehrer wurden zunächst nicht mit einbezogen. Für die interessierten Lehrkräfte wurde ein Fortbildungskurs im Umfang von ca. 320 Fortbildungsstunden eingerichtet, der von mehreren ‚Moderatoren' geleitet wurde und mit einem Zertifikat abschloß, das zum Unterricht des Faches ‚Praktische Philosophie' berechtigt[19].

Mittlerweile sind an der Universität sogenannte Studienkurse eingerichtet worden, an denen sowohl bereits im Beruf stehende Lehrer aller Fachrichtungen im Rahmen einer Weiterbildungsmaßnahme als auch noch in der Studienphase befindliche zukünftige Lehrer im Rahmen einer Zusatzqualifikation teilnehmen können. Am Ende dieser Studienkurse wird ein Examen/Teilexamen abgenommen, das die Teilnehmer für ‚Praktische Philosophie' als unterrichtsberechtigt ausweist.

---

[19] Vgl. dazu: V. Steenblock. A. a. O. S. 59.

Grundsätzlicher Bezugspunkt des Faches ist der ‚gesamtgesellschaftliche Wertekonsens', als den das Kerncurriculum allgemein die Verfassung für das Land Nordrhein-Westfalen, das Grundgesetz der Bundesrepublik Deutschland und die Menschenrechte ausweist. Das Fach macht sich ‚eine zusammenhängende Behandlung von Sinn- und Wertfragen in mehrperspektivischer Form im Sinne einer sittlich-moralischen Orientierung ohne Bindung an eine bestimmte Religion oder Weltanschauung' zur Aufgabe[20].
Welche Ziele mit dem neuen Fach ‚Praktische Philosophie' verfolgt werden, läßt sich zunächst in einer negativen Abgrenzung bestimmen. Die Konzeption des Faches will ‚Praktische Philosophie' weder im akademisch üblichen Sinn als theoretische Disziplin verstanden wissen, noch ein altersgemäß vereinfachter Philosophieunterricht oder „konkrete Lebenshilfe im Sinne einer Zivilreligion" sein[21].
Die positiven Implikationen des für das neue Fach gewählten Titels lassen sich mit Dieter Birnbacher folgendermaßen zusammenfassen. *Philosophisch* ist ‚Praktische Philosophie', weil sie sich nicht auf Fragen der Ethik beschränkt und grundsätzlich die Philosophie für das neue Fach als Leitwissenschaft fungiert. *Praktisch* will ‚Praktische Philosophie' sein, weil sie an konkrete Handlungszusammenhänge anknüpft und auf sie zurückwirkt und weil die Konzeption des Faches dem Paradigma einer ‚Philosophie als Praxis' folgt, d. h. der Unterricht in ‚Praktischer Philosophie' ist an der Methode des ‚Sokratischen Gesprächs' ausgerichtet. Das sokratische Paradigma der Philosophie läßt sich in einigen Grundzügen kurz umreißen: Philosophie wird nicht als geschlossenes Lehrgebäude, sondern als Praxis des Fragens und Suchens gesehen; im Zentrum des Philosophierens steht der Dialog, der den Dialogpartner grundsätzlich als gleichberechtigt anerkennt; Ausgangspunkt des sokratischen Gesprächs ist das einzelne Subjekt und sein konkretes Erleben und Handeln; darüber hinaus prüft Philosophie Geltungsansprüche nach Grundsätzen praktischer Vernunft[22].
Verstehen, Analyse und kritische Reflexion sind dabei die Grundsteine eines solchen Philosophierens. Dabei sollen wichtige Fähigkeiten eingeübt werden:

---

[20] Vgl. Kerncurriculum. A. a. O. S. 7.
[21] D. Birnbacher. A. a. O. S. 6.
[22] Vgl. dazu: Ebd. S. 9f.

- „die Fähigkeit und Bereitschaft, eigene und fremde Sinn- und Wertvorstellungen vorurteilsfrei zu erkennen und zu verstehen (Empathie, Verständnisbereitschaft, Toleranz)
- die Fähigkeit und Bereitschaft, eigene Sinn- und Wertvorstellungen zu artikulieren und moralisch Stellung zu nehmen (Selbsterkenntnis, Kommunikationsfähigkeit, Problembewußtsein, Selbstbewußtsein)
- die Fähigkeit und Bereitschaft, eigene und fremde Sinn- und Wertvorstellungen auf ihre deskriptiven und normativen Grundfragen hin zu befragen und sich mit ihnen auseinanderzusetzen (Urteilfähigkeit, Kritikfähigkeit)"[23].

Dieses Ziel spiegelt sich nicht zuletzt in den vom Kerncurriculum vorgegebenen regulativen Aspekten der Unterrichtsplanung, zu denen unter anderem Kriterien wie die Offenheit des unterrichtlichen Planungsprozesses, der Einbezug von Anregungen der Schülerinnen und Schüler, das ‚Übermächtigungsverbot' (der Lehrer darf den Schülerinnen und Schülern seine Meinungen nicht aufzwingen) und die Priorität des Dialogischen gehören, die gewährleisten sollen, daß „den Schülerinnen und Schülern ein offener Zugang zu konkurrierenden Vorstellungen und zu ihrer Aufarbeitung frei steht."[24]

In didaktischer Hinsicht gibt das Kerncurriculum drei grundsätzlich einzubeziehende Perspektiven vor: die personale Perspektive (Alltagserfahrungen, personale Grunderfahrungen und Lebenssituation der Schülerinnen und Schüler), die gesellschaftliche Perspektive (gesellschaftliche Wertvorstellungen und -konflikte und die ideengeschichtliche Perspektive (wirkmächtige Leitvorstellungen und Ideen).

Unter diesen drei leitenden Perspektiven stehen sieben Fragekreise im Mittelpunkt des Unterrichts: die Frage nach dem Selbst, die Frage nach dem Anderen, die Frage nach dem guten Handeln, die Frage nach Recht, Staat und Wirtschaft, die Frage nach Natur und Technik, die Frage nach Wahrheit, Wirklichkeit und Medien, die Frage nach Ursprung, Zukunft und Sinn.

Was die Stellung des Faches ‚Praktische Philosophie' im Gesamtzusammenhang des Fächerkanons angeht, weist das Kerncurriculum explizit auf

---

[23] Ebd. S. 11.
[24] Kerncurriculum. A. a. O. S. 29.

den Bildungs- und Erziehungsauftrag der Schule hin[25]. ‚Praktische Philosophie' soll dem Anspruch ‚erziehenden Unterrichts' ebenso genügen wie der Unterricht in den übrigen Fächern. Die Konzeption des Faches ‚Praktische Philosophie' setzt damit auf die Kooperation mit den anderen Fächern, wobei der ‚Praktischen Philosophie' aber dennoch eine Sonderstellung zuzukommen scheint:
„Zum einen können Sinnfragen und Wertkonflikte, die in den einzelnen Fächern in fachbezogenen Zusammenhängen auftreten, vom Fach Praktische Philosophie aufgegriffen werden, um unter spezifischen, wertklärenden Fragestellungen aufgearbeitet zu werden. Zum anderen arbeitet aber auch das Fach Praktische Philosophie allen anderen Fächern zu. Verfahren der Auseinandersetzung mit Sinnfragen und Wertkonflikten, des Perspektivwechsels, der Reflexion, der Artikulation von Standpunkten unterstützen die schülerorientierte Arbeit anderer Fächer."[26]

In dieser Standortbestimmung ‚Praktischer Philosophie' im Kontext der Fächer wird deutlich, daß ‚Praktische Philosophie' offensichtlich als Grundlage für den Unterricht der anderen Fächer angesehen wird: ‚Praktische Philosophie' scheint die Überhangsprobleme des Fachunterrichts lösen zu sollen, indem sie für die interdisziplinäre Verflechtung der unverbundenen Einzelfächer instrumentalisiert wird. Damit deutet sich auch in pragmatischer Hinsicht bereits eine strukturelle Überforderung des Faches an.

Kritische Anmerkungen: ‚Praktische Philosophie' als Alternativmodell zum bestehenden Ethikunterricht oder übersteigerter Praxis- und Bildungsanspruch?

Die starke Betonung des Wertepluralismus der gegenwärtigen Gesellschaft unterscheidet das Kerncurriculum von den Konzeptionen der anderen Bundesländer, womit es sich explizit vom Ziel einer alternativen ‚Wertevermittlung' abzusetzen versucht. ‚Praktische Philosophie' zielt nicht darauf, gegebene Werte zu postulieren und den Schülern als gültigen Handlungsrahmen zu vermitteln. Die nordrhein-westfälische Konzeption versucht

---
[25] Ebd. S. 12.
[26] Ebd. S. 13.

also, die beiden aus der bildungstheoretisch nicht zu begründenden Forderung nach Werteerziehung resultierenden, gleichermaßen fragwürdigen Alternativen von ‚Kompensation' und ‚Lebensgestaltungshilfe' zu vermeiden.

Wie bereits angedeutet, läuft die Konzeption des Faches ‚Praktische Philosophie' aber Gefahr, durch den Anspruch, der mit dem neuen Fach verbunden wird, strukturell überfordert zu werden. Dieser überhöhte Anspruch soll im Folgenden – in Anlehnung an eine kritische Stellungnahme von Volker Ladenthin und Gabriele Schulp-Hirsch zum Kerncurriculum[27] – auf drei Ebenen reflektiert werden: auf der Ebene der im Kerncurriculum angegebenen Ziele, dem Gegenstand und den Inhalten.

Der hauptsächliche Vorwurf, der dem Kerncurriculum in Bezug auf die Inhalte gemacht wird, besteht darin, daß „eine grundlegende, das ganze Kerncurriculum ‚Praktische Philosophie' betreffende, folgenschwere Verwechslung von *menschlicher Gesamtpraxis* und *praktischer Frage*"[28] vorliege. Was damit gemeint ist, soll im Folgenden erläutert werden.

Ausgangspunkt der Kritik ist die strukturierende Gliederung der Unterrichtsinhalte für ‚Praktische Philosophie' in die bereits angesprochenen sieben Fragenkreise[29] und die folgende dazugehörige Erläuterung:

„Mit dieser Aufgliederung in sieben Fragekreise wird zugleich ein Bogen gespannt über alle jene Teilbereiche der Philosophie, die als Ausdruck menschlicher Grundprobleme und ihrer Bearbeitung gelten können. Neben Ethik, Sozial- und Staatsphilosophie als traditionellen Bereichen der praktischen Philosophie werden Anthropologie, Erkenntnistheorie, Sprachphilosophie, Ästhetik und Metaphysik sowie Psychologie, Soziologie, Naturwissenschaften und Religionswissenschaften berücksichtigt."[30]

Die Kritik, daß diese umfassende Inhaltsbestimmung bereits weit über das hinausgeht, was man in der philosophischen Tradition unter Praktischer Philosophie versteht, und zudem den Eindruck erweckt, das Fach ‚Praktische Philosophie' würde im Grunde den Unterricht der anderen Fächer überflüssig machen, ist unmittelbar einleuchtend und zeigt die inhaltliche Überfrachtung des Ethikunterrichtes in NRW. Auch der Einwand, daß unter den zahlreichen Fachrichtungen und Disziplinen, die in dem neuen Fach

---

[27] Vgl. dazu: V. Ladenthin/G. Schulp-Hirsch: Stellungnahme zum Kerncurriculum ‚Praktische Philosophie'. In: Ethik als Unterrichtsfach. A. a. O. S. 134-150.
[28] V. Ladenthin/G. Schulp-Hirsch. A. a. O. S. 140.
[29] Vgl. dazu: S. 153 dieses Beitrages.
[30] Kerncurriculum. A. a. O. S. 24.

vertreten werden sollen, gerade die Pädagogik sowohl bei der Benennung der sieben Fragekreise als auch in dem erläuternden Kommentar fehlt, ist berechtigt, da das Kerncurriculum den Anspruch erhebt, die sieben angegebenen Teilbereiche seien als Ausdruck aller menschlichen Grundprobleme zu verstehen. An das Kerncurriculum kann daher in Bezug auf die Inhalte zu Recht die Frage gestellt werden, ob „Bildsamkeit [als Grundaxiom moderner Bildungstheorie] kein menschliches Grundproblem"[31] darstelle. Der durchaus berechtigte Einwand, daß die sieben Fragenkreise eigentlich auf drei Grundfragen reduziert werden können, läßt die Auswahl der genannten sieben Themenkreise „zufällig und dezisionistisch"[32] erscheinen: Die Frage nach dem guten Handeln impliziert im Grunde die Frage nach dem Selbst, die Frage nach dem Anderen („[...] denn wogegen soll man gut handeln, wenn nicht gegen sich oder den anderen?"[33]) und die Frage nach Recht, Staat und Technik, die nach dem Handeln in Institutionen fragen. Die Frage nach Ursprung und Zukunft und die Frage nach Natur und Technik können der Frage nach der Wahrheit zugeordnet werden.
So können die sieben genannten Grundfragen auf die grundsätzlicheren Fragen „nach der Erkenntnis, nach dem sittlichen Handeln und nach dem Sinn von Erkennen und Handeln"[34] reduziert werden, von denen nur die zweite Frage, die Frage nach dem sittlichen Handeln, dem eigentlichen Gegenstandsbereich Praktischer Philosophie zuzurechnen ist. Die Frage nach dem sittlichen Handeln wäre damit im eigentlichen Sinne als *die* ‚praktische Frage' im Sinne Kants („Was soll ich tun?') zu bezeichnen, mit der allein sich das Fach ‚Praktische Philosophie' inhaltlich zu beschäftigen hätte. Der vom Kerncurriculum suggerierte Anspruch, ‚menschliche Gesamtpraxis' in all in ihren Teilbereichen als Einheit erschließen zu können, läßt die Reflexion der Tatsache vermissen, daß keine Wissenschaft in der Lage ist, heute noch ‚menschliche Gesamtpraxis' als Totalität zu erfassen.
Auch in Bezug auf den Gegenstand des Faches wird dem Kerncurriculum der Vorwurf einer grundsätzlichen Verwechslung von Bildungsziel und Fachinhalt gemacht, die nicht zuletzt in der grundsätzlicheren Verwechslung von ‚praktischer Frage' mit ‚menschlicher Gesamtpraxis' wurzelt. Angesprochen wurde dieses Problem bereits durch die inhaltliche Über-

---

[31] V. Ladenthin/G. Schulp-Hirsch. A. a. O. S. 139.
[32] Ebd.
[33] Ebd.
[34] Ebd.

frachtung des Faches, die suggeriert, ‚Praktische Philosophie' allein könne umfassende (moralische) Bildung erreichen und bräuchte die anderen Fächer nur um der Ergänzung willen. Die Konzeption des Faches ‚Praktische Philosophie' krankt aber nicht nur an einem übersteigerten inhaltlichen Anspruch, sondern zugleich an einer methodischen Überstrapazierung, die man als ‚Übersteigerung der Handlungsorientierung'[35] bezeichnen kann. Die Handlungsorientierung, die für den Ethikunterricht in spezifischer Weise zum Tragen kommt, wird im Kerncurriculum wie folgt beschrieben:

Der Unterricht „zielt auf Dialog und Verständigung über grundlegende weltanschauliche und religiöse Vorstellungen. [...] Dialogische Verständigung fördert er auch hinsichtlich verbindlichen Tuns, indem er Formen von Vertragslernen vermittelt und einübt. Im konkreten Tun, für das der Unterricht Möglichkeiten eröffnen sollte, wird das eigene Urteil der Schülerinnen und Schüler erprobt."[36]

Die Kritik an dieser starken Handlungsorientierung des Ethikunterrichtes läßt sich in zwei Einwänden zusammenfassen. Zum einen stellt sich die Frage, ob sittliches Handeln im institutionellen Rahmen der Schule überhaupt eingelöst und *erprobt* werden kann. Sittlich-moralische Entscheidungen, die zu konkretem praktischem Handeln führen, setzen einen Akt der Freiheit voraus, der im Rahmen der Schule als Institution kaum gegeben sein kann und erst recht nicht im Rahmen eines gesonderten, nur für eine bestimmte Gruppe von Schülern und Schülerinnen verordneten Pflichtersatzfaches[37]. Das, was im Unterricht eingeübt werden kann, sind im besten Falle der theoretische Umgang mit Handlungsregeln und die Einsicht in die Struktur und Grundlage sittlichen Handelns, nicht aber das Handeln selbst. Zu Recht kann die Frage gestellt werden, ob die Einübung von *Vertragslernen*, wie es im Curriculum heißt, nicht zur bloßen Befolgung von disziplinarischen Verhaltensregeln führt.
Zum anderen muß kritisch in Frage gestellt werden, daß das Kerncurriculum suggeriert, Schule könnte zum normativen Modell für gesellschaftliche Praxis werden.

---

[35] Ebd. S. 146ff.
[36] Kerncurriculum. A. a. O. S. 35.
[37] Vgl. dazu O. Geisters Beitrag in diesem Band.

„In der Konzeption des Fachs Praktische Philosophie wird der Dimension des Handelns der Schülerinnen und Schüler innerhalb und außerhalb der Schule eine besondere Bedeutung zugewiesen. Eine Möglichkeit in diesem Zusammenhang ist die Verlagerung des Lernortes von der Schule nach außen. Mögliche Lernorte können sein: Behörden, Beratungsstellen, Bürgerinitiativen, Fabriken, Friedhöfe, Jugendzentren und auch Versammlungsorte der Religionsgemeinschaften."[38]

Diese angestrebte Verlagerung der im Unterricht eingeübten Fähigkeiten nach außen trifft sich mit dem Ziel des Faches ‚Praktische Philosophie', „das friedliche Zusammenleben in einer pluralen Gesellschaft einzuüben."[39] Auch in diesem Anspruch wird die Reichweite des Faches wohl überschätzt.
In den beiden letztgenannten Formulierungen des Kerncurriculums taucht zudem ein weiteres Problem auf, vor das sich der Unterricht im Fach ‚Praktische Philosophie' ebenso gestellt sieht, wie der bereits bestehende Ethikunterricht in den anderen Bundesländern. Da er als Ersatz zum Religionsunterricht konzipiert wird, gehören zu seinen Inhalten in allen Bundesländern auch religiöse Inhalte. Der Ethikunterricht muß diese Inhalte aber wertfrei und ohne weltanschauliche oder religiöse Bindung vermitteln und reflektieren, denn das Kriterium der Neutralität unterscheidet ihn vom konfessionellen Religionsunterricht.
Zur Recht ist die Frage zu stellen, wie die Vermittlung religiöser Inhalte ohne Rückgriff auf das Selbstverständnis der Religionen möglich sein soll, wenn Religion nicht zum Kulturereignis oder auf ihre sozialen und psychologischen Ursprünge reduziert werden soll. Zudem wird die geforderte Neutralität des Staates gefährdet, wenn ein Fachunterricht ‚Praktische Philosophie' über die Auswahl der zu vermittelnden Religionen entscheidet.
Strukturell gesehen katapultiert sich auch das Fach ‚Praktische Philosophie' in NRW als Ersatzfach zudem in die kaum zu verteidigende Lage, daß es seine Zielgruppe – im Gegensatz zum konfessionellen Religionsunterricht – zwangsverpflichtet. Die Schüler, die am Unterricht ‚Praktische Philosophie' teilnehmen, entscheiden sich zumeist nicht *für* diesen Unterricht, sondern *gegen* den Religionsunterricht. Ganz abgesehen davon, daß es trotz seiner Aufgabe, religiöse Inhalte zu vermitteln, gerade jene Schülerinnen

---

[38] Kerncurriculum. A. a. O. S. 40.
[39] Ebd. S. 7.

und Schüler vom Unterricht ausschließt, die sich konfessionell orientieren – eine gleichzeitige Teilnahme an Praktischer Philosophie und Religion ist schulorganisatorisch zur Zeit nicht möglich – und Gefahr läuft, übereinander und nicht miteinander zu sprechen, womit die integrative Tragweite des Faches stark in Frage gestellt wird[40]. Wenn also schon über einen gesonderten Ethikunterricht – und nicht über ‚Ethik im Unterricht', was wohl die bessere, aber hier nur zu erwähnende Alternative wäre[41] – dann wäre die Einrichtung eines eigenständigen, vom Religionsunterricht unabhängigen, für alle Schüler zugänglichen Faches wohl vorzuziehen.

Das Dilemma, in das das Fach durch die Anteile neutraler religiöser Unterweisung gerät, verweist auf ein weiteres Folgeproblem, das das Leistungsparadox betrifft. Mit diesem Problem verbunden ist der Einwand, daß ‚Werte' und ‚Normen' nicht einfach unterrichtet werden und sogar leistungsmäßig bewertet werden können. „In die Welt der Moral wird man durch bloßes ‚Beibringen' nicht eingeführt – so wenig wie in die des Glaubens durch Religionskunde."[42]

Wenn „wegen der weltanschaulichen und religiösen Neutralität des Faches Praktische Philosophie [...] diejenigen Wertungen und Urteile von Schülerinnen und Schülern, in denen sich ihre religiöse und weltanschauliche Bindung ausdrückt"[43] ausgenommen bleiben sollen, stellt sich die Frage, was denn eigentlich im Fach ‚Praktische Philosophie' bewertet werden soll. Da Ziel des Unterrichts die bereits kritisch hinterfragte *Einübung* sittlichen Handelns sein soll, dieses Handeln aber „ohne Verständigung über grundlegende weltanschauliche und religiöse Vorstellungen"[44] nicht möglich ist, wird „genau das nicht bewertet, weswegen der Unterricht veranstaltet wird."[45] Aus dieser paradoxen Situation kann nur der Schluß gezogen werden, daß Ethikunterricht keiner versetzungswirksamen Leistungsbewertung unterliegen dürfte.

---

[40] Vgl. D. Birnbacher. A. a. O. S. 22ff.
[41] Vgl. dazu: U. Reitemeyer: Ethik im Unterricht. Eine hochschuldidaktische Studie zum Vermittlungsverhältnis von Bildungstheorie, Allgemeiner Didaktik und Unterrichtspraxis. Münster 2000. Vgl. auch: M. Heitger: Ethik im Unterricht. Anmerkungen zu einem Grundsatzproblem. In: Ethik als pädagogisches Projekt. A. a. O. S. 197-202.
[42] V. Steenblock. A. a. O. S. 61.
[43] Kerncurriculum. A. a. O. S. 41.
[44] Ebd. S. 35.
[45] V. Ladenthin/G. Schulp-Hirsch. A. a. O. S. 149.

Ausblick: Ethikunterricht im Kontext ‚erziehenden Unterrichts'

Ein ernstzunehmendes Problem, mit dem jede Konzeption des derzeitigen Ethikunterrichtes behaftet bleibt, ist die bereits erwähnte falsche und bildungstheoretisch nicht zu rechtfertigende Forderung nach verstärkter ‚Werteerziehung'. Bildungspolitisch ergibt sich diese Forderung aus einem grundsätzlich falschen Glauben, der gesellschaftlichen und sozialen Probleme über die Vermittlungsinstanz der Schule Herr werden zu können. Bildungstheoretisch ergibt sich das Problem aus einer Einführung des Faches als Pflichtersatz für den konfessionellen Religionsunterricht. Denn nur dadurch, daß konfessioneller Religionsunterricht ausgewiesenermaßen sich selbst tatsächlich auch als ‚Wertevermittlung' – nämlich als religiöse Sinnstiftung über die Vermittlung christlicher Werte – verstehen kann und der Ethikunterricht für Nicht-Angehörige des christlichen Glaubens einen Quasi-Ersatz schaffen soll, gerät der Ethikunterricht überhaupt in die paradoxe Situation, weltanschaulich und religiös neutral dasselbe leisten zu sollen. Mit anderen Worten: Ethikunterricht soll *Werte ohne Wert* vermitteln. Nur wenn der Ethikunterricht von der Last der widersinnigen Forderung nach ‚Werteerziehung' befreit würde, müßte man nicht mehr darüber nachdenken, ob und wie Schüler „zu Werten, sondern zum Werten"[46] erzogen werden können.

Die Forderung, Schüler und Schülerinnen ‚zum Werten und nicht zu Werten' zu erziehen, betrifft zwar inhaltlich den Ethikunterricht im Besonderen, nichtsdestoweniger aber in gleichem Maße alle anderen Fächer, da diese Forderung nichts anderes meint, als den Schüler zu selbständigem Denken, Urteilen und Handeln zu erziehen. Dieser Auffassung folgt eine Konzeption des ‚erziehenden Unterrichts', wie sie in der gegenwärtigen Diskussion u. a. von Karl Gerhard Pöppel vertreten wird. Im Rückgriff auf Herbart bestimmt Pöppel ‚erziehenden Unterricht' allgemein folgendermaßen: *„Unterricht und Erziehung müssen heute in jedem Fachunterricht, also auch im Ethikunterricht, in einer besonderen Weise verbunden werden, wenn er einen Beitrag zur Bildung der Schülerinnen und Schüler leisten*

---

[46] A. Regenbrecht. A. a. O. S. 33.

soll. Diese besondere Verbindung von Unterricht und Erziehung meinen wir, wenn wir von *erziehendem Unterricht* sprechen."[47]

Diese Bestimmung ‚erziehenden Unterrichts' sieht Unterricht als Vermittlung und Erwerb von Wissen, „von fachlich gegliederten Erkenntnissen, von Einsichten in gegenständliche Zusammenhänge, von sachgebundenen Urteilen, von der Gestaltung ästhetischer und technischer Aufgaben, von methodisch differenziertem Können."[48] Von Erziehung wird gesprochen, wenn es um die „Führung zu Anschauungen und Einstellungen, um Motivation, um Entscheidungsfähigkeit und -bereitschaft, um die *Haltung* von Schülerinnen und Schülern geht."[49] An ‚erziehenden Unterricht' wird die Forderung gestellt, Schülerinnen und Schüler dazu zu befähigen, eine Verbindung, eine Brücke zwischen Wissen und Haltung herzustellen. Dieser Prozeß wird ‚Werten' genannt und sollte die Perspektive sein, unter deren Maßgabe jeder Fachunterricht als erziehender und bildender Unterricht sich selbst überschreitet. Der von Pöppel beschriebene Prozeß des Wertens trifft sich mit der dialektischen Bestimmung ‚erziehenden Unterrichts' von Dietrich Benner: „Der erziehende Unterricht zielt gerade darauf, dass Wissen haltungsbezogen und Haltung erkenntnisbezogen angeeignet wird"[50].

Dem, was hier als ‚erziehender Unterricht' bezeichnet wird, liegt nichts anderes als die Forderung nach der Erfüllung des Bildungsauftrags der Schule zugrunde und bedeutet letztendlich nichts anderes, als daß jeder Unterricht eben nicht nur *Fach*-Unterricht, sondern auch Fach-*Unterricht* sein muß. So wie Unterricht in seiner Methodik auf Wissenschaftlichkeit, Können und Fachwissen verwiesen ist, ist er zugleich doch auch immer an den Anspruch bildenden Lernens und damit an den Anspruch moralischer Bildung gebunden.

Bildung und Ethik stehen demnach in einem engen wechselseitigen Vermittlungszusammenhang und bedeuten mehr als die Aufnahme von reinem Faktenwissen. Bildender Unterricht muß für die Schüler und Schülerinnen immer auch die Verbindung zu ihrer Lebens- und Erfahrungswelt herstellen, d. h. in seiner Bedeutsamkeit auch über den schulischen Lernprozeß

---

[47] K. G. Pöppel: Erziehender Unterricht und sein Verhältnis zum Ethikunterricht. In: Ethik als Unterrichtsfach. A. a. O. S. 12-23, hier: S. 12.
[48] Ebd. S. 13.
[49] Ebd.
[50] D. Benner: Hauptströmungen der Erziehungswissenschaft. Weinheim 1991^3. S. 234.

hinaus durchsichtig werden. Das dies nicht von einem Fach für alle anderen stellvertretend geleistet werden kann, ist offensichtlich: jedes Fach muß bezogen auf seine je spezifischen Inhalte seinen Teil zu einer gelingenden schulischen Praxis im Sinne erziehenden und bildenden Unterrichts beitragen. Der gelingende Brückenschlag zwischen gelerntem Wissen und seiner Bedeutsamkeit für die je eigene Praxis ist Grundvoraussetzung für reflexionsgeleitetes und moralisches Handeln und muß daher Aufgabe jedes Unterrichts sein, „es sei denn, wir überlassen diese Brücke den Schülerinnen und Schülern in der zweifelhaften Hoffnung, dass das außerschulische ‚Leben' diesen Prozess schon ‚ohne weiteres' und hinreichend verbürgt. Ich würde darin den Tatbestand unterlassener Hilfeleistung sehen."[51]

Literatur:

BENNER, Dietrich: Hauptströmungen der Erziehungswissenschaft. Weinheim 1991³.
BIRNBACHER, Dieter: Ziele und Aufgaben des neuen Unterrichtsfachs ‚Praktische Philosophie'. www.learn-line.nrw.de/angebote/praktphilo/links/site_map.htm
BREINBAUER, Ines Maria: Ethikunterricht – ein Anachronismus?! In: Ethik als pädagogisches Projekt. Grundfragen schulischer Werteerziehung. Hrsg. v. Volker Ladenthin/Reinhard Schilmöller. Opladen 1999. S. 203-222.
FEES, Konrad: Ethikunterricht in Bayern: Pädagogische Fragen zur Zielsetzung und Konzeption. In: Ethik als Unterrichtsfach. Münstersche Gespräche zu Themen der wissenschaftlichen Pädagogik. Hrsg. v. R. Schilmöller et al. Münster 2000. S. 96-101.
HEITGER, Marian: Ethik im Unterricht. Anmerkungen zu einem Grundsatzproblem. In: V. Ladenthin/R. Schilmöller: Ethik als pädagogisches Projekt. A. a. O. S. 197-202.
KERNCURRICULUM ‚Praktische Philosophie'. Erprobungsfassung. Curriculares Rahmenkonzept. Hrsg. vom Ministerium für Schule und Weiterbildung des Landes Nordrhein-Westfalen. Düsseldorf 1997.
LADENTHIN, Volker/Gabriele Schulp-Hirsch: Stellungnahme zum Kerncurriculum ‚Praktische Philosophie'. In: R. Schilmöller et al. (Hrsg.): Ethik als Unterrichtsfach. A. a. O. S. 134-150.
LESCHINSKY, Achim: Vorleben oder Nachdenken. Frankfurt a. M. 1996.
LOTT, Jürgen: Wie hast du's mit der Religion? Das neue Schulfach „Lebensgestaltung – Ethik – Religionskunde" (LER) und die Werteerziehung in der Schule. Gütersloh 1998.
NIPKOW, Karl Ernst: Bildung in einer pluralen Welt. Gütersloh 1998.
Ders.: Ethik und Religion in der Schule. Eine Streitfrage. In: Gestrich, Christof (Hrsg.): Ethik ohne Religion? Beiheft zur Berliner Theologischen Zeitschrift. 13. Jg. 1996. S. 107-126.

---

[51] K. G. Pöppel. A. a. O. S. 16.

OSUCH, Bruno: Humanismus – Lebenskunde – Erich Fromm. Traditionen und Perspektiven eines kaum bekannten Schulfaches. In: Erich Fromm – Erziehung zwischen Haben und Sein. Hrsg. v. Johannes Claßen. Eitorf 2002. S. 255-303.

OSWALD, A.: Kein Teetrinken mit Gruppendynamik. Reges Interesse am Lebenskundeunterricht. In: Berliner Zeitung v. 28./29. 01. 1995.

PÖPPEL, Karl Gerhard: Erziehender Unterricht und sein Verhältnis zum Ethikunterricht. In: R. Schilmöller et al. (Hrsg.): Ethik als Unterrichtsfach. A. a. O. S. 12-23.

REGENBRECHT, Aloysius: Einführung in die Dokumentation des 17. Münsterschen Gespräches: Ethik als Unterrichtsfach. In: R. Schilmöller et al. (Hrsg.): Ethik als Unterrichtsfach. A. a. O. S. 1-11.

REITEMEYER, Ursula: Ethik im Unterricht. Eine hochschuldidaktische Studie zum Vermittlungsverhältnis von Bildungstheorie, Allgemeiner Didaktik und Unterrichtspraxis. Münster 2000.

STEENBLOCK, Volker: Philosophische Bildung. Einführung in die Philosophiedidaktik und Handbuch: Praktische Philosophie. Münster 2000.

TREML, Alfred K.: Ethik als Unterrichtsfach in den verschiedenen Bundesländern. Eine Zwischenbilanz. In: Ethik und Unterricht. 5. Jg. Sonderheft 1 (1994). S. 18-29.

Peter Werner

Bildung als Problem berufsbildender Schulen

0. Einführung

Der Thematik „Bildung als Problem pädagogischer Praxis" soll hier anhand der Veränderung des Selbstverständnisses der Berufsschule während der zweiten Hälfte des 20. Jahrhunderts nachgegangen werden. Es geht also um ein kleines Stück pädagogischer Problemgeschichte und die daraus zu ziehenden Konsequenzen für eine Theorie der Bildung. Eine Fokussierung auf die Berufsschule läßt sich zum einen mit dem zahlenmäßigen Gewicht ihrer Schülerinnen und Schüler, zum anderen mit ihrer Stellung in der bildungstheoretischen Diskussion begründen.

Die Berufsschule ist
- eine der Schulformen der Sekundarstufe II,
- sie ist eine Teilzeitschule, denn sie wird von den Auszubildenden parallel zur betrieblichen Ausbildung besucht (=duales System der Berufsausbildung), und
- sie ist eine Pflichtschule, der Besuch der Berufsschule ist im Schulpflichtgesetz vorgeschrieben.

Betrachtet man den Schulbesuch aller etwa 16- bis 19jährigen, so besuchen ungefähr doppelt so viele Jugendliche die Berufsschule wie die gymnasiale Oberstufe. Innerhalb des beruflichen Schulwesens, zu dem neben der Berufsschule die Berufsgrundschule, die Berufsfachschule, die Fachoberschule sowie das Berufs- bzw. Fachgymnasium gehören, hat die Berufsschule mit ungefähr 60% der Schülerzahl den größten Anteil.

Das Selbstverständnis der Berufsschule stützt sich vor allem auf die bildungstheoretischen Begründungen, die von Georg Kerschensteiner erstmalig entworfen und seit der Schulgründung (durch Beschluß der Reichsschulkonferenz 1920) vor allem von Alois Fischer, Eduard Spranger und Theodor Litt weiterentwickelt worden sind. Im Kern geht es dabei um das Verhältnis von Beruf und Bildung oder von spezieller beruflicher Qualifizierung zur Allgemeinbildung.

Unter dem Aspekt der Theoriebildung lassen sich drei Modelle unterscheiden:
1. Die *Berufsschule*: fachliche plus allgemeine Bildung. Rückgriff auf die Theorien der Weimarer Zeit und deren Weiterentwicklung in der Phase der Nachkriegszeit; 1945-1970.
2. Die *Kollegschule*: Integration von beruflichem und allgemeinem Lernen. Verbindung der Bildungsidee mit Gesellschaftskritik unter den Bedingungen einer expansiven Wirtschaft; 1970-1995.
3. Das *Berufskolleg*: Vermittlung/Erwerb einer umfassenden Handlungskompetenz. Beruflichkeit unter den Bedingungen von Individualisierung und Globalisierung; seit 1999.

Die an diesen drei Modellen zu beobachtende Entwicklung des Verständnisses von Beruf und Bildung soll unter folgenden Perspektiven noch einmal reflektiert werden:
4. der Versuch einer Integration von Jugendlichen ohne Berufsausbildung in die Berufsschule
5. berufliche Bildung aus der Perspektive von Nicht-mehr-Erwerbstätigen.

Schließlich ist
6. ein Fazit zu ziehen und auf einen möglichen Beitrag der Berufsbildungsdiskussion zu einer Theorie der Bildung unter posttraditionalen Bedingungen hinzuweisen.

1. Das Modell „Berufsschule"
Die Berufsschule war gegliedert nach verschiedenen Schultypen: die Berufsschule für Technik, für Wirtschaft und Verwaltung, für Ernährung und Hauswirtschaft als die drei Hauptrichtungen[1].
Die Stundentafel, z. B. der gewerblich-technischen Berufsschule, wies in der Regel folgende Fächer aus: Religionslehre, Bürgerkunde und Wirtschaftskunde sowie Fachkunde, Fachrechnen, Fachzeichnen und Naturkundliche Grundlagen.
Es gab also zwei Gruppen von Fächern: die berufsübergreifenden, allgemeinbildenden und die berufsgebundenen. Dabei variierten die beruflichen Fächer je nach Schultyp und auch nach Ausbildungsberuf bzw.

---

[1] Daneben gab es noch die Berufsschulen für Körper- und Gesundheitspflege, für Gestaltung, für Landwirtschaft und Gartenbau, für Bergbau und für Schiffahrt.

Berufsgruppe. Der Unterrichtsumfang betrug in der Regel 8 UStd/Wo. Zu unterscheiden waren die Unter-, Mittel- und Oberstufe. Didaktisch standen in der Unterstufe im allgemeinen die Fachsystematiken im Vordergrund, in der Oberstufe standen komplexe Berufsarbeiten im Mittelpunkt, die Fächergliederung wurde zugunsten eines fächerverbindenden (Projekt-) Unterrichts aufgegeben.

Das Ziel des Unterrichts hatte Fritz Blättner[2] in den vier Aufgaben der Berufsschule zusammengefaßt:
- Die realistische Aufgabe: Tüchtigkeit
- Die politische Aufgabe: Verantwortlichkeit
- Die humanistische, musisch-gesellige Aufgabe: Urteilsfähigkeit und Empfänglichkeit
- Die religiöse Aufgabe: Gewissen und Glauben.

Wie die Einlösung eines solchen Anspruchs in der Praxis aussehen konnte, nämlich die vielseitige Entwicklung der Persönlichkeit des Jugendlichen, wobei der Beruf im Mittelpunkt stand, hatte Theodor Litt 1947 – noch unter dem unmittelbaren Eindruck der Katastrophe des Dritten Reiches und seiner Folgen – an einem Beispiel verdeutlicht: „Denn [...] weil wir nicht eine Bildung ‚über' dem Beruf, sondern eine Bildung ‚in' dem Beruf anstreben, müssen wir auch darauf dringen, daß eine bestimmte Weise, das nationale Schicksal zu sehen, zu deuten und anzugehen, sich durch alle Fächer hindurch verbreitet und sich auch in der Behandlung der speziellsten Gegenstände Raum verschafft. Warum soll nicht auch der Lehrer, der die Spezialitäten des Holz- und Metallgewerbes [...] behandelt, jede sich bietende Gelegenheit ergreifen, um von diesem besonderen Gegenstand her den Ausblick auf die schicksalsvolle Verflechtung zu eröffnen, die auch die bescheidenste der hierher gehörigen Einzelleistungen in das weltbewegende Gefüge der technisch-wirtschaftlichen Gesamtentwicklung einbezieht? – Wo die fachliche Ausbildung durch solche Einsichten beseelt wird, da braucht die umfassende Behandlung nur dasjenige zusammenzugreifen und abzurunden, was unter verschiedenen

---

[2] Vgl.: F. Blättner: Pädagogik der Berufsschule. Heidelberg 1958.

Sonderaspekten bereits in Sicht getreten ist."³
Mit diesen Überlegungen knüpfte Litt unmittelbar an die Forderung Alois Fischers⁴ nach einer „Humanisierung der Berufsschule" an und bewegte sich im Rahmen der von Eduard Spranger⁵ entworfenen Bildungstheorie: Spranger ordnete den Beruf als notwendiges Glied ein in den gestuften Prozeß von der grundlegenden Bildung (der Sekundarstufe I), durch die (berufliche) Spezialisierung hindurch zur Einheit von persönlichem und beruflichem Bildungszentrum, der Allgemeinbildung als unendlicher Aufgabe der menschlichen Selbstverwirklichung.

Bevor noch etwas näher auf die aus der Weimarer Zeit übernommene berufsbezogene Bildungstheorie eingegangen werden soll, sind einige allgemeine Trends der gesellschaftlichen Entwicklung nach 1945 in Erinnerung zu bringen.

Die erste Phase nach dem Kriegsende konnte durch die Schlagworte Wiederaufbau und Restauration gekennzeichnet werden. Das Erziehungswesen stand insgesamt unter der Forderung einer Re-education und die zentrale Frage war: Wie konnte, ausgehend von der Hinterlassenschaft des NS-Regimes, überhaupt das Überleben gesichert und dann eine Zukunftsperspektive gewonnen werden? Unter diesen Bedingungen war eine Rückbesinnung auf das in der Weimarer Zeit Erreichte und damit auch auf die Klassik, die Aufklärung und den Humanismus das Nächstliegendste, um ein nationales Selbstverständnis und Selbstbewußtsein, auch in der Berufsausbildung, wieder zu formulieren.

Die anschließende Phase konnte als die der Konsolidierung bezeichnet werden. Die technisch-wirtschaftliche Entwicklung ließ sich durch Begriffe wie Wachstum, Automatisierung, Rationalisierung, geringe Arbeitslosigkeit beschreiben. In diese Zeit fielen eine Reihe von neuen Impulsen, so auch das von Litt neu durchdachte Verhältnis „Technisches Denken und menschliche Bildung"⁶. Litt nahm die Frage nach der Einheit von Bildung und Ausbildung erneut auf und spitzte sie zu in der These: „Eine ‚Humanität', die sich für unfähig erklärt, eine in ihrer Faktizität unverdrängbare Dimension des gelebten Lebens zu durchsäuern, [...], ist

---

[3] Th. Litt: Berufsbildung, Fachbildung, Menschenbildung. Bonn 1960. S. 45f.
[4] Vgl.: A. Fischer: Die Humanisierung der Berufsschule (1924-26). In: K. Kreitmair (Hrsg.): Alois Fischer – Leben und Werk. Bd. 2. München 1950. S. 315-384.
[5] Vgl.: E. Spranger: Berufsbildung und Allgemeinbildung (1929). In: H. Röhrs (Hrsg.): Die Bildungsfrage in der modernen Arbeitswelt. Frankfurt a. M. 1967. S. 17-34.
[6] Th. Litt: Technisches Denken und menschliche Bildung. Heidelberg 1957.

die radikalste Verneinung dessen, worin unsere Klassiker gerade das Wesen der Humanität fanden: der Individualität – denn was ist das für eine Individualität, die sich nur in der Quarantäne eines künstlich ausgegrenzten Schutzparks zu behaupten vermag! – und der Totalität – denn was ist das für eine Totalität, die weite Bereiche des Lebens meint aus sich heraushalten zu sollen!"[7]

Indem Litt die Sachgesetzlichkeiten der Arbeits- und Wirtschaftswelt auf ihren Ursprung im menschlichen Denken und Bewußtsein zurückführte und ebenso radikal das Angewiesensein menschlicher Existenz auf Natur und Technik offenlegte, konnte er beides, die wissenschaftlichen und technisch-wirtschaftlichen Herausforderungen der Zeit und das Bildungsideal HUMBOLDTscher Prägung dialektisch miteinander vermitteln und die Konsequenz ziehen: „Es kommt [...] darauf an, die Humanisierung recht eigentlich in das Herz der sachlich-fachlichen Schulung vorzutragen, nicht aber in ein Jenseits dieser Schulung zu verbannen. Damit sind alle Versuche gerichtet, die darauf hinauslaufen, der Humanität dadurch zu ihrem Rechte zu verhelfen, daß sie, aus dem Bereich der Fachschulen entfernt, auf gewisse ihr eigens zugedachte Veranstaltungen abgeschoben wird. Gerichtet ist die summierende Anreihung von ‚Ausbildung' und ‚Bildung.'"[8]

Damit war die Möglichkeitsbedingung wieder hergestellt, auch unter den veränderten Strukturen der Arbeitswelt und unter den Postulaten von Demokratie und Sozialstaat, die keinen Raum für ein elitäres Bildungsverständnis ließen, an der ursprünglichen Idee der Einheit von Beruf und Bildung festzuhalten, und zugleich – und damit über Fischer und Spranger hinausgehend – waren Beruf und Bildung nicht nur als zwei aufeinander verwiesene Bereiche gedacht worden, sondern vielmehr als eine Einheit, bei der jeweils das Eine in dem Anderen zum Ausdruck zu bringen sei. Wenn der Bildungsbegriff sich als ein Person und Gesellschaft gestaltender Faktor behaupten wollte, dann durfte er von nun an weder die Grundlagen der gesellschaftlichen Reproduktion noch Gruppen der Bevölkerung (auch nicht Randgruppen) von seinem Anspruch ausschließen. Das bedeutete – letztlich auch mit allen praktischen Konsequenzen –, die Berufsschule konnte und mußte sich als eine Bildungseinrichtung verstehen.

---

[7] Ebd. S. 90.
[8] Ebd. S. 92.

Dem Verständnis der Berufsschule als eine Einrichtung des Bildungswesens standen in der Praxis jedoch eine Reihe von Faktoren entgegen; zu nennen sind vor allem
- die vergleichsweise isolierte Stellung der Berufsschule innerhalb der Gliederung des Bildungswesens, die sich in erster Linie an dem Bedürfnis von Wirtschaft und Staat nach der Rekrutierung eines brauchbaren Nachwuchses orientierte und weniger an der individuellen Förderung und Entfaltung der Schülerinnen und Schüler
- eine spezifische Didaktik, die sich auf eine die Reflexion ausblendende „Kunde" beschränkte und sich stark an einzelberuflichen Traditionen orientierte
- eine defizitäre Unterrichtspraxis, die unmittelbar durch geringe Haushaltsmittel der Schulträger und ökonomische Verwertungsinteressen der Ausbildungsbetriebe beeinflußt wurde[9].

Zusammenfassend sollte für diese Periode der Berufsschule festgehalten werden:
- Das Berufsverständnis gründete wesentlich auf dem Lebensberuf, der zwar eine ständige Weiterbildung erforderte, dessen dauernde Erwerbssicherung aber ebenso wenig wie seine soziale Anerkennung in Frage gestellt wurde.
- Das Bildungsverständnis wurde abgeleitet vom humanistischen Bildungsideal, wobei einerseits die allseitige harmonische Entfaltung der Individualität angestrebt wurde, andererseits zunehmend auch eine Humanisierung der Arbeitswelt in das Blickfeld rückte.
- Leitbilder der Schularbeit waren: die Persönlichkeitsentwicklung im Jugendalter, der Facharbeiter, der Staatsbürger, die Lebenssituation des Kleinbürgers.

---

[9] Zum Auseinanderklaffen von bildungstheoretischem Anspruch und tatsächlichem Schulalltag, d. h. zur Reformbedürftigkeit der Berufsausbildung siehe beispielhaft: W. Lempert/R. Franzke: Die Berufserziehung. München 1976.

2. Das Modell „Kollegschule"

Es gab mehrere Anlässe, die letztlich dazu geführt hatten, daß in Nordrhein-Westfalen die Kollegschule als ein Bund-/Länder-Modellversuch eingerichtet wurde:

Spätestens in den 60er Jahren war das Verständnis von einem Lebensberuf unglaubwürdig geworden[10]. Die Wandlung der Berufe hatte die Generationenfolge überholt. Berufliche Mobilität erwies sich als Chance und zugleich als Zumutung. Die zunehmende Verwissenschaftlichung aller Berufsbereiche, auch im traditionsbewußten Handwerk, führte in der Ausbildung zu einer immer stärkeren Orientierung an Bezugswissenschaften und Methoden wissenschaftlichen Arbeitens anstelle von Werkregeln und tradierten Verhaltensmustern.

Die 70er Jahre zeichnete eine allgemeine strukturelle Reformbedürftigkeit[11] und Reformbereitschaft[12] aus. In diesen Zusammenhang gehörten auch die Empfehlungen des Deutschen Bildungsrates, speziell „Zur Verbesserung der Lehrlingsausbildung" (1969) und „Zur Neuordnung der Sekundarstufe II" (1974), sowie das Berufsbildungsgesetz von 1969.

Die bildungstheoretische Diskussion hatte bereits in den 60er Jahren dahin geführt, daß eine inhaltliche Kanonisierung von Allgemeinbildung unhaltbar geworden war und die Forderung nach einer Erziehung zur Mündigkeit auch auf den Bereich der Berufsausbildung zu übertragen sei. In der Auseinandersetzung um das Verhältnis von Allgemeinbildung und Berufsbildung konnte, weil in der denkerischen Konsequenz am radikalsten, die Habilitationsschrift von Herwig Blankertz (1963) als Schlußpunkt bezeichnet werden. Aus der problemgeschichtlichen Aufarbeitung der Theorien von „Berufsbildung und Utilitarismus" vermit-telte Blankertz die Erkenntnis:

„Allgemeinbildung ist Genus proximum für jede inhaltlich bestimmte besondere Bildung. Allgemeinbildung ist als Genus Begriff für Bildung schlechthin, nämlich dasjenige, was für alle besondere Bildung voraus und zum Ziele gesetzt werden muß, also das, was aller Bildung als Bildung

---

[10] Vgl.: Stern-Report: Berufsaussichten und Berufsausbildung in der Bundesrepublik 1963-1966.
[11] Nach den Phasen der Restaurierung und Konsolidierung; „Unter den Talaren ist der Muff von tausend Jahren".
[12] „Bildung ist Bürgerrecht", „Mehr Demokratie wagen", „Chancengleichheit im Bildungswesen".

gemeinsam, übereinstimmend und mithin ‚allgemein' zukommt."[13] Hieraus folgerte er dann:
„Die berufliche Bildung steht in ihrer inhaltlichen Vielfalt in gleicher Ebene mit anderen inhaltlichen Möglichkeiten. Sie alle, die spezifisch berufsbezogenen wie die nur abgeleitet berufsbezogenen, aber gleichwohl nicht allgemein, sondern jeweils besonders bestimmten Bildungen erweisen ihr Recht als Bildung in der einen, allein möglichen Form von Allgemeinbildung, deren Wahrheit sie im Vollzuge sind."[14]
Damit war die Chance eröffnet, jede Art der Spezialisierung – auch alle beruflichen Tätigkeiten – zum Gegenstand eines bildenden Unterrichts zu machen; allerdings unter den Bedingungen einer Verwissenschaftlichung allen Lernens und einer Erziehung zur Kritikfähigkeit. Andreas Gruschka hat die Programmatik der Kollegschule auf die Formel gebracht: Bildung im Medium des Berufs; d. h. die für jeden bildenden Unterricht unabdingbare Identifizierung des Lernenden mit *und* Distanzierung von den ihm vorgestellten Inhalten und Intentionen war jetzt zu übertragen auf die Berufe, die Formen der Ausbildung ebenso wie auf die Bedingungen der Erwerbsarbeit[15].

Zu den organisatorischen Merkmalen des Kollegschulversuchs gehörten unter anderem:
- Das Bildungsangebot gliederte sich insgesamt in 17 fachliche Schwerpunkte,
- die Schüler konnten, je nach Voraussetzungen und Abschlußinteressen, einen der Bildungsgänge auf den Ebenen A (Facharbeiterniveau und Fachoberschulreife) oder B (gehobene berufliche Qualifizierung und Studienberechtigung) wählen,

---

[13] H. Blankertz: Berufsbildung und Utilitarismus. Düsseldorf 1963. S. 121f.
[14] Ebd. S. 123.
[15] Vgl. A. Gruschka: Bildung im Medium des Berufs. Über die bildungstheoretischen Voraussetzungen der Integration von allgemeiner und beruflicher Bildung. In: Die aktuelle Reihe. Materialien für gewerkschaftliche Arbeit, Gewerkschaft Erziehung und Wissenschaft Hessen. Bd. 15. Frankfurt a. M. 1987. S. 61-80. Ders.: Von Humboldts Idee der Allgemeinbildung zur allgemeinen „Bildung im Medium des Berufs". In: Die Deutsche Schule. Heft 79/2 (1987). S. 156-173.

- in der Regel vermittelten die Bildungsgänge – als Konsequenz des Integrationsansatzes – eine Doppelqualifikation: schulischer allgemeiner plus beruflicher Abschluß,
- jeder Bildungsgang war an eine vorgegebene Stundentafel und inhaltliche Anforderungen gebunden,
- jede Stundentafel war gegliedert in die Bereiche der obligatorischen Fächer (Deutsch, Gesellschaftslehre mit Geschichte, Religionslehre, Sport), der Schwerpunktfächer und den Wahlbereich,
- die Bildungsgänge bildeten insgesamt ein in sich durchlässiges und bis zur allgemeinen Hochschulreife aufsteigendes Bildungsgangsystem.

Zwei Momente dieses Schulversuchs sollen hier besonders hervorgehoben werden:
- das der Bildungsgangdidaktik, als dessen Charakteristikum die Konstruktion von Lern- und Entwicklungsaufgaben angesehen werden kann und
- das der Kritik, in dem Blankertz den unverlierbaren Kern des überlieferten Bildungsbegriffs gesehen hatte.

Bei der Erläuterung der Bildungsgangdidaktik soll jetzt von dem Grundsatz der Konzentration auf Bildungsgänge der Berufsschule einmal abgewichen werden. Der Schwerpunkt 15 „Erziehung und Soziales" war als erster und am weitesten[16] ausgearbeitet und ihm waren keine Ausbildungsberufe der Wirtschaft zugeordnet worden. In der Berufsfachschule hatte die Erzieherausbildung (früher: Kindergärtnerinnenausbildung) bereits eine lange Tradition. Der vollzeitschulische Bildungsgang „Erzieherin/Erzieher– Allgemeine Hochschulreife" lag ausschließlich in der Zuständigkeit des Landes NRW.
Durch die Bearbeitung von Lern- und Entwicklungsaufgaben sollten die Schülerinnen und Schüler berufliche Kompetenzen erwerben. Dabei wurde über einen mehrfachen Perspektivenwechsel die Professionalisierung mit einer Entwicklung der Persönlichkeit der Auszubildenden verbunden. In diesem Bildungsgang waren vier Entwicklungsaufgaben vorgesehen:
Die Entwicklungsaufgabe I hatte die Klärung der Berufsrolle aus der Sicht der Schülerinnen und Schüler zum Ziel.

---

[16] Dies geschah vor allem durch die Beiträge von Andreas Gruschka.

Die Entwicklungsaufgabe II bezog sich auf die Kinder und Jugendlichen sowie deren Lebenswelt. Die Perspektive verlagerte sich damit vom Ich- zum Fremdverstehen.

Bei der Entwicklungsaufgabe III stand das pädagogisch verantwortliche Erziehungshandeln im Mittelpunkt. Die Perspektive verschob sich vom Verstehen zum Handeln.

Mit der Entwicklungsaufgabe IV wurde der Übergang von der schulischen Ausbildung zum Berufspraktikum vorbereitet. Die Einzelaktivitäten waren nunmehr in das Beziehungsgeflecht eines Tätigkeitsfeldes sowie in die Arbeitszusammenhänge einer Institution einzuordnen. Die angestrebte Professionalität zeichnete sich aus durch ihre Mehrperspektivität.

Diesen Entwicklungsaufgaben war anzumerken, daß sie für den „Schonraum Schule" konzipiert worden waren; zwar hatten die Schülerinnen und Schüler verschiedene Praktika abzuleisten, sie behielten dabei aber immer den Status eines Vollzeitschülers. Denn in ihnen wurden z. B. die Arbeitsmarktsituation der Erzieherinnen und Erzieher, ihre Entlohnung und andere Arbeitsbedingungen, die betrieblichen Hierarchien und die Weisungsbefugnisse, die Trägerschaft der Einrichtungen und die Interessenvertretung der Angestellten, die politische Dimension der Kinder- und Jugendarbeit in unserer Gesellschaft nicht reflektiert. Die Thematisierung dieser Punkte, und zwar nicht auf einer allgemeinen Ebene wie in dem Fach Gesellschaftslehre mit Geschichte, sondern konkret und in Verbindung mit den Schwerpunktfächern, hätte jedoch gerade in der Kollegschule nicht ausgeblendet werden sollen. Der zweite hier noch hervorzuhebende Punkt ist daher das Moment der Kritik.

Blankertz hatte zunächst ein Mehr an Aufklärung in der Berufsausbildung gefordert angesichts der allgemeinen Beobachtung, daß berufliche Flexibilität und Mobilität als erzwungene Lebensweise, somit als eine Bedrohung, ebenso aber auch als eine frei gewählte Lebensform, und damit als eine Chance, begriffen werden konnten. Gisela Stütz verfolgte diesen Ansatz in ihrer Dissertation „Berufspädagogik unter ideologiekritischem Aspekt"[17] weiter und leitete daraus ab, eine Realisierung des Strebens nach Selbstbestimmung und Selbstverwirklichung ist an die Bedingung gebunden, daß dem Arbeitnehmer nicht nur eine dem Unternehmer

---

[17] G. Stütz: Berufspädagogik unter ideologiekritischem Aspekt. Frankfurt a. M. 1970.

vergleichbare Risikobereitschaft aufgebürdet, sondern ihm auch eine entsprechende ökonomische Macht durch eine Verfügungsbeteiligung über Produktionsmittel und Kapital sowie Produktivitäts- und Wertzuwachs verliehen wird. Demnach „wären pädagogische Konzepte einer neuen Berufserziehung erforderlich, die die rationale Einsicht in ökonomische, soziale und technische Prozesse vertiefen, und sozialreformerische Pläne, die sich sowohl die Organisation des innerbetrieblichen Geschehens als auch die des gesamten Produktionsprozesses einer Volkswirtschaft zum Gegenstand machen."[18]

Auf dieser Argumentationslinie lag auch die Empfehlung der Planungskommission Kollegstufe NW, in der es u. a. hieß:
„WAS die Berufsausbildung in ihrer Ökonomisierung versäumte und das Gymnasium in seiner Ökonomieferne verfehlte, wird vom Unterricht in der Kollegstufe thematisiert: die politische Kritik von Wissenschaft und Technologie auch als Instrumente gesellschaftlicher Herrschaft."[19]
Diese programmatische Aussage ist unterrichtspraktisch nie ausgelotet worden. Vielmehr zeigte sich im Verlaufe des Versuchs immer deutlicher, daß der bildungstheoretisch stringenten Begründung eine Schulpraxis gegenüber stand, in der bestimmte Gruppeninteressen von Wirtschafts-, Lehrer- und Elternverbänden einen weitaus größeren Einfluß ausübten. Angesichts einer nachlassenden politischen und administrativen Unterstützung für den Schulversuch verflachte in den 80er Jahren der Reformwille und Ende der 90er Jahre endete der Kollegschulversuch durch die Zusammenführung mit dem Regelsystem in dem Berufskolleg.

Als ein Zwischenergebnis für diesen Zeitabschnitt bleibt festzuhalten:
- Das Berufsverständnis wird wesentlich bestimmt durch mehrfachen Berufswechsel, Wandel der Berufe/Weiterbildung, zunehmende Verwissenschaftlichung aller Berufsbereiche, auch der Ausbildung.
- Das Bildungsverständnis beruht auf dem Beruf als Zentrum der Bildung, einer „produktiven Einseitigkeit", unter dem Anspruch von

---

[18] Ebd. S. 110.
[19] Der Kultusminister des Landes Nordrhein-Westfalen (Hrsg.): Kollegstufe NW. Ratingen 1972. S. 24.

Wissenschaftspropädeutik und der Übertragung von Kritik/Emanzipation auch auf die Bereiche der Arbeit.
- Leitbilder der Schularbeit sind die Förderung der Individualität des Jugendlichen und aufstrebenden Arbeitnehmers, Pluralität und Nichtvorhersehbarkeit von Lebenssituationen.

3. Das Modell „Berufskolleg"

Mit dem Berufskolleggesetz von 1997 und der Ausbildungsordnung Berufskolleg von 1999 wurde offiziell der Kollegschulversuch beendet und es wurden die beruflichen Schulen des Regelsystems und die Kollegschulen zu einer einheitlichen Schulform zusammengeführt. Für diesen Schritt gab es zwei Begründungsstränge:
- Bezogen auf die Struktur des Bildungssystems wurde argumentiert: „Es besteht ein breiter politischer Konsens, das Nebeneinander von Kollegschulen und Regelsystem zu beenden und beide Systeme zu einem einheitlichen und eigenständigen Schulwesen als attraktive Alternative zur gymnasialen Oberstufe weiterzuentwickeln."[20]
- Im Hinblick auf die Aufgaben des Berufskollegs wurde ausgeführt: „Mit der schulorganisatorischen Neustrukturierung [...] soll eine der wesentlichen Grundlagen für die Wettbewerbsfähigkeit der nordrheinwestfälischen Wirtschaft, ein leistungsfähiges System beruflicher Bildung, gestärkt und dessen Zukunftsfähigkeit gesichert werden. Zur Verwirklichung dieses Zieles sind die Attraktivität des dualen Systems zu steigern, die berufliche Qualifizierung zu verbessern, zukunftsorientierte Lernangebote zu entwickeln und die Gleichwertigkeit von beruflicher und allgemeiner Bildung herzustellen. Dem Berufskolleg ist dazu ein Höchstmaß an organisatorischer Flexibilität und Selbstgestaltungsverantwortung zu eröffnen."[21]

Das Berufskolleg in seiner heutigen Form hat alle bisherigen Schulformen des beruflichen Bildungswesens aufgenommen und so miteinander verbunden, daß von allen möglichen Eingangsqualifikationen her alle Abschlußqualifikationen, bis hin zu allen Zugängen zum tertiären Bereich,

---

[20] Referentenentwurf zum Berufskolleggesetz 1996.
[21] Ebd.

erreichbar geworden sind. Die zentrale Verteilerstelle für Qualifizierungsmöglichkeiten nimmt in diesem System die Berufsschule, das sind vor allem die Bildungsgänge der dualen Ausbildung, ein. Die unterschiedlichen Abschlußqualifikationen werden ermöglicht durch Gestaltungsfreiräume der Stundentafeln.

Durch den Ausweis von Bandbreiten in der Stundentafel werden Möglichkeiten eröffnet:
- die betriebliche Ausbildung wie bisher schulisch zu begleiten,
- schwache Schüler besonders zu fördern,
- berufsbezogene Zusatzqualifikationen anzubieten,
- den nächst höheren schulischen Abschluß gleichzeitig mit dem Berufsabschluß zu erwerben.

Parallel zu den organisatorischen Neuregelungen haben sich inhaltlich-didaktische Veränderungen ergeben. Als das Hauptantriebsmoment ist die Beschleunigung der Wandlungen in der Berufswelt und damit auch in der Ausbildung zu nennen. Die Novellierung eines Ausbildungsberufs kann heute innerhalb eines Jahres erfolgen. Für die Neuordnung eines Ausbildungsberufs werden nicht mehr als zwei Jahre veranschlagt. Das bedeutet, die Veränderung der Ausbildungsinhalte überholt gegenwärtig die Ausbildungsdauer.

Aus diesem Sachverhalt ergeben sich weitreichende Konsequenzen: An die Stelle festgelegter allgemeingültiger Berufsaufgaben und einem daraus abgeleiteten Kanon von Fertigkeiten, Kenntnissen und Fähigkeiten treten die Umschreibungen beruflicher Handlungsfelder, aus denen Lernfelder und Lernsituationen abzuleiten sind. Einerseits ist dabei die Bundeseinheitlichkeit der Ausbildung zu wahren, andererseits sind Freiräume für Anpassungen an die regional unterschiedliche Praxis sowie an berufliche Weiterentwicklungen zu eröffnen. Die Curriculumentwicklung, insbesondere auf der Ebene der Einzelschule (Bildungsgangkonferenz), gerät damit unter einen immer größer werdenden Zeit-, Legitimations- und Erfolgsdruck.

Die Ausbildungs- und Prüfungsordnung Berufskolleg (APO- BK) legt in § 1 das oberste Bildungsziel für alle Bildungsgänge fest: „Das Berufskolleg vermittelt den Schülerinnen und Schülern eine umfassende berufliche, gesellschaftliche und personale Handlungskompetenz und bereitet sie auf ein lebensbegleitendes Lernen vor. Es qualifiziert die Schülerinnen und Schüler an zunehmend international geprägten Entwicklungen in Wirtschaft und Gesellschaft teilzunehmen und diese aktiv mitzugestalten."

Der Begriff der „umfassenden Handlungskompetenz" ist insbesondere im Hinblick auf den Zusammenhang zwischen beruflichen Handlungsfeldern, Lernfeldern und Lernsituationen von Reinhard Bader und Mitarbeitern entfaltet worden.

Eine der Konsequenzen aus diesem Ansatz besteht darin, daß an die Stelle sachlogischer Zusammenhänge einzelner Fächer verstärkt die Logik von Handlungskreisen in Verbindung mit berufstypischen Aufgabenstellungen tritt.

Die Entwicklung entsprechender Lernsituationen steht insofern noch an ihrem Anfang als die Möglichkeiten von *Lernortkooperationen* und von *Lern- Arbeitsaufgaben* noch bei weitem nicht ausgeschöpft sind. Doch schon werden noch weiter reichende Perspektiven erkennbar, die unter den Stichworten „lernende Organisation" und „Modularisierung der Ausbildung" verhandelt werden. Damit würde auch die Grenzziehung zwischen Erstausbildung und Weiterbildung fließend werden.

Indem für das Berufskolleg an die Stelle einer Integration von beruflichem und allgemeinem Lernen, d. h. einer Bildungsarbeit im Medium des Berufs, die Gleichwertigkeit der beruflichen mit der allgemeinen Bildung gesetzt worden ist, ist aus bildungstheoretischer Sicht ein Rückschritt erfolgt. Denn anstatt unter dem Postulat einer allgemeinen Menschenbildung eine Distanz zu den Lebens- und Arbeitsbedingungen im Zeitalter des Postfordismus, der Globalisierung und der Ökonomisierung aller Lebensbereiche durch einen Turbokapitalismus zu schaffen, sind es gerade diese Megatrends, die, verschleiert durch eine Fülle von Worthülsen[22], ungebrochen auf die Gestaltung der Ausbildung Einfluß nehmen. Die Berufsausbildung wird damit ebenso verflüssigt und unvoraussehbar wie Marktgeschehnisse.

Angesichts der Offenheit aller beobachtbaren Trends ist es kaum möglich, ein Resümee im Hinblick auf die Bildungsarbeit des Berufskollegs zu ziehen. Dennoch soll der Versuch gemacht werden, einige allgemeine

---

[22] Vgl. hierzu z. B. die ständig wachsende Ausfächerung und zugleich zunehmende Unschärfe des Kompetenzbegriffs.

Tendenzen als Rahmenbedingungen für die Arbeit der Berufskollegs zu benennen:
- Das Berufsverständnis wird zunehmend geprägt durch Flexibilität, Mobilität, modulare Aus- und Weiterbildung, projektartige Arbeitsverhältnisse, Arbeitsbedingungen in „lernenden Organisationen".
- Das Bildungsverständnis konkretisiert sich in der Form einer umfassenden, d. h. soziale, fachliche und humane Kompetenz umschließenden, Handlungsfähigkeit. Nicht mehr ist der Beruf das Bildungszentrum, sondern über konkrete Berufsarbeit werden auf einer metakognitiven Ebene Kompetenzen erworben, die in eine allgemeine Beruflichkeit, d. i. die Fähigkeit, einen Beruf immer wieder neu zu finden, auszuüben und zu wechseln, münden.
- Leitbilder der schulischen Arbeit sind – sofern sie sich überhaupt fixieren lassen – die Individualisierung von Berufskarrieren und Biographien, die Vorbereitung auf nicht bestimmbare Lebenssituationen.

Im Folgenden soll es darum gehen, das Berufskolleg, seine Struktur und seine Didaktik, sowie die Entwicklung, die von der Berufsschule der Nachkriegszeit bis zum Berufskolleg führte, unter verschiedenen Perspektiven, gleichsam von außen her zu betrachten und zu beurteilen.

4. Die Perspektive von Jugendlichen ohne Ausbildungsverhältnis

Bevor aus der Perspektive von Jugendlichen ohne Ausbildungsverhältnis kritische Fragen an das Berufskolleg formuliert werden können, ist zu klären:
Wer sind „Jugendliche ohne Ausbildungsverhältnis? und
Was lehrt die Geschichte der Berufsschule über die „Jungarbeiterfrage"?
„Jugendliche ohne Ausbildungsverhältnis" haben unter verschiedenen Bezeichnungen Eingang in die pädagogische Literatur gefunden. Ursprünglich sprach man von Jungarbeitern oder Ungelernten, dann von benachteiligten und unversorgten Jugendlichen, heute von Jugendlichen mit besonderem Förderbedarf.
Dabei handelt es sich nicht um einen bestimmbaren Typus von Jugendlichen, der sich durch ausgewählte Merkmale positiv beschreiben ließe. Vielmehr geht es um eine außerordentlich heterogen zusammengesetzte Restgruppe, die eher durch eine negative Ausgrenzung zu beschreiben ist. In der Regel haben diese Jugendlichen *keinen*

Schulabschluß der Sekundarstufe I erworben, sie haben *keinen* Ausbildungsvertrag abgeschlossen und besuchen *keinen* weiterführenden vollzeitschulischen Bildungsgang, sie haben *keine* berufliche Orientierung, sie werden als verhaltensauffällig wahrgenommen, sie sind belastet durch gesundheitliche Probleme, Probleme im familiären Umfeld, im Wohnumfeld, in der biographischen Entwicklung. Es sind Jugendliche aus einheimischen Familien, aus Gastarbeiterfamilien, Aussiedler, Kriegsflüchtlinge, Asylbewerber.
Die Größe dieser Gruppe bezogen auf einen Schülerjahrgang schwankt sehr stark, allgemeine ökonomische und politische Faktoren wirken sich hier ebenso aus wie regionale Unterschiede. Wenn Gotthilf Hiller davon spricht, daß ca. 20% eines Schülerjahrgangs den Übergang von der Sekundarstufe I in die Berufs- und Arbeitswelt nicht ohne besondere Hilfen schaffen, so mag das hoch gegriffen, aber nicht unrealistisch sein.
Die Geschichte der „Jungarbeiterfrage" oder des „Ungelerntenproblems" gehört zu den eher dunklen Seiten in der Berufsschulgeschichte. Auf der einen Seite mußte die Berufsschule, weil sie sich selbst als eine *Bildungs*institution in einem *demokratischen* Staat verstand, auch diese Gruppe von Jugendlichen in ihren Unterricht einschließen; es gab keine Rechtfertigung für den Ausschluss einer Restgruppe. Auf der anderen Seite hat es seit den Bemühungen in der Weimarer Zeit keine didaktischen Konzepte gegeben, die verallgemeinerungsfähig gewesen wären. Wohl hat es immer wieder erfolgreiche Einzelversuche gegeben, zu nennen wären hier vor allem Formen einer „allgemeinen Arbeitserziehung" (Johannes Riedel) sowie die Einrichtungen von Jugendwerkhöfen und Produktionsschulen, es ist jedoch nie zu einer offiziellen anderen Lösung gekommen, als die Berufsschulpflicht bei dieser Gruppe auf einen Unterrichtstag pro Woche zu beziehen; nicht zuletzt auch wegen der mit einer Ausweitung der Schulpflicht verbundenen Kosten.
1972 hatten Herbert Nolte/Hans Joachim Röhrs/Karlwilhelm Stramann in einem Gutachten für den Kultusminister des Landes Nordrhein-Westfalen die Forderung aufgestellt, daß alle ansonsten unversorgten Jugendlichen in einen zweijährigen vollzeitschulischen berufsqualifizierenden Bildungsgang aufzunehmen wären. Den Gutachtern war aber durchaus bewußt, daß eine solche Planung keine Aussicht auf Realisierung haben würde.

Immerhin bestehen heute im Berufskolleg folgende Möglichkeiten:
- 2jähriger vollzeitschulischer Bildungsgang Vorklasse zum Berufsgrundschuljahr/Berufsgrundschuljahr
- 1jährige Teilzeitklasse (KSoB) plus Förderlehrgänge der Arbeitsverwaltung oder
  plus Jobs, Arbeiten als mithelfende Familienangehörige oder
  plus Hausarbeit, Arbeitslosigkeit
- 1jährige Sondermaßnahmen (Schule+Praktikum)
- Bildungsgänge der Berufsfachschule (für Jugendliche mit einem Sek. I-Abschluß)

Daneben gibt es Angebote der Jugendämter und von freien Trägern. Da aber die Berufsschulpflicht nicht geändert wurde, liegt es beim einzelnen Jugendlichen, in welcher Weise er von den Bildungsangeboten Gebrauch machen will.

(Zum Vergleich seien hier die Regelungen der Berufsschulpflicht für Jugendliche ohne Ausbildungsverhältnis und für Auszubildende des dualen Systems einander gegenübergestellt:
- Für Jugendliche ohne Ausbildungsverhältnis endet die Berufsschulpflicht mit dem Schuljahr, in dem das 18. Lebensjahr vollendet wurde.
- Auszubildende, die vor dem 21. Lebensjahr einen Ausbildungsvertrag abschließen, sind verpflichtet die Berufsschule bis zum Abschluß der Ausbildungszeit zu besuchen. Ältere Auszubildende sind berechtigt, die Berufsschule zu besuchen.)

Allein die Existenz von Randgruppen provoziert kritische Rückfragen nach dem Selbstverständnis unserer Gesellschaft. Grundsätzlich geht es dabei um das Ausbalancieren von individueller Freiheit versus Solidarität sowie von Rechten und Pflichten. So ergeben sich Fragen
- an die Schülerinnen und Schüler der Berufskollegs, die einen Ausbildungsplatz haben, die einen Arbeitsplatz erwarten können, die an ihrer Berufskarriere arbeiten, ob sie sich bewußt sind, daß nicht alle Gleichaltrigen in so gesicherten Verhältnissen leben;
- an die Lehrenden und die Träger der Schulen, was sie für eine Integration von Randgruppen tun, konkret: ob solche Jugendlichen in ihre Schule aufgenommen werden, wie groß die Lerngruppen sind, wieviel Unterricht tatsächlich erteilt wird, wie die Lernangebote

inhaltlich gestaltet sind, wie das Lernumfeld eingerichtet ist, wie viele sozialpädagogisch geschulte Fachkräfte eingesetzt werden, wie groß ihr Engagement für die Herstellung realer Chancengleichheit ist;
- an die Bildungspolitiker, wie sie die Prioritäten in rechtlicher und finanzieller Hinsicht setzen, wenn es um die Förderung und Integration von Randgruppen unter Jugendlichen geht.

Der Berufsschule ist zu Recht der Vorwurf gemacht worden, daß sie die Schülerinnen und Schüler nicht über die Ursachen ihrer Abhängigkeiten als Arbeitnehmer aufgeklärt habe, daß sie im Zweifelsfall dem Druck von Wirtschaft und Politik unter dem Deckmantel von Sachzwängen eher gefolgt ist als pädagogischen Einsichten. Dieses Erbe hat die Berufsschule an das Berufskolleg weitergegeben.

Hinzu sind zwei weitere Fragenkomplexe gekommen. Nachdem das Berufskolleg sowohl in seine Organisationsstruktur als auch in seine Didaktik die „Standortfrage" (d. h. der Wirtschaftsstandort NRW) ebenso hineingenommen hat wie den allgemeinen Trend einer umfassenden Individualisierung bedürfen eben diese Entscheidungen der Reflexion:
- Ist die Wettbewerbfähigkeit der Wirtschaft der primäre Leistungsmaßstab für das (berufsbildende) Schulwesen?
- Durch welche (wertenden) Entscheidungen werden alle Wertentscheidungen zur Privatsache erklärt und alle übrigen Entscheidungen scheinbaren Sachzwängen unterworfen?

Die Jugendlichen ohne Ausbildungsverhältnis werden nicht selbst die Fragen, die sich aus ihrer Lebenssituation ergeben und die sich auf die Bedingungen und Verantwortlichkeiten für eine Förderung und Integration in die Gesellschaft richten, formulieren; aber ein Bildungswesen, das diesen Namen verdient, müßte sie dennoch aufnehmen.

5. Die Perspektive von Menschen im dritten Lebensalter

Die Möglichkeit eines weiteren Perspektivenwechsels und damit verbunden der Formulierung von zusätzlichen Rückfragen an die Berufsausbildung ergibt sich, wenn man sich auf die Position von Menschen im dritten Lebensalter, von Nicht- mehr- Erwerbstätigen, einläßt. Angenommen, es handelt sich hier um eine Gruppe von Menschen, die sich in äußerer und innerer Freiheit sowohl Fragen der eigenen Biographie als auch gesamtgesellschaftlichen Problemen zuwenden können, dann ließen sich drei

Bildung als Problem berufsbildender Schulen

Aspekte benennen, die für die Formulierung von Rückfragen an die heutige Berufsausbildung bestimmend sein könnten:
- Die Gewährleistung des Zusammenhalts der Generationen. Auf der einen Seite ist die Weitergabe von akkumulierten Erfahrungen, Einsichten, Orientierungen zu sichern, auf der anderen Seite ist die Übernahme von Versorgungslasten unabweisbar. Moralische und ökonomische Momente fließen hier ineinander und überlagern sich in dem Bereich Berufsausbildung/Berufsausübung/Berufsbildung.
- Die Gewährleistung einer gerechten Gesellschaftsordnung und damit einer Zukunftsperspektive für die nachwachsenden Generationen. Erst aus der Distanz läßt sich das Eingebundensein beruflicher Tätigkeiten in gesamtgesellschaftliche Zusammenhänge genauer erkennen und beurteilen. Es kann heute nicht mehr befriedigen, diese Beziehungen nur aufzudecken[23], vielmehr müssen die Brüchigkeiten und Gefährdungen, die von beiden Polen, der spezialisierten Tätigkeit ebenso wie dem übergreifenden Rahmen, ausgehen und das jeweilige Gegenüber in Frage stellen können, bewußt werden.
- Die Gewährleistung von Sinngebung in allen Phasen menschlichen Lebens. Die Frage nach der Sinnhaftigkeit menschlichen Tuns, speziell der Arbeit, darf nicht erst gestellt werden, wenn es darum geht, die Bilanz eines Lebens aufzustellen.

Vor diesem Hintergrund lassen sich nun folgende Rückfragen an die heutige Berufsausbildung formulieren:
- Die Berufsausbildung ist mit hohen Anforderungen verbunden, sie ist eine Zeit intensiver Lernarbeit. Die zu erwerbenden Kenntnisse und Fertigkeiten werden schon nach kurzer Zeit ihre unmittelbare Arbeitsmarktverwertbarkeit verloren haben. Welche Fähigkeiten werden vermittelt und erworben, die für ein selbständiges lebensbegleitendes Weiterlernen qualifizieren?
- Der Abschluß der Berufsausbildung garantiert heute nicht mehr die Übernahme in ein Erwerbsarbeitsverhältnis. Werden die Zusammenhänge von Ausbildung, Arbeitsmarktgeschehen, technisch- wirtschaftlichen Entwicklungen, politischen Entscheidungen über Rahmenbe-

---

[23] Vgl. oben das Beispiel von Theodor Litt.

dingungen für Arbeitsverhältnisse so reflektiert, daß die Erkenntnisse bewußtseinsbildend wirken und individuelle Entscheidungskriterien zur Verfügung stellen?
- Berufskarriere und Biographieplanung werden immer stärker individualisiert – „jeder ist seines Glückes Schmied". Wird das Verhältnis von tatsächlichen individuellen Gestaltungsmöglichkeiten zu einer bloßen Individualisierung von Lebensrisiken so reflektiert, daß daraus individuelle Orientierungen und ein Verstehen der bewegenden Kräfte unserer Zeit erwächst?
- Berufstätigkeiten sind immer eingebunden in die epochalen Schlüsselprobleme unserer Gesellschaft, wie die Friedensfrage, die Umweltfrage, die gesellschaftlich produzierten und reproduzierten Ungleichheiten, die Ambivalenz des Gebrauchs neuer Technologien (der Informations- ebenso wie der Biotechnologien), die Verflüssigung menschlicher Beziehungen und Bindungen[24]. Werden die Zusammenhänge der Berufsarbeit mit diesen Problemfeldern so reflektiert, daß daraus ein Gespür für Verantwortlichkeiten hervorgeht?
- Die Berufsarbeit beansprucht insgesamt einen bedeutenden Teil des Lebens. Werden bereits in der Ausbildung die Maßstäbe für den Erfolg von Arbeit[25] so reflektiert, daß Fragen nach dem Sinn von Arbeit, daß Kritik an der vorfindbaren Praxis und daß Entwürfe für Alternativen in den Blick kommen und sich Konsequenzen für individuelles Entscheiden und Handeln zeigen?

Wenn das Berufskolleg seine Schülerinnen und Schüler qualifizieren will, „an zunehmend international geprägten Entwicklungen in Wirtschaft und Gesellschaft teilzunehmen und diese aktiv mitzugestalten", dann stellt es sich damit in den Dienst einer Globalisierung. Diese Entwicklung kann getragen werden von der Hoffnung, daß sich erstmalig in der Geschichte die Menschen als Menschheit verstehen und im Sinne des Weltbürgertums, der Kosmopolis, gemeinsam Verantwortung für die Gegenwart und für zukünftige Generationen auf diesem Globus übernehmen. Dieselbe Entwicklung ist mit der Skepsis zu begleiten, daß sie ausschließlich von einer technisch-instrumentellen Vernunft bestimmt wird

---

[24] Vgl. W. Klafki: Neue Studien zur Bildungstheorie und Didaktik – Zeitgemäße Allgemeinbildung und kritisch-konstruktive Didaktik. Weinheim 1993³.
[25] Wie Konkurrenzfähigkeit, Marktbehauptung, Wirtschaftswachstum, Shareholder-value.

und ein abermaliger Absturz in die „Halbbildung", in pure ökonomisch-materialistische Barbarei, dann allerdings die gesamte Menschheit betreffend, nicht ausgeschlossen werden kann. Diese Ambivalenz der menschlichen Existenz, die in der klassischen Bildungstheorie immer präsent war, zum Bewußtsein zu bringen, die Problemgeschichte unserer gesellschaftlichen Entwicklung gegenwärtig zu halten, die realen Verhältnisse an den Maßstäben der Humanität zu messen und erkannte Defizite/Fehlentwicklungen zu überwinden, das wäre die Bildungsaufgabe des Berufskollegs.

6. Versuch eines Fazits

Ein Durchgang durch das Selbstverständnis von Berufsschule, Kollegschule und Berufskolleg hat die Wandlungen des Berufs- sowie des Bildungsverständnisses und der Leitbilder für die schulische Arbeit zu Tage gefördert. Ein solcher Rückblick zeigt die Abhängigkeit des Bildungsverständnisses von Faktoren, die außerhalb von Schule und Bildungseinrichtungen liegen. Damit verbunden ist der Hinweis, auch die Erscheinungen der Gegenwart nicht als unwandelbar einzuschätzen.

Rückfragen an den gegenwärtigen Schulbetrieb aus der Perspektive von Außenstehenden haben darüber hinaus Problemfelder in den Blick treten lassen, deren Bearbeitung eingehende empirische Untersuchungen zur Voraussetzung hätte. Dennoch sollen die folgenden vorläufigen Thesen im Hinblick auf eine Theorie der Bildung unter posttraditionalen Bedingungen, die hier zur Diskussion gestellt werden, aus den bisherigen Überlegungen abgeleitet werden:

These 1: Zum Unterricht
Immer, wenn es darum ging, neue und zusätzliche Inhalte in die Schule zu bringen, wurde die Frage gestellt, ob dafür ein neues Fach notwendig sei. Im vorliegenden Fall, in dem es sich darum handelt, Unterricht so zu gestalten, daß er den Schülerinnen und Schülern (mehr) Möglichkeiten bietet, sich zu bilden, wäre die Einführung eines entsprechenden Faches sicher nicht der richtige Weg. Denn damit wären zugleich alle anderen Fächer der Aufgabe enthoben, einen bildenden Unterricht zu erteilen. Demgegenüber wäre an drei Punkten mit intentionalen Veränderungen anzusetzen, wobei vorausgesetzt wird, daß Lernsituationen den Kern des Kompetenzerwerbs bilden.

- Bereits die Auswahl und Formulierung des Arbeitsauftrages einer Lernsituation muß so überlegt werden, daß eine angemessene Lösung der Aufgabe ohne Reflexion, ohne Einbeziehung übergreifender Zusammenhänge, ohne Auseinandersetzung mit unterschiedlichen Positionen, ohne einen urteilenden Diskurs gar nicht möglich ist.
- Die Konkretisierung des Arbeitsauftrages muß über die Phasen der Analyse, Planung, Durchführung und Kontrolle (=Soll-Ist-Vergleich) hinaus die Reflexion von Zweckmäßigkeit und Sinnhaftigkeit der gefundenen Lösung sowie ihre positiven und negativen Implikationen und Folgenabschätzungen einschließen. Eine derartige Reflexion darf nicht als eine folgenlose Nabelschau auf einen für sich abgeschlossenen Arbeitsprozeß angesehen werden, vielmehr ist als Ergebnis des Diskurses eine Neuformulierung des Arbeitsauftrages zu verlangen.
- Schließlich muß die Qualität der Reflexion sich auswirken auf die Bewertung der Lernleistungen. Nicht Bildung ist hier zu bewerten, wohl aber die Anstrengung für die Schaffung der Voraussetzungen.

Zusammenfassend würde die erste These lauten: Eine Theorie der Bildung müßte Aussagen ermöglichen über die konkrete Gestaltung von Lehr-/Lernprozessen sowie über Evaluationskriterien.

These 2: Zur LehrerInnenbildung
Die Ausbildungs- und Prüfungsordnung Berufskolleg bestimmt in § 3 Qualitätsentwicklung: „Das Berufskolleg überprüft in regelmäßigen Abständen die Durchführung und den Erfolg seiner Bildungs- und Erziehungsarbeit auf der Grundlage seines Schulprogramms und berichtet dem Schulträger und der Schulaufsichtsbehörde über die Ergebnisse." Das heißt, die schulische Arbeit ist zu evaluieren, die Ergebnisse sind öffentlich zu machen. Diese Forderung ist in der vorliegenden Form neu, ihre Erfüllung setzt eine entsprechende Vorbereitung der Lehrenden sowohl in der ersten und zweiten Phase ihrer Ausbildung als auch in schulinternen und -externen Fortbildungen voraus. Dieses ist der Rahmen, in dem jene Forderungen zu verorten sind, die darauf zielen, daß der Unterricht in einem zeitgemäßen Sinne als Bildungsarbeit gestaltet wird.

In Frankreich haben Bourdieu und Mitarbeiter Analysen zum Schulwesen durchgeführt[26], die auch für hiesige Verhältnisse Aussagekraft haben dürften. Zwei der Ergebnisse sollen hier besonders hervorgehoben werden:
- Formen der Differenzierung, der Regionalisierung und der Wettbewerbsbedingungen haben bei einigen der schulischen Einrichtungen einen Abwärtstrend in Gang gesetzt: Problemregion, negative Schülerauswahl, schlechter Ruf, Wegbleiben der wenigen guten Schüler/engagierten Eltern, Verschlechterung des Schulklimas, Erhöhung der Probleme etc.
- Damit entsteht in der Schullandschaft, was man im Städtebau als Ghettobildung bezeichnet und was man dort mit allen Mitteln zu verhindern versucht, weil die letzte Konsequenz dieser Entwicklung die Unregierbarkeit ganzer Bezirke ist.

Versucht man ein solches sozialkritisches Konzept auf das Programm einer Qualitätsentwicklung in Bildungsgängen der Berufsschule zu übertragen, so wird man zunächst in verneinender Form festhalten müssen, daß nicht der „Marktmechanismus" aus sich heraus Lebensperspektiven für die Jugendlichen entstehen lässt.

Positiv gewendet wir man also fordern müssen:
- eine spezielle Bildungsgangdidaktik, die auf die „Beruflichkeit" zentriert und die auf Aufklärung, Ermutigung und Dialogfähigkeit der betroffenen Schülerinnen und Schüler gerichtet ist;
- die Schaffung vergleichbarer Rahmenbedingungen für den Unterricht, so z. B. daß keine Ghettobildung erfolgt;
- die Beteiligung von Wissenschaftlern oder wissenschaftlich qualifizierten Lehrenden an einer Evaluation;
- die Beurteilung von Erfolg/Mißerfolg schulischer Maßnahmen letztendlich durch die Bewährung ihrer Schülerinnen und Schüler in der Praxis, speziell im Berufsleben.

---

[26] Vgl.: P. Bourdieu et al.: Das Elend der Welt – Zeugnisse und Diagnosen alltäglichen Leidens an der Gesellschaft. Konstanz 1997.

Damit führen diese Überlegungen zu einem Ergebnis, das auf den ersten Blick als paradox erscheinen muß. Für eine Sicherung und Verbesserung der Unterrichtsqualität sind ganz konkrete Maßnahmen erforderlich: Bildungsgangdidaktik, entsprechende Rahmenbedingungen, Evaluation der Unterrichtsergebnisse im schulischen Kontext und im gesellschaftlichen Kontext. Weiterhin gehören in diesen Zusammenhang die Festlegung von möglichst eindeutigen Indikatoren und Verfahren.
Bei alledem muß jedoch immer bewußt bleiben, daß jedes Qualitätsmanagement in staatlichen Schulen nur dann und nur in soweit gerechtfertigt erscheint, wie es dem Erziehungs- und Bildungsauftrag dient. Bildung aber, ausgedrückt in Begriffen wie Individualität, Identität, Mündigkeit, Kritikfähigkeit, Spontaneität, Kreativität, Humanität, Sich-bemühen, Sich-entwickeln, Sich-vervollkommnen, ist gerade dadurch gekennzeichnet, daß sie sich dem Verfügbaren, dem Meßbaren, insbesondere jeglicher Statistik und allen sich über eine größere Zeitspanne erstreckenden, generalisierenden Evaluationsverfahren prinzipiell entzieht.
Damit Lehrende durch die Forderungen nach Qualitätsmanagement in ihrer pädagogischen Arbeit nicht in eine paradoxe Situation gebracht werden, ist gleichzeitig mit der Anwendung evaluativer Verfahren der eigenverantwortliche Gestaltungsrahmen zu erweitern. Eine Erweiterung pädagogischer Freiheiten setzt immer entsprechende Qualifikationen und ein entsprechendes Verantwortungsbewußtsein, vermittelt durch Aus- und Fortbildungen, voraus. Die Lehrerbildung wird somit für alle Aspekte eines Qualitätsmanagements zum Schlüssel.

Zusammenfassend ist als die zweite These zu formulieren: Eine Theorie der Bildung müßte in einem ersten Schritt in alle Formen der LehrerInnenbildung implementiert werden, Lehrerinnen und Lehrer müssen, bezogen auf ihre beruflichen Aufgaben, selbst Bildungsarbeit leisten.

These 3: Zum Bildungsbegriff
Ein *historisch-problemgeschichtlicher* Rückblick zeigt, daß in der beruflichen Bildung der Bildungsbegriff in unterschiedlichen gesellschaftlichen Kontexten wechselnde Funktionen hatte. Man wird festhalten können, daß sich berufliche Bildung nicht abschließend definieren läßt. Es handelt sich um einen Begriff, der je nach der historisch-gesellschaftlichen Situation und ihrer problemgeschichtlichen Aufarbeitung unterschiedlich

interpretiert worden ist, und der auch gegenüber zukünftigen Auslegungen offen sein wird. Dabei wird jedoch zu beachten sein, daß die Diskussion nicht hinter einen bereits einmal erreichten Stand zurückfallen darf. Nachdem Mündigkeit und mit ihr verbunden das Moment der Kritik, nämlich als das Mittel zur Überwindung von Unmündigkeit, einmal als konstitutiv für das aller Bildung zu Grunde liegende Menschenbild erkannt worden ist, kann die weitere Entwicklung des Bildungsverständnisses nicht nur nicht mehr hinter diese Einsicht zurück gehen und sich etwa auf Steuerungsaspekte von Lernprozessen sowie die Gestaltung von Lernbedingungen beschränken, sie muß vielmehr die Erscheinungen der Gegenwart immer wieder neu unter dieser Perspektive analysieren und bewerten.

Wenn man Lernen an den Bildungsbegriff bindet, dann sind die Lerninhalte, die Themen der Auseinandersetzung und der Reflexion, nicht beliebig. Zwar gibt es nicht den alle Zeiten überdauernden Bildungskanon, wohl aber läßt sich ein Konsens darüber herstellen, welches die für unsere Zeit fundamentalen Themen einer Bildung sind, d. h. welchen Herausforderungen sich die jetzt lebenden Generationen stellen müssen und welches die notwendigen individuellen Voraussetzungen sind, um sich diesen Herausforderungen stellen zu können, wenn das Weiterleben der Menschheit unter menschenwürdigen Bedingungen gewährleistet werden soll. In diesem Sinne hatte Wolfgang Klafki definiert: „Allgemeinbildung bedeutet [...], ein geschichtlich vermitteltes Bewußtsein von zentralen Problemen der Gegenwart und – soweit voraussehbar – der Zukunft zu gewinnen, Einsicht in die Mitverantwortlichkeit aller angesichts solcher Probleme und Bereitschaft, an ihrer Bewältigung mitzuwirken. Abkürzend kann man von der Konzentration auf *epochale Schlüsselprobleme* unserer Gegenwart und der vermutlichen Zukunft sprechen."[27] Eine solche Verpflichtung bezieht auch notwendig die Berufsbildung mit ein – wie sollte eine Bewältigung epochaler Schlüsselprobleme gelingen können, wenn dabei die Tätigkeiten in der Berufs- und Arbeitswelt ausgeblendet würden?

Eine Theorie der Bildung, so die These 3, hätte
- **die Problemgeschichte des Bildungsverständnisses gegenwärtig zu halten**

---

[27] Klafki. A. a. O. S. 56.

- die Möglichkeitsbedingungen für Bildungsprozesse in der Form von Entwicklungsaufgaben anzugeben
- jene Kriterien anzugeben, die es ermöglichen, die Überwindung der Differenz zwischen der Utopie einer Kosmopolis und den realen Lebensbedingungen der Menschen als die jeweiligen epochalen Schlüsselprobleme zu definieren und zu analysieren.

Wenn man versuchen will, die am Beginn dieser Vorlesung gestellte Frage, wie Auschwitz geschehen konnte und wie es für alle Zukunft ausgeschlossen werden könne, – wobei der Name Auschwitz lediglich als Zeichen steht für den Absturz eines gebildeten Volkes in die Barbarei der „Halbbildung" – zu beantworten, so wird man nicht umhin kommen, die Problemgeschichte des Bildungsbegriffs und seiner Konkretisierungsformen aufzuarbeiten. Dabei wird auch die Berufsbildung zu berücksichtigen sein. Sie birgt sicher nicht die Antwort. Aber ohne eine Einbeziehung der Berufsbildung in den Diskurs um den Bildungsbegriff wird man nicht zu einer Antwort kommen. Denn andernfalls würde man auf den Diskussionsstand eines um die technisch-ökonomische Dimension des gesellschaftlichen Lebens verkürzten und elitären Bildungsbegriffs zurückfallen und damit jener ungezügelten technisch-instrumentellen Vernunft Vorschub leisten, die es gerade unter die Kontrolle moralischer Vernunft zu bringen gilt. Die Berufsbildung wird daher unabweisbar zu den Möglichkeitsbedingungen einer Theorie der Bildung unter posttraditionalen Bedingungen gehören.

Literatur

BADER, Reinhard: Konstruieren von Lernfeldern. Eine Handreichung für Rahmenlehrplanausschüsse und Bildungsgangkonferenzen in technischen Berufsfeldern Manuskriptfassung für das Landesinstitut für Schule und Weiterbildung. Soest 2000.
BADER, Reinhard/Schäfer, Bettina: Lernfelder gestalten. Vom komplexen Handlungsfeld zur didaktisch strukturierten Lernsituation. In: Die berufsbildende Schule. Heft 7/8 (1998). S. 229-234.
BLANKERTZ, Herwig: Berufsbildung und Utilitarismus. Düsseldorf 1963.
BLANKERTZ, Herwig (Hrsg.): Lernen und Kompetenzentwicklung in der Sekundarstufe II; Soest 1986.
BLÄTTNER, Fritz: Pädagogik der Berufsschule. Heidelberg 1958.
BLÄTTNER, Fritz et. al. (Hrsg.): Handbuch für das Berufsschulwesen; Heidelberg 1960.

BOURDIEU, Pierre et al.: Das Elend der Welt – Zeugnisse und Diagnosen alltäglichen Leidens an der Gesellschaft. Konstanz 1997.
DER KULTUSMINISTER DES LANDES NORDRHEIN-WESTFALEN (Hrsg.): Kollegstufe NW. Ratingen 1972.
FISCHER, Alois: Die Humanisierung der Berufsschule (1924-26). In: Kreitmair, Karl (Hrsg.): Alois Fischer – Leben und Werk. Bd. 2. München 1950. S. 315-384.
FRIEDE, Christian K.: Beurteilung von Handlungskompetenz. Aachen 1995.
GRUSCHKA, Andreas: Wie Schüler Erzieher werden. Studie zur Kompetenzentwicklung und fachlichen Identitätsbildung in einem doppeltqualifizierenden Bildungsgang des Kollegschulversuchs NW. Hrsg. vom Landesinstitut für Schule und Weiterbildung, Soest. Wetzlar 1985.
GRUSCHKA, Andreas: Bildung im Medium des Berufs. Über die bildungstheoretischen Voraussetzungen der Integration von allgemeiner und beruflicher Bildung. In: Die aktuelle Reihe. Materialien für gewerkschaftliche Arbeit, Gewerkschaft Erziehung und Wissenschaft Hessen. Bd. 15. Frankfurt a. M. 1987. S. 61-80.
GRUSCHKA, Andreas: Von Humboldts Idee der Allgemeinbildung zur allgemeinen „Bildung im Medium des Berufs". In: Die Deutsche Schule. Heft 79/2 (1987). S. 156-173.
HILLER, Gotthilf Gerhard: Damit sie nicht verloren gehen – Zur Integration junger Menschen in riskanten Lebenslagen. In: Teufel, Erwin (Hrsg.): Von der Risikogesellschaft zur Chancengesellschaft. Frankfurt a. M. 2001. S. 134-146.
KERSCHENSTEINER, Georg: Grundfragen der Schulorganisation (1907); München/Düsseldorf 1954[7].
KLAFKI, Wolfgang: Neue Studien zur Bildungstheorie und Didaktik – Zeitgemäße Allgemeinbildung und kritisch-konstruktive Didaktik. Weinheim 1993[3].
LEMPERT, Wolfgang/Franzke, Reinhard: Die Berufserziehung. München 1976.
LITT, Theodor: Technisches Denken und menschliche Bildung. Heidelberg 1957.
LITT, Theodor: Berufsbildung, Fachbildung, Menschenbildung. Bonn 1960.
MINISTERIUM FÜR WIRTSCHAFT UND MITTELSTAND, TECHNOLOGIE UND VERKEHR DES LANDES NORDRHEIN-WESTFALEN (Hrsg.): Reformbedarf in der beruflichen Bildung. Gutachten erarbeitet von Heidegger, Gerald et al. Düsseldorf 1997.
NOLTE, Herbert et al.: Die Jungarbeiter als Problem der Berufsschule. In: Der Kultusminister des Landes Nordrhein-Westfalen (Hrsg.): Neuordnung des beruflichen Schulwesens NW. Heft 22 der Schriftenreihe Strukturförderung im Bildungswesen des Landes Nordrhein-Westfalen. Ratingen 1973. S. 141-205.
REITEMEYER, Ursula: Bildung und Arbeit zwischen Aufklärung und nachmetaphysischer Moderne. Würzburg 2001.
SPRANGER, Eduard: Berufsbildung und Allgemeinbildung (1929). In: Röhrs, Hermann (Hrsg.): Die Bildungsfrage in der modernen Arbeitswelt. Frankfurt a. M. 1967. S. 17-34.
STERN-REPORT: Berufsaussichten und Berufsausbildung in der Bundesrepublik. 1963-1965.
STÜTZ, Gisela: Berufspädagogik unter ideologiekritischem Aspekt. Frankfurt a. M. 1970.
THYSSEN, Simon (1954): Die Berufsschule in Idee und Gestaltung; Essen.
VERORDNUNG ÜBER DIE AUSBILDUNG UND PRÜFUNG IN DEN BILDUNGSGÄNGEN DES BERUFSKOLLEGS (APO-BK), VOM 26. MAI 1999. Gesetz- und Verordnungsblatt für das Land Nordrhein-Westfalen. 53. Jahrgang. Nr. 26, ausgegeben zu Düsseldorf am 12. Juli 1999.

Gregor Raddatz

Bildung als Zwang in der Jugendverbandsarbeit

Thema ist die Relevanz von Prozessen der Ökonomisierung für die Außerschulischen Jugendbildung (AJB) am Beispiel der Deutschen Pfadfinderschaft Sankt Georg (DPSG). In vier Schritten geht es erstens mit Meueler allgemein um Bildung als Ware; zweitens mit Sturzenhecker speziell um die Auswirkungen der Ökonomisierung auf die Jugendverbandsarbeit; drittens mit Habermas, Lyotard und Luhmann um Perspektiven des Umgangs mit wirtschaftlichen Zwangsmechanismen in der AJB/DPSG und viertens mit jenen Denkern und für dieses Praxisfeld um posttraditionale Bildungswege zwischen Konsens, Dissens und Überlebenssicherung.

Bildung als Ware

Zu Beginn eine Begebenheit wie sie sich im Bereich der Erwachsenenbildung zutragen könnte: „Es klingelt. Ich öffne die Haustür. Wer bittet um Einlaß und Gehör? Nicht die bildschöne Märchenfee im leichten Gewand, drei pralle Wünsche in der Hand, nicht der Vorwerk-Staubsauger-Vertreter in Anzug mit Krawatte, nicht die beiden mittelalterlichen Damen von den Zeugen Jehovas, sondern ein Kundenbetreuer der Kreisvolkshochschule, der mir für einen Sonderpreis eine Besuchsberechtigung für mehrere Seminare andrehen will. Ich könnte mir zusätzlich aus einem dicken Katalog zwei CDs auswählen, wenn ich mich für drei Seminare im Block entscheiden würde"[1]. Meueler erzählt diese Geschichte in „Erwachsenenbildung als Ware"[2], um auf einen Trend im Bildungssektor aufmerksam zu machen, der fortführt vom klassischen Pädagogischen und hinführt zu einem rein ökonomischen Bildungsverständnis.

Für ein klassisch pädagogisches Bildungsverständnis macht sich Benner in „Allgemeine Pädagogik"[3] stark. Ihm zufolge haben wir es im Falle des

---

[1] E. Meueler: Erwachsenenbildung als Ware. In: Berufs- und Erwachsenenbildung zwischen Markt- und Subjektbildung. Hrsg. v. W. Markert. Hohengehren 1998. S. 54.
[2] Ebd. S. 54-81.
[3] D. Benner: Allgemeine Pädagogik. Eine systematisch-problemgeschichtliche Einführung in die Grundstruktur pädagogischen Denkens und Handelns. Weinheim 2001[4].

gelingenden Ineinandergreifens von Erziehungs- und Bildungsprozessen mit einer dialogisch-diskursiven Beziehung zwischen Erzieher und Zögling zu tun. Zum einen wird der Erzieher in Anwendung des Paradoxons der Fremdaufforderung zur Selbsttätigkeit erzieherisch tätig, zum anderen versucht der Zögling sich zu bilden, indem er in Auseinandersetzung mit Fremden und Fremdem an seiner eigenen Bestimmung mitwirkt[4].
Für ein rein ökonomisches Bildungsverständnis plädiert hingegen Scholz in „Personalmanagement"[5]. Hier liegt eine Tauschbeziehung zwischen Dienstleister und Kunden vor, welche dann als gelungen gilt, wenn es dabei zur Vermittlung von wirtschaftlich nützlichen Fähigkeiten und Fertigkeiten kommt. Auf der einen Seite bietet der Dienstleister marktrelevante Schlüsselqualifikationen an, auf der anderen Seite ist der Kunde dazu bereit, dafür Zeit und Geld zu investieren[6].
Diesen Trend der Abwendung vom klassisch pädagogischen und der Hinwendung zum rein ökonomischen Bildungsverständnis, den Meueler in der Erwachsenenbildung beobachtet, sieht Sturzenhecker auch in der Jugendverbandsarbeit am Werke.

Auswirkungen der Ökonomisierung auf die Jugendverbandsarbeit

Zunächst zwei Begriffsdefinitionen: Was ist unter Außerschulischer Jugendbildung und was unter Deutscher Pfadfinderschaft Sankt Georg zu verstehen?
Außerschulische Jugendbildung betrifft laut Eberle „alle pädagogischen Maßnahmen, die außerhalb der Schule, der Erziehung in der Familie und der beruflichen Bildung auf freiwilliger Basis den Jugendlichen angeboten werden"[7]. In genau diesem Bereich verortet sich die Jugendverbandsarbeit und somit liegt hier auch das Wirkungsfeld der Deutschen Pfadfinderschaft Sankt Georg. Gemäß ihrer Ordnung ist sie „der katholische Pfadfinderverband in der Bundesrepublik Deutschland. Unter diesem Namen schließen sich seit der Gründung im Jahr 1929 in Altenberg junge Menschen in Gruppen zu einem Verband zusammen. [...] Die Deutsche Pfadfinderschaft

---

[4] Vgl. ebd. S. 59-181.
[5] C. Scholz: Personalmanagement. Informationsorientierte und verhaltenstheoretische Grundlagen. München 1993³.
[6] Vgl. ebd. S. 539-546.
[7] G. Eberle/H. Hillig: Meyers kleines Lexikon Pädagogik. Mannheim et al. 1988. S. 61.

Sankt Georg baut auf den Grundlagen des Pfadfindertums nach der Idee des Gründers der Pfadfinderbewegung Lord Robert Baden-Powell of Gilwell auf"[8].
Die DPSG gliedert sich in Stämme, Bezirke, Diözesen und Bund. Auf Stammesebene finden regelmäßig Gruppenstunden und Zeltlager mit Kindern und Jugendlichen statt, die von erwachsenen Leitern durchgeführt werden. Die höheren Ebenen sorgen neben einer Interessensvertretung gegenüber den verschiedenen gesellschaftlich relevanten Institutionen und Gruppierungen für die Ausbildung der Leiter[9].
Zentrale Erziehungsziele der DPSG sind Selbstbestimmung und Mitverantwortung. Intern stehen dafür unter anderem die Mottos „Paddel dein Kanu selbst" und „Leben in tätiger Solidarität"[10]. Die Nähe zu klassisch pädagogischen Erziehungszielen wie „Mündigkeit" und „Selbstverwirklichung in sozialer Verantwortung" ist unverkennbar[11].
In „Dinos schaffen sich Biotope"[12] beschreibt nun Sturzenhecker, wie sich Prozesse der Ökonomisierung auf die Jugendverbandsarbeit auswirken. Im folgenden werden dessen Aussagen am Beispiel der DPSG konkretisiert.
Direkt sind Jugendverbände angewiesen auf die Bereitstellung von sich ständig verteuernden Dienstleistungen und Sachgütern durch die Wirtschaft. So benötigt die DPSG mittlerweile für eine normale Großveranstaltung Lagerplatz, Zelte, Lebensmittel, wetterfeste Kleidung, Transportfahrzeuge, Musikanlage, Dekorationsmaterial, Schreibutensilien, Merchandisingprodukte, Werbung, Versicherungsschutz usw.
Indirekt macht die Wirtschaft ihren Einfluß gegenüber gesellschaftlichen Bereichen und Gruppen wie Politik, Jugendlichen und Eltern geltend, mit dessen Ansprüchen sich die Jugendverbandsarbeit wiederum beschäftigen muß.
Fordert die Wirtschaft von der Politik Maßnahmen zur Sicherung der Konkurrenzfähigkeit in Zeiten der Globalisierung wie Verringerung der Abgabenlast, Abbau von Arbeitnehmerrechten und bessere Qualifizierung von

---

[8] Deutsche Pfadfinderschaft Sankt Georg: Ordnung, Satzung, Geschichte des Verbandes. Neuss-Holzheim 2001. S. 8.
[9] Vgl. ebd. S. 64.
[10] Vgl. ebd. S. 12.
[11] Vgl. Kultusministerium des Landes NRW: Richtlinien für die gymnasiale Oberstufe in NRW. Düsseldorf 1981. S. 16.
[12] B. Sturzenhecker: Dinos schaffen sich Biotope. Milieuorientierung als Zukunft für Jugendverbandsarbeit. In: Jugendpolitik 25. Jg. Heft 4 (1999). S. 25-28.

Arbeitskräften, gibt die Politik diesen Druck an die Jugendverbände weiter. So sieht sich die DPSG zum Beispiel im Bundesland Nordrheinwestfalen mit Mittelkürzungen, engeren Zielvorgaben, mehr Bürokratie und strengeren Kontrollen bzw. Sanktionen konfrontiert. Statt etwa die Förderung von Bildungs- und Schulungsangeboten in erster Linie an den Interessen und Bedürfnissen der Kinder und Jugendlichen auszurichten, soll es dabei zukünftig vor allem um die Vermittlung von wettbewerbsdienlichen Schlüsselqualifikationen und um Hilfe für sogenannte Modernisierungsverlierer gehen[13].

Erhöht die Wirtschaft den Konkurrenzdruck unter jungen Ausbildungs- und Arbeitsplatzbewerbern und weckt sie verstärkt die Konsumwünsche dieser Klientel, verändert sich auch das Freizeitverhalten von Kindern und Jugendlichen und damit steigen auch deren Ansprüche an einen Jugendverband wie die DPSG. Zwar suchen Verbandsmitglieder noch immer nach Begegnung und Mitgestaltungsmöglichkeiten, dem reinen Vergnügen und dem Erwerb von schnell verwertbarem Wissen und Können wird jedoch eine wachsende Bedeutung beigemessen.

Um unter anderem die – von der Wirtschaft suggerierten – Konsumwünsche der eigenen Kinder bezahlen zu können, sehen sich jetzt häufiger beide Elternteile dazu veranlaßt, arbeiten zu gehen. Als solche sind sie auf Nachmittagsbetreuung für ihre Schützlinge angewiesen. Von einem Jugendverband wie der DPSG erwarten sie einen Beitrag zu einer regelmäßigen, kostengünstigen und pädagogisch wertvollen Betreuung ihrer Kinder.

Laut Sturzenhecker kann die Jugendverbandsarbeit auf diese direkt oder indirekt von der Wirtschaft an sie gestellten Anforderungen auf zweierlei Weise reagieren. Entweder sie bleibt sich selbst treu und versucht – ganz im Sinne etwa pfadfinderischer Erziehungsziele wie Selbsttätigkeit und Mitverantwortung – als „Milieus in Kontakt"[14] den Wünschen ihrer Basis Rechnung zu tragen, oder sie fügt sich den ökonomischen Zwängen und beteiligt sich daran, als „Erziehungsinstitution"[15] aus Individuen funktionierende Mitglieder des gesellschaftlichen Kollektivs zu formen.

---

[13] Vgl. Ministerium für Frauen, Jugend, Familie und Gesundheit des Landes NRW: Richtlinien zum Landesjugendplan. Düsseldorf 2002. Stichwörter „Bildungsverständnis" und „Neue Herausforderungen"

[14] B. Sturzenhecker. A. a. O. S. 27.

[15] Ebd. S. 26f.

Kennzeichnend für Milieus in Kontakt hält Sturzenhecker facettenreiches Profil, freiwilliges Engagement, Ausrichtung auf die Interessen der Kinder und Jugendlichen, flexible und fehlerfreundliche Struktur und basisdemokratische Organisation. Als Kennzeichen für eine Eziehungsinstitution nennt er einheitliches Profil, Professionalität, Übernahme erzieherischer und therapeutischer Funktionen, stabile und effiziente Struktur und hierarchische und zentralistische Organisation. Bei der Deutschen Pfadfinderschaft Sankt Georg lassen sich sowohl Tendenzen in die eine als auch in die andere Richtung feststellen[16]:

Für ein facettenreiches Profil der DPSG steht eine große methodische Vielfalt von Erlebnis- über Sexual- bis zur Theaterpädagogik und ein Pluralismus unterschiedlichster „Stammestraditionen". Freiwilliges Engagement gewährleistet sie durch ihre ehrenamtlichen Vorstände, Leiter und Mitarbeiter. Die Interessen der Kinder und Jugendlichen berücksichtigt sie durch deren Partizipation an wichtigen Entscheidungsprozessen. Um eine flexible und fehlerfreundliche Struktur bemüht sie sich durch mitgliedergerechte Serviceleistungen ihrer Büros und durch spaß- und begegnungsorientierte Veranstaltungen. Ein basisdemokratisches Element ist die Wahl von Vorständen.

Für ein einheitliches Profil der DPSG stehen immer noch deren inhaltliche Schwerpunkte Behindertenarbeit, Entwicklungsfragen und interkulturelles Lernen und seit jüngster Zeit der unter Funktionären deutlich vernehmbare Ruf zurück zur Tradition. Professionalität gewährleistet sie durch Geschäftsführer, Bildungsreferenten und Verwaltungskräfte als hauptberufliche Mitarbeiter in den Diözesanbüros und im Bundesamt. Erzieherische und therapeutische Funktionen übernimmt sie unter anderem, indem sie etwa von Bundesländern geförderte Projekte im Bereich der Nachmittagsbetreuung und der Präventionsarbeit durchführt. Um eine stabile und effiziente Struktur bemüht sie sich an den Stellen, wo ihre Büros sich mehr und mehr an betriebswirtschaftlichen Gesichtspunkten orientieren. Hierarchisch und zentralistisch organisiert ist sie bei der Besetzung von Funktionärsposten. So berufen sich Vorstände ihre Referenten.

Daneben gibt es noch Reaktionen der Jugendverbandsarbeit bzw. der DPSG auf Anforderungen der Wirtschaft zu registrieren, die sich nicht eindeutig einer der beiden von Sturzenhecker beschriebenen Alternativen

---

[16] Zur aktuellen Entwicklung der DPSG vgl. vor allem Deutsche Pfadfinderschaft Sankt Georg: A. a. O. S. 111f.

zuordnen lassen. So haben wir es mit der Fokussierung auf Quantität zu tun, was sich beispielsweise daran zeigt, daß Veranstaltungen primär anhand der erreichten Teilnehmerzahl bewertet werden. Auch kommt der Öffentlichkeitsarbeit eine größere Bedeutung zu als der Gesellschaftskritik. Man beschäftigt sich ausgiebig mit der Gestaltung der Homepage und kaum noch mit aktuellen politischen Themen. Schließlich zielen Schulungen eher auf die Eintrichterung von Fähigkeiten und Fertigkeiten in Form von schnell anwendbarem Methodenwissen ab, statt auf die Ermöglichung von Bildungsprozessen zu setzen, wozu anstrengende und langwierige Prozesse der kritischen Auseinandersetzung mit anderen und der Selbstreflexion gehören würden.

Sturzenhecker wendet sich gegen Jugendverbände als Erziehungsinstitution. Diese übernehmen erzieherische und therapeutische Funktionen und werden so zum verlängerten Arm von Politik und Wirtschaft – „Rationalisierung besteht zum einen in der Ausdifferenzierung der Jugendarbeit als eigenständiges Sozialisationsfeld, das immer mehr zu einer erzieherischen Institution gewandelt wird [...], und zum anderen in den internen Modernisierungsstrategien von Orientierung an betriebswirtschaftlicher Effektivität und Effizienz, [...] Obwohl die Modernisierungsrisiken und Folgen dieses Handlungstyps längst bekannt und diskutiert sind [...], stürzt sich doch zur Zeit der soziale Sektor und mit ihm die Jugendverbände auf ein längst überkommenes Modell einer rationalen Institution"[17].

Er favorisiert Jugendverbände als Milieus in Kontakt. Solche orientieren sich an der eigenen Basis und bewahren dadurch eine gewisse Unabhängigkeit von Staat und Ökonomie – „Das Prinzip der Milieuorientierung ergäbe sich nicht nur als Selbsterhaltungsstrategie von Jugendverbänden angesichts differenzierter und pluralisierter Jugenden, sondern auch aus der Erkenntnis, daß diese Handlungsprinzipien [...] Risiken [...] in Form eines Wandels zur Erziehungsinstitution vermeiden könnten"[18].

Bei näherer Betrachtung der Sachlage zeigt sich jedoch, daß Jugendverbände auch als Milieus in Kontakt keineswegs den Fallstricken der Ökonomisierung entkommen. Durch die Milieuorientierung begeben sie sich in Abhängigkeit von den Interessen und Bedürfnissen ihrer Kinder und Jugendlichen, welche selbst wiederum abhängig sind von wirtschaftlichen Einflüssen.

---

[17] Ebd. S. 26.
[18] Ebd. S. 27.

Scheinbar ist Adorno beizupflichten, wenn er in „Theorie der Halbbildung"[19] auf die Schwierigkeiten verweist, welche mit dem Versuch verbunden sind, die Logik des Profits bzw. die „Allherrschaft des Tauschprinzips"[20] zu überwinden. Der nur allzu berechtigten Skepsis Adornos zum Trotz soll mit Habermas, Lyotard und Luhmann nach Wegen aus dieser verfahrenen Situation gesucht werden.

Perspektiven des Umgangs mit wirtschaftlichen Zwangsmechanismen in der AJB/DPSG

In „Theorie des kommunikativen Handelns"[21] unterteilt Habermas Gesellschaft in die Bereiche System und Lebenswelt. Im Bereich der Systeme haben wir es mit strategischem Handeln zu tun. Sprache fungiert hier als Mittel zur Durchsetzung eigener Interessen. Der Bereich Lebenswelt zeichnet sich hingegen durch kommunikatives Handeln aus. Sprache dient hier als Mittel der Verständigung im Rahmen eines herrschaftsfreien und vernunftorientierten Diskurses über Geltungsansprüche. Zum Bereich der Systeme gehören Wirtschaft und Politik. Der Wirtschaft geht es um Geld, der Politik um Macht. Zum Bereich der Lebenswelt zählt unter anderem auch die Pädagogik, welcher an Erziehung und Bildung gelegen ist[22]. Gegenwärtig erleben wir eine fortschreitende Kolonialisierung der Lebenswelt durch die Systeme Wirtschaft und Politik in Gestalt von Monetarisierung und Bürokratisierung. Egoistische Kosten-Nutzen-Kalküle verdrängen dabei zusehends altruistische Motive – „Gleichzeitig dringen die Imperative verselbständigter Subsysteme in die Lebenswelt ein und erzwingen [...] eine Angleichung des kommunikativen Handelns an formal organisierte Handlungsbereiche"[23].
Von dieser Entwicklung bleibt auch die Pädagogik und mit ihr die Außerschulische Jugendbildung nicht verschont. Symptomatisch sind diesbezüglich der Trend in Jugendverbänden zu Qualitätsmanagement und Kundenorientierung als Ausdruck betriebswirtschaftlichen Denkens und Han-

---

[19] Th. W. Adorno: Theorie der Halbbildung (1959). In: Ders.: Soziologische Schriften I. Frankfurt a. M. 1972. S. 93-121.
[20] Ebd. S. 104.
[21] J. Habermas: Theorie des kommunikativen Handelns Bd. 1 u. 2. Frankfurt a. M. 1981.
[22] Vgl. ebd. Bd. 2. S. 182-228.
[23] Ebd. Bd. 2. S. 593.

delns oder die Verschulung und Therapeutisierung etwa der DPSG durch Projekte wie Nachmittagsbetreuung und Präventionsarbeit. Zum Ziel von Bildung erklärt Habermas Individualisierung als sprachlich vermitteltes Zusammenspiel von Vergesellschaftung und Selbstverwirklichung durch Verständigung innerhalb einer nicht-kolonialisierten Lebenswelt – „Die Beteiligten müssen ihre sozial-integrierten Lebensformen selber erzeugen, indem sie einander als autonom handlungsfähige Subjekte und überdies als Subjekte, die für die Kontinuität ihrer verantwortlich übernommenen Lebensgeschichte einstehen, anerkennen"[24]. Ähnlich spricht sich die DPSG für Selbstbestimmung und Mitverantwortung aus und wendet unter anderem um dieser Erziehungsziele Willen die Projektmethode an.

Der Weg dahin führt – so Habermas – über die emanzipatorische Anstrengung intersubjektiver Reflexion und die Aufdeckung gesellschaftlicher Pathologien – „Am Ende muß uns, die wir in das Drama der Lebensgeschichte verstrickt sind, der Sinn des Vorgangs selbst kritisch zu Bewußtsein kommen können; muß das Subjekt seine eigene Geschichte auch erzählen können und die Hemmungen, die der Selbstreflexion im Wege standen, begriffen haben"[25]. Für wichtig erachtet Habermas in diesem Zusammenhang außerdem die Einübung verständigungsorientierten Handelns in pädagogischen Kontexten, indem sich „die Interaktionsteilnehmer über die beanspruchte Gültigkeit ihrer Äußerungen einigen, d. h. Geltungsansprüche, die sie reziprok erheben, intersubjektiv anerkennen"[26]. Um im Rahmen der außerschulischen Jugendbildung einen entsprechenden Beitrag zu leisten, könnten zum Beispiel Jugendverbände wie die DPSG mehr Wert auf die nachhaltige Reflexion ihres Tuns legen, ihr zivilgesellschaftliches Engagement verstärken und sich über ihre nur von wenigen Leitern frequentierten Woodbadgekurse[27] hinaus um Konsensfindung bemühen.

---

[24] J. Habermas: Individuierung durch Vergesellschaftung. In: Riskante Freiheiten. Individualisierung in modernen Gesellschaften. Hrsg. v. U. Beck. Frankfurt a. M. 1994. S. 445.
[25] J. Habermas: Erkenntnis und Interesse. Frankfurt a. M. 1968. S. 317.
[26] J. Habermas: Erläuterungen zum Begriff des kommunikativen Handelns (1982). In: Ders.: Vorstudien und Ergänzungen zur Theorie des kommunikativen Handelns. Frankfurt a. M. 1984. S. 588.
[27] Die Woobadgeausbildung ist die international anerkannte Gruppenleiterausbildung der Pfadfinderbewegung und entspricht den Beschlüssen der World Organization of Scout Movement (WOSM) mit Sitz in Genf. Im Mittelpunkt dieser Ausbildung stehen Konsensfindung und Projektmethode. Vgl. Deutsche Pfadfinderschaft Sankt Georg. A. a. O. S. 26 u. 29.

In „Der Widerstreit"[28] vertritt Lyotard die Auffassung, daß Sprache kein Mittel der Verständigung zwischen sprach- und handlungsfähigen Subjekten ist, sondern eines des Kampfes innerhalb von Sprachspielen. Am Ende setzt sich demnach nicht das vernünftigere sondern das mächtigere Argument durch. Zur Verdeutlichung des von ihm Gemeinten verwendet er ein maritimes Bild:
Er spricht von Archipelen, Admirälen und Archipelagos. Archipele sind voneinander durch ihre je spezifischen Regeln unterscheidbare Sprachspiele. Admiräle sind diejenigen, welche sich an den Sprachspielen beteiligen und zwischen diesen Handel treiben oder Krieg führen. Das Archipelagos ist das Medium, in dem die Sprachspiele stattfinden und die Admiräle umherfahren – „Dieser Gegenstand könnte nur ein Symbol sein. Sagen wir: ein Archipel. Jede der Diskursarten wäre gleichsam eine Insel; das Urteilsvermögen wäre, zumindest teilweise, gleichsam ein Reeder oder Admiral, der von einer Insel zur anderen Expeditionen ausschickte mit dem Ziel, auf der einen darzustellen was auf der anderen gefunden [...] wurde und der ersteren als ‚Als-ob-Anschauung' zu ihrer Validierung dienen könnte. Diese Interventionsmacht, Krieg oder Handel, besitzt keinen Gegenstand, keine eigene Insel, sondern erfordert ein Medium, das Meer, den Archipelagos, das Ur- oder Hauptmeer, wie einst die Ägäis genannt wurde"[29].
In „Der philosophische Gang"[30] beschreibt Lyotard die aktuelle Lage als weltweit drohende Konsensdiktatur der Ökonomie. Vom Archipel der Ökonomie, auf dem das Prinzip des Tausches und das Streben nach Profit dominiert, sind Admiräle mit Begriffen wie Zeiteffizienz, Gewinnmaximierung, Zielgerichtetheit, Werbung, Genuß, Konkurrenz und Egoismus unterwegs, um andere Archipele damit zu besetzen. Ein Archipel, welches von einer solchen Invasion heimgesucht wird, ist das der mit Bildungs- und Erziehungsprozessen betrauten Pädagogik. Hier – wo auch die AJB und mit ihr die DPSG als Jugendverband zu verorten ist – werden nun Methoden wie Waren an den Mann gebracht und geht man mit ausgefeilten Werbestrategien auf Kundenfang[31].

---

[28] J.-F. Lyotard: Der Widerstreit (1983). München 1989².
[29] Ebd. S. 218-219.
[30] J.-F. Lyotard: Der philosophische Gang. In: Ders.: Postmoderne für Kinder: Briefe aus den Jahren 1982-1985. Wien 1987. S. 126-137.
[31] Vgl. ebd. S. 134-135.

Da Lyotard ausdrücklich den geringen Verkehr zwischen dem Archipel der Pädagogik und dem der ums Selberdenken bemühten Philosophie bedauert, kann als Ziel von Bildung in dessem Geiste die Mündigkeit des einzelnen gelten.[32] Auch hier liegt die Nähe zu den pfadfinderischen Erziehungszielen Selbstbestimmung und Mitverantwortung auf der Hand.
Unerläßlich auf dem Weg dahin sind laut Lyotard neben einem regerern Verkehr zwischen Philosophie und Pädagogik vor allem der Kampf gegen globalen Konsens und Konformität im Zeichen der Ökonomie bzw. für weltweiten Dissens und Pluralität zwischen den verschiedenen Sprachspielen – „Daraus, daß der Gang der Philosophie in der Philosophiestunde statthat, folgt, daß jede Klasse, jedes Ensemble von Namen, Daten, Orten, ein eigenes Idiom erarbeitet, einen Ideolekt, in dem die Arbeit erfolgt"[33]. Dazu beitragen könnte die DPSG, indem sie sich intensiver als bisher mit philosophischen Fragen beschäftigt und selbstbewußter ihren eigentümlichen und widerständigen Kommunikationsstil pflegt.
In „Soziale Systeme"[34] sieht Luhmann den Zweck des Sozialen weder in der Verständigung zwischen Subjekten noch im Kampf zwischen Sprachspielen, sondern in der Überlebenssicherung von Systemen durch Verstehen. Systeme grenzen sich mittels autopoietischer bzw. sich selbst regulierender Vorgänge von ihrer Umwelt ab. Psychische Systeme tun dies, indem sie Gedanken an Gedanken anschließen, soziale Systeme, indem sie Kommunikation auf Kommunikation folgen lassen. Psychische und soziale Systeme sind strukturell gekoppelt, sie tauschen Material untereinander aus – „Systeme können sich wechselseitig irritieren [...] mit der Folge, daß im jeweils irritierten System strukturelle Unsicherheiten entstehen, für die dann eine Lösung gesucht werden muß, die mit der Fortsetzung der Autopoiesis des Systems – mit weiterem Denken, mit weiterem Kommunizieren – kompatibel ist"[35].
Nach Luhmann erleben wir zur Zeit eine zunehmende Ausdifferenzierung sozialer Systeme. Als Unterscheidungsmerkmal dienen dabei Funktionscodes. Der der Wirtschaft ist zahlen/nicht-zahlen, der der Politik mächtig/ohnmächtig und der der Pädagogik – somit auch der der AJB – begrei-

---

[32] Vgl. ebd. S. 127-128.
[33] Ebd. S. 131.
[34] N. Luhmann: Soziale Systeme. Grundriß einer allgemeinen Theorie (1984). Frankfurt a. M. 1996[6].
[35] N. Luhmann: Die operative Geschlossenheit psychischer und sozialer Systeme (1992). In: Das Ende der großen Entwürfe. Hrsg. v. H. R. Fischer et al.. Frankfurt a. M. 1993[2]. S. 125.

fen/nicht-begreifen.³⁶ Desweiteren haben wir es im Hinblick auf psychische Systeme mit einer voranschreitenden Individualisierung zu tun. Diese erfolgt als Aneignung eines originellen Images durch Kopie von Modeerscheinungen, als Kreierung einer Patchworkidentität durch Integration verschiedener gesellschaftlicher Anforderungen und als Streben nach Karriere.³⁷ Auch in der DPSG spiegeln sich diese Formen der Individualisierung wieder. Das fängt bei Kleidungsstilen an und geht über den Versuch der Versöhnung beruflicher und pfadfinderischer Interessen bis hin zum Erklimmen der innerverbandlichen Funktionärsleiter.

Das Ziel pädagogischer Bemühungen besteht für Luhmann in der Förderung von Individualisierung als optimaler Anpassung an die jeweiligen Umweltbedingungen – „Zentraler liegen alle Individualisierungen, die an der Zentraldifferenz Begreifen/Nichtbegreifen anschließen und die als Leistungsdifferenzen schuloffiziell markiert und noch übersteigert werden. In dieser Perspektive können dann Erfolge weitere Erfolge und Mißerfolge weitere Mißerfolge wahrscheinlich machen"³⁸. Die für klassische Pädagogik wie Jugendverbandsarbeit zentralen Erziehungsziele von Mündigkeit und Selbstverwirklichung in sozialer Verantwortung spielen für ihn keine Rolle.

Auf dem Weg zur Überlebenssicherung durch Adaption kommt es nach Luhmann darauf an, sich Anschlussfähigkeiten und -möglichkeiten zu sichern, die Kommunikation als solche aufrechterhalten und durch den bewußten Einsatz von Irritationen Lernvorgänge zu provozieren³⁹. Auf die DPSG heruntergebrochen hieße das, die Sprache der Mitglieder zu sprechen, sich moderner Kommunikationstechniken zu bedienen und bei pädagogischen Prozessen Störungen nicht zu übergehen, ja sie sogar gezielt einzusetzen.

---

[36] Vgl. N. Luhmann: Soziale Systeme. Grundriß einer allgemeinen Theorie. A. a. O. S. 625 u. 627.
Vgl. auch N. Luhmann: Systeme verstehen Systeme. In: Zwischen Intransparenz und Verstehen. Fragen an die Pädagogik. Hrsg. v. N. Luhmann/K. E. Schorr. Frankfurt a. M. 1986. S. 102.
[37] N. Luhmann: Copierte Existenz und Karriere. Zur Herstellung von Individualität. In: Riskante Freiheiten. Individualisierung in modernen Gesellschaften. Hrsg. v. U. Beck. Frankfurt a. M. 1994. S. 191-196.
[38] N. Luhmann: Systeme verstehen Systeme. A. a. O. S. 102.
[39] Ebd. S. 103f.

Bildungswege zwischen Konsens, Dissens und Überlebenssicherung

Habermas und Lyotard üben aus ihrer jeweils spezifischen Sicht heraus Kritik an der zunehmenden Ökonomisierung unserer Gesellschaft und empfehlen die Anwendung unterschiedlicher Mittel zum Zweck, dieser Entwicklung Einhalt zu gebieten. Luhmann beschränkt sich ganz auf die Beobachtung von Prozessen der Differenzierung und Individualisierung und rät uns zur Optimierung unserer Adaption der bestehenden Verhältnisse.

Sollen Jugendverbände wie die DPSG nun eher mit Habermas den Konsens im Rahmen eines herrschaftsfreien und vernunftorientierten Diskurses anstreben, mit Lyotard den gesamtgesellschaftlichen Dissens erstreiten, Widerstand gegen die Besetzung durch Begriffe der Ökonomie leisten und für ein eigenständiges Vokabular einstehen oder mit Luhmann Überlebenssicherung durch Anpassung betreiben, für möglichst viele ein attraktives Betätigungsfeld bieten und ansonsten die Kommunikation kommunizieren lassen?

Der traditionalen Moderne zufolge müßte uns an einem klaren und vereinfachenden Entweder-Oder gelegen sein. Die Stärke dieser Position liegt in ihrer Kritik an vormodernen Traditionen. Sie ist jedoch ihren eigenen Traditionen gegenüber nicht kritisch genug. Der posttraditionalen Moderne zufolge wäre eher ein komplexes und bereicherndes Sowohl-Als-Auch wünschenswert. Diese Haltung radikalisiert den der Moderne von Anfang an innewohnenden Zweifel, indem sie ihn letztlich auch gegen die eigenen Traditionen wendet. Dabei geht es darum, sich nicht generell die eine oder andere Sichtweise zu eigen zu machen, sondern sich von Situation zu Situation für die jeweils geeigneter erscheinende Perspektive zu entscheiden. Als geeignet könnten dabei Positionen gelten, die dazu dienen, die Bewegung der Problematisierung als solche aufrechtzuerhalten und so die Herrschaft eines einzelnen Standpunktes zu verhindern[40].

Im Falle der wirtschaftlichen Zwangsmechanismen ausgesetzten Jugendverbandsarbeit hieße das, mit Habermas und Lyotard gegen Luhmann Bildungswege zu beschreiten versuchen, die sich – ganz im Sinne von Günter Eichs Gedicht „Träume" – dem Trend zur Ökonomisierung und Funktionalisierung widersetzen – „Tut das Unnütze, singt die Lieder, die man aus

---

[40] Vgl. G. Raddatz: Pädagogik im freien Fall. Posttraditionale Didaktik zwischen Negativer Dialektik und Dekonstruktion. Münster 2003.

Eurem Mund nicht erwartet! Seid unbequem, seid Sand, nicht das Öl im Getriebe der Welt!'"[41].

Literatur

ADORNO, Theodor W.: Theorie der Halbbildung (1959). In: Ders.: Soziologische Schriften I. Frankfurt a. M. 1972, S. 93-121.
BENNNER, Dietrich: Allgemeine Pädagogik. Eine systematisch problemgeschichtliche Einführung in die Grundstruktur pädagogischen Denkens und Handelns. Weinheim 2001[4].
DEUTSCHE PFADFINDERSCHAFT SANKT GEORG: Ordnung, Satzung, Geschichte des Verbandes. Neuss-Holzheim 2001.
EBERLE, Gerhard/Hillig, Axel: Meyers kleines Lexikon Pädagogik. Mannheim et al. 1988.
EICH, Günter: Wacht auf, denn eure Träume sind schlecht (1953). In: Ders.: Ausgewählte Gedichte. Frankfurt a. M. 1960. S. 51.
HABERMAS, Jürgen: Erkenntnis und Interesse. Frankfurt a. M. 1968.
HABERMAS, Jürgen: Erläuterungen zum Begriff des kommunikativen Handelns (1982). In: Ders.: Vorstudien und Ergänzungen zur Theorie des kommunikativen Handelns. Frankfurt a. M. 1984. S. 571-606.
HABERMAS, Jürgen: Individuierung durch Vergesellschaftung. In: Riskante Freiheiten. Individualisierung in modernen Gesellschaften. Hrsg. v. Ulrich Beck. Frankfurt a. M. 1994. S. 437-445.
HABERMAS, Jürgen: Theorie des kommunikativen Handelns. Bd. 1 u. 2. Frankfurt a. M. 1981.
KULTUSMINISTERIUM DES LANDES NRW: Richtlinien für die gymnasiale Oberstufe in NRW. Düsseldorf 1981.
LUHMANN, Niklas: Copierte Existenz und Karriere. Zur Herstellung von Individualität. In: Riskante Freiheiten. Individualisierung in modernen Gesellschaften. Hrsg. v. Ulrich Beck. Frankfurt a. M. 1994. S. 191-196.
LUHMANN, Niklas: Die operative Geschlossenheit psychischer und sozialer Systeme (1992). In: Das Ende der großen Entwürfe. Hrsg. v. Hans Rudi Fischer et al.. Frankfurt a. M. 1993[2]. S. 117-131.
LUHMANN, Niklas: Soziale Systeme. Grundriß einer allgemeinen Theorie (1984). Frankfurt a. M. 1996[6].
LUHMANN, Niklas: Systeme verstehen Systeme. In: Zwischen Intransparenz und Verstehen. Fragen an die Pädagogik. Hrsg. v. Niklas Luhmann/Karl Ernst Schorr. Frankfurt a. M. 1986. S. 72-117.
LYOTARD, Jean-Francois: Der philosophische Gang. In: Ders.: Postmoderne für Kinder: Briefe aus den Jahren 1982-1985. Wien 1987. S. 126-137.
LYOTARD, Jean-Francois: Der Widerstreit (1983). München 1989[2].

---

[41] G. Eich: Wacht auf, denn eure Träume sind schlecht (1953). In: Günter Eich. Ausgewählte Gedichte. Frankfurt a. M. 1960. S. 51.

MEUELER, Erhard: Erwachsenenbildung als Ware. In: Berufs- und Erwachsenenbildung zwischen Markt- und Subjektbildung. Hrsg. v. Werner Markert. Hohengehren 1998. S. 54-81.
MINISTERIUM FÜR FRAUEN; JUGEND; FAMILIE UND GESUNDHEIT DES LANDES NRW: Richtlinien zum Landesjugendplan. Düsseldorf 2002.
RADDATZ, Gregor: Pädagogik im freien Fall. Posttraditionale Didaktik zwischen Negativer Dialektik und Dekonstruktion. Münster 2003.
SCHOLZ, Christian: Personalmanagement. Informationsorientierte und verhaltenstheoretische Grundlagen. München 1993³.
STURZENHECKER, Benedikt: Dinos schaffen sich Biotope. Milieuorientierung als Zukunft für Jugendverbandsarbeit. In: Jugendpolitik 25. Jg. Heft 4 (1999). S. 25-28.

Jens Hülsmann

Kritische Suchtprävention in der Schule

Dieser Beitrag betrachtet die Bedingungen der Möglichkeit wirksamer suchtpräventiver Arbeit in der Schule. Die arbeitsleitende These lautet: Suchtprävention, die nicht den Anspruch hat, auf allgemeine Bildung hinzuwirken, besitzt keine wirklich präventive Wirkung. An den meisten vorliegenden suchtpräventiven Konzeptionen ist zu kritisieren, daß sie auf reine Systemfunktionalität und gesellschaftliche Anerkennung abzielen bzw. sich mit ihr begnügen. Sie instrumentalisieren nicht näher beschriebene Bildungsimperative wie z. B. Lebenskompetenz und Frustrationstoleranz zum Zweck eines unkritischen Pragmatismus. Die Hauptkritik des Autors besteht darin, daß diese Präventionsprogramme den freien Willen im Sinne Kants reduzieren und das Bildungsideal lebenslanger Offenheit und Bildsamkeit hintergehen. Eine eigene Definition von Bildung, die sich durch ein bestimmtes Menschenbild und eine bestimmte Bildungstheorie begründet, wird in diesen Programmen nicht offengelegt mit der Folge, das Präventionsziel der Selbsthervorbringung moralischer Subjektivität unterlaufen wird.

Im folgenden wird versucht, über die Bestimmung eines kritischen Begriffs von Sucht, das Konzept einer kritischen Suchtprävention zu erstellen, welches sich in Abgrenzung zur herkömmlichen suchtpräventiven Praxis an einem kritischen Begriff von Bildung und einer sich daraus ableitenden negativen Erziehung orientiert. Abschließend wird betrachtet, wie sich eine solche Konzeption kritischer Suchtprävention unterrichtspraktisch realisieren lassen könnte.

1. Ein kritischer Begriff von Sucht

Als Sucht bezeichnet man ein unwiderstehliches, starkes Verlangen nach einem bestimmten Erlebniszustand. Dieses Verlangen kann sich entweder als sogenannte stoffgebundene Sucht auf verschiedene drogale Substanzen (z. B. Medikamente, Alkohol, Heroin) oder als stoffungebundene Sucht auf bestimmte Verhaltensweisen (z. B. Fernsehen, Arbeiten, Spielen) richten. Nahezu jede Tätigkeit und jede Substanz kann in der Weise eingesetzt werden, daß bestimmte Gefühlslagen erzeugt werden bzw. emotionale Spannungen überdeckt, verdrängt oder auch ausgelöst werden. Welcher Art diese Substanzen bzw. Tätigkeiten sind, ist individuell verschieden und bedingt durch lebensgeschichtliche Erfahrungen. Haben diese Verhaltensweisen den Zweck, Konflikten auszuweichen, besteht die Gefahr der Gewöhnung an dieses ausweichende Handeln und der Entwicklung einer süchtigen Eigendynamik, die die ursprünglichen Ursachen in den Hintergrund treten läßt. Charakteristische Folgen süchtigen Verhaltens sind Schädigungen im psychischen, körperlichen und sozialem Bereich.

Der Begriff Sucht und die Zuschreibung, „süchtig zu sein", besitzt auch einen stigmatisierenden Effekt. Deutlich wird dies an überspitzenden Formulierungen wie z. B.: „Sucht verfehlt den (zwischen)menschlichen Bezug. Süchtige befinden sich deshalb auch nicht auf ‚eigentlich menschlicher Daseinshöhe'"[1]. Mit einer solchen Bewertung süchtigen Verhaltens wird die prohibitive Prävention begründet, „die in ihrer puritanischen Übersteigerung zum illusionären Ziel einer drogenfreien Gesellschaft führt und jede Erfahrung mit der ‚Gefahr' rauschhaften Erlebens unterbinden möchte. Diese Begründung übersieht [...], daß Verbote die Suchtgefahr steigern und daß der Umgang mit allgegenwärtigen Risiken gelernt werden muß"[2]. Um die Entwicklung zu einer Sucht zu verstehen, darf man die ‚dionysische' Seite des Rausches nicht außer acht lassen, „– jene Bereicherung, die das Leben darin erfahren kann, jenes Getragensein von dem Lebesstrom, jenes Schwelgen in den Möglichkeiten, deren keine in aller Maß- und Grenzlosigkeit ergriffen zu werden braucht"[3]. Hingegen ist der nüchterne, ausschließlich *geordnet* lebende Mensch „in den Augen der Rausch Suchenden zu einem trockenen Dasein verurteilt und scheint an Prinzipien gefesselt zu sein, die ihn zwar nicht entgleisen lassen, vielleicht ihm aber manche Entfaltung und Erfüllung vorenthalten"[4]. Folglich ist der Rausch sowohl eine Bereicherung des Erlebens, kann aber gleichzeitig ein Risiko für ein realitätsbezogenes Leben darstellen.

Sucht hat „einen durchaus dämonischen Charakter bewahrt[5]. Dies drückt sich u. a. auch in einer völlig irrationalen Angst verbunden mit lustbeton-

---

[1] K.-L. Täschner: Therapie der Drogenabhängigkeit. Ein Handbuch. Stuttgart 1983. S. 17.
[2] P. Loviscach: Soziale Arbeit im Arbeitsfeld Sucht. Eine Einführung. Freiburg i. B. 1996. S. 36.
[3] v. Gebsattel In: R. Tölle: Psychiatrie. Berlin et al. 1991. S. 143.
[4] Ebd. S.143.
[5] Diese irrationale Angst drückt sich auch in einer der beliebtesten Metaphern für das Drogenproblem, der „Drogenwelle", aus. Vgl. P. Loviscach. A. a. O. S. 35.

tem Schaudern vor dieser Art von Krankheit aus. Sie umweht ein geheimnisvoller Hauch von etwas Unerklärlichen, Fremden"[6]. Dem Suchtbegriff scheint demnach die „Funktion eines gesellschaftlichen Codes für die Deutung und den Umgang mit abweichenden/unerwünschten Seelenzuständen und Verhaltensweisen im Bereich menschlicher Leidenschaften und Triebe zuzukommen"[7]. Es ist zu berücksichtigen, „daß das soziale Entgegenkommen für manche dieser Verhaltensweisen ausgedehnt ist, daß sie gefördert werden und daß sie gleichzeitig ökonomisch genutzt werden, wie dies bei der Konsumsucht besonders deutlich ist"[8]. Nicht alle stereotypen Verhaltensweisen werden gesellschaftlich stigmatisiert. Beispielsweise wird in unserer westlichen Kultur eine völlige Fixierung auf die Arbeit gesellschaftlich als positiv bewertet. Somit ist das Ausmaß des Verlassens kultureller Verhaltensnormen mitbestimmend für die subjektive wie gesellschaftliche Wahrnehmung eines als abweichend bzw. als gestört interpretierten Verhaltens. Eine Schwierigkeit besteht darin, daß die Maßstäbe, nach denen beurteilt wird, sowohl inter- als auch intrakulturell nicht einheitlich sind. Sehr deutlich wird das beispielsweise an der geschichtlich wie kulturell übergreifend sehr unterschiedlichen Bewertung des Umgangs mit Substanzen wie Alkohol, Nikotin, Kaffee, Cannabis, Opium, etc.[9] Insgesamt ist zu beachten, daß jede Sucht auch einen subjektiven Sinn in sich trägt. Aus einer solchen Perspektive stellt Sucht den Versuch einer Selbsthilfe und der Bewältigung von Belastungen und persönlichen Schwächen dar. Somit dient sie als „Lebenskrücke", die gleichsam selbst zum beherrschenden Problem wird.

Angesichts des steten Bedeutungswandels und der Komplexität der mit zu berücksichtigenden Bezugsebenen kann es nicht das Ziel sein, den Begriff Sucht positiv zu bestimmen und eine unumstößlich feststehende Definition zu liefern. Dies wäre auch gar nicht möglich. Ein kritischer Begriff von Sucht entzieht sich einer positiven und normativen Definition. Es kann lediglich versucht werden, sich dem Begriff in Form einer vorläufigen Bestimmung anzunähern.

---

[6] R. Harten: Sucht, Begierde, Leidenschaft. Annäherung an ein Phänomen. München 1991. S. 45.
[7] K. Winter: Evolution und Sucht. In: A Schuller/J. A. Kleber (Hrsg.): Gier. Zur Anthropologie der Sucht. Göttingen 1993. S. 246.
[8] F. Stimmer: Suchtlexikon. München/Wien. 2000. S. 566.
[9] Vgl. B. G. Thamm: Stichwort Drogen. München 1994. S.10ff.

Der Begriff Sucht bezeichnet sich selbst verfestigende Verhaltensmuster, die nicht isoliert für sich stehen, sondern eingebettet sind in komplexe Zusammenhänge. Diese Handlungen stehen in Bezug zum eigenen Selbst, zum eigenen Körper und zur Umwelt[10]. Folglich bezeichnet die Klassifizierung „süchtig" weniger einen „süchtigen Menschen" als vielmehr bestimmte Merkmalsäußerungen einer Störung der Beziehungen und Handlungen einer Person. Es umschreibt Probleme in der Vermittlung zwischen Individuum und Umwelt. Demzufolge ist das Phänomen Sucht auch nur an dem Zusammentreffen zwischen individuellen Bedingtheiten und den äußeren Rahmenbedingungen beobachtbar. Subjektiv machen süchtige Verhaltensreaktionen für den Handelnden Sinn, denn sie haben die Funktion, seine Handlungsfähigkeit zu sichern. Die ursprüngliche Funktion dieser Handlungsmuster war es, zu Kompromissen und Bewältigungen in der Beziehung zwischen Individuum und Umwelt zu gelangen. Diese Funktion erreichen sie jedoch nicht mehr. In Form einer sich verselbständigenden Eigendynamik blockieren sie stattdessen die Möglichkeiten alternativer Handlungsformen. Diese Dynamik überdeckt die vorausgehenden, grundlegenden Konfliktlagen und bringt Sekundärfolgen mit sich, die ursprünglich nicht existent waren und sich unabhängig von den vorausgehenden Grundkonflikten eigenständig entfalten. Im weiteren Verlauf gewinnen die Folgeerscheinungen in Form eines „Suchtkreislaufes" immer mehr an Dominanz[11]. Ein potentiell vielschichtiges und breitgefächertes Handlungsrepertoire wird reduziert auf ein bestimmtes Handlungsmuster. Durch die Ausbildung von Stereotypen wird ein funktionierender Austausch zwischen dem Individuum und seiner Umwelt verhindert. Diese Verhaltensäußerungen sind nicht direkt bestimmten Konflikten zuzuordnen. Sie können durch unterschiedliche Problemlagen bedingt sein. Im Vordergrund stehen hierbei im wesentlichen Probleme in der Verarbeitung affektiver Bereiche.

Sucht ist keine „dingliche" Eigenschaft der jeweiligen Person. Eine solch vereinfachende Auffassung läßt Sucht als ein multifaktorielles Geschehen bedingt durch individuelle wie soziale Dispositionen unberücksichtigt. Es liegt zwar eine Generalisierung eines Verhaltensmusters über verschiedene Handlungsbereiche vor, den betroffenen Menschen jedoch als ein mit „Defekten versehenes Wesen" zu betrachten, wird dem komplexen Problemfeld

---

[10] Vgl. P. Degkwitz: „Abhängig" oder „selbstbestimmtes Individuum". In: Akzeptanz. Heft 2 (1997). S. 18.

[11] Vgl. P. Loviscach. A. a. O. S. 56.

nicht gerecht. Eine solche Defizitvorstellung hat für die als „süchtig" wahrgenommenen Personen die Konsequenz, für ihre problematische Situation ausschließlich selbst verantwortlich gemacht zu werden[12].
Im Sinne kritischer Theoriebildung wird in diesem Beitrag eine trennende Gegenüberstellung der beiden Spannungsfelder Individuum und Umwelt zum Verständnis von Sucht vermieden. Eine solche reduktionistische Betrachtung verleitet dazu, relevante Einzelaspekte nebeneinander zu reihen, in der Schwerpunktsetzung bestimmte zu favorisieren und andere zu relativieren. Dieser Ansatz hingegen faßt Sucht als gesellschatlich bedingten, strukturellen Interaktions- und Beziehungskonflikt auf. Ziel ist es, den Blick weg von bestimmten Konsumhandlungen auf die generellen Interaktions- und Handlungsmuster von Individuen und ihrer Umwelt zu richten[13].
Allgemein gesprochen bedeutet Sucht in dem Versuch der Bewältigung von Lebensanforderungen eine Verfestigung bestimmter Verhaltensweisen und einen Verlust an Flexibilität. Durch diese Reduktion eines ehemals breiten Handlungsspektrums entsteht ein interaktiver Konflikt in der Beziehung zwischen dem Individuum und seiner Umwelt, der sowohl seitens des Handelnden als auch in der Wahrnehmung seines Umfeldes als Verlassen gesellschaftlicher Normalität wahrgenommen und als süchtiges Verhalten gedeutet wird. Sucht ist kein überhistorisches Phänomen, sondern ändert sich mit den geschichtlichen und gesellschaftlichen Hintergründen, und somit wandelt sich auch der individuelle wie gesellschaftliche Umgang mit dieser Problematik.

2. Kritische Suchtprävention durch Aufklärung und Bildung

In der Verwendung des Begriffs Suchtprävention existiert wie bei dem Begriff Sucht auf wissenschaftlicher wie alltagssprachlicher Ebene kein einheitlicher Gebrauch[14]. Allgemein gibt es bislang für Präventionsmaßnahmen weder eine klar umrissene Terminologie noch ein einheitliches Klassifikationsschema. Folglich ist Suchtprävention kein klar definiertes Praxisfeld und läßt sich auch nicht einer bestimmten Wissenschaftsdisziplin zuordnen. Es ist eine Sammelbezeichnung unterschiedlicher disziplinüber-

---

[12] Vgl. P. Degkwitz. A. a. O. S. 19f.
[13] Vgl. ebd. S. 20.
[14] Vgl. T. Weil: Den Menschen dort begegnen, wo sie sind. In: Suchtreport 6 (1996). S. 29.

greifender pädagogischer, psychologischer, medizinischer, sozialarbeiterischer Praxen mit dem Ziel, die Entstehung süchtigen Verhaltens zu verhindern. Auch die theoretische Diskussion über Suchtprävention ist bedingt durch die fehlende Klarheit in der Auseinandersetzung mit dem Begriff „Sucht" und geprägt von einer Uneinheitlichkeit und Vielfalt in der Verwendung der Begriffe, Erklärungen und theorieleitenden Hintergründen. Die unterschiedlichen Ansätze differieren in ihrem Erklärungswert, ihrer Reichweite und letztlich in ihrer praktischen Wirksamkeit. Suchtprävention läßt sich gegenwärtig nicht als einheitliches Konzept beschreiben, sondern befindet sich in einer Phase eines dynamischen, sich in verschiedenen Richtungen verzweigenden Entwicklungsprozesses[15].

Die Hauptkritik des Autors setzt an der Beliebigkeit einer sinnentleerten, floskelhaften Verwendung der Begriffe in der gegenwärtigen suchtpräventiven Arbeit an. Dieser Beitrag wendet sich gegen Suchtpräventionsprogramme, die geschickt verschleierte Konditionierungsinstrumentarien darstellen, welche, da gut verpackt, leicht durchführbar und empirisch gut zu kontrollieren und dadurch auch gut zu ‚verkaufen' sind, aber letztlich nur die Funktionslogik der bürgerlichen Konkurrenzgesellschaft fördern. Solche Präventionsprogramme verhindern die Hervorbringung kritischer Distanz und moralischer Selbstverantwortung. Sie verhindern Bildung.

Eine Strategie solcher Konzeptionen ist z. B., sich auf aktuell sehr populäre Begriffe zu berufen, obwohl sie inhaltlich mit diesen Begriffen gar nicht übereinstimmen. So wird die Verwendung dieser Begriffe zur hohlen Rhetorik und ist

„trotz der klaren Ausrichtung der Ottawa-Charta auf sozialpolitische Handlungsstrategien und -felder [...] seit Ende der 80er Jahre immer wieder beobachtbar gewesen, wie Gesundheitsförderung politisch und professionell auf den Bereich der individuellen Verhaltensänderung (d.h. auf Inhalte, Ziele und Strategien der klassischen biomedizinischen Prävention) zurückgestutzt wurde"[16].

Um diesem Etikettenschwindel und dieser Funktionalisierung von Begriffen entgegenzutreten, fordert der Autor ein Offenlegen des zugrunde liegenden

---

[15] Eine vergleichende Übersicht bieten hierzu u. a. Künzel-Böhmer et al. 1993 die in ihren Arbeiten die verbreitetsten und aussagekräftigsten Modelle zusammenfassen. Vgl. J. Künzel-Böhmer et al.: Expertise zur Primärprävention. Baden Baden 1993.
[16] P. Franzkowiak: Gesundheitsförderung. In: F. Stimmer (Hrsg.). A. a. O. S. 303.

Menschenbildes und des pädagogischen, bildungstheoretischen und philosophischen Hintergrundes eines jeden suchtpräventiven Konzeptes. Es fehlen jedoch bislang in den vorliegenden Konzeptionen genau benannte bildungstheoretische und pädagogische Fundierungen, wie z. B. Autonomie und Mündigkeit im Sinne Kants als Ziel präventiver Bemühungen oder das Dialogische Prinzip Bubers oder die Idee einer idealen Sprechsituation im Sinne Habermas' als Maßstab und Regulativ suchtpräventiver Arbeit. Die den suchtpräventiven Konzeptionen zugrunde liegenden pädagogischen Leitbilder und Philosophien schwingen höchstens zwischen den Zeilen mit. Diese philosophische Lücke ist insofern schwerwiegend, da erst eine eindeutige Transparenz und Formulierung der philosophischen Leitbilder im Stande wäre, ein subtiles Unterhöhlen und Mißbrauchen kritischer Begriffe und Ideen zu verhindern. Ein Offenlegen des philosophischen Hintergrundes würde stattdessen einen offenen bildungstheoretischen Diskurs über den pädagogischen und bildungstheoretischen Anspruch der angewandten suchtpräventiven Konzeptionen ermöglichen und initiieren.

Um diese philosophische Lücke in der suchtpräventiven Praxis theoretisch zu schließen und sich von rein pragmatisch orientierten, Systemkritik außer Acht lassenden bzw. bestimmte Haltungen, wie Konsumorientierung und das Leistungsprinzip stützenden Konzeptionen, deutlich abzugrenzen, schlägt der Autor die Verwendung des Begriffes „kritische Suchtprävention" vor.

Im Sinne einer kritischen Suchtprävention ist die eindeutige Bestimmung allgemeiner Bildung als zentrales Präventionsziel das einzige Instrument, welches in der Lage ist, eine Funktionalisierung suchtpräventiver Konzeptionen außer Kraft zu setzen. Ein solcher philosophischer Anspruch verhindert eine Reduktion suchtpräventiver Arbeit auf das Erlernen technischer und sozialer Kompetenzen, von denen angenommen wird, daß sie zur Sicherung der individuellen und gesellschaftlichen Existenz benötigt werden. Dies wird einem allgemeinen Begriff von Bildung nicht gerecht. Bildung erfordert mehr. Bildung fordert die Hervorbringung moralischer Subjektivität.

Kant fordert in der „Grundlegung der Metaphysik der Sitten" über seine Formel des kategorischen Imperativs, jedermann solle so handeln, daß man wollen kann, die eigenen Maximen würden zu einem allgemeinen Gesetz. Dies fordert, jedermann als Zweck an sich selbst zu betrachten und bedeutet, nur solche Handlungsmaximen für das eigene Handeln zuzulassen, die

mit diesem Gesetz übereinstimmen[17]. Kant appelliert an die Vernunft der einzelnen und ruft dazu auf, sich seines eigenen Verstandes zu bedienen und nicht vorgefertigte Ideen wieder zu geben[18]. „Sapere Aude!"
Ziel einer jeden suchtpräventiven Praxis ist doch immer die Hervorbringung bzw. Unterstützung starker, selbstbewußter Persönlichkeiten und möchte ein durch Unterdrückung und Verdinglichung verursachtes ausweichendes Handeln verhindern. Erreichen kann dies der Mensch jedoch nur über die Ausbildung der eigenen Urteilskraft. Allein diese ermöglicht es ihm, mehr Unabhängigkeit und das für jeden Menschen wesentliche Gefühl der freien Entscheidungsmöglichkeit zu erreichen. Folglich zielt kritische Suchtprävention auf Mitgestaltungskompetenz und die Fähigkeit, sich Wissen selbst anzueignen. Sie zielt auf die Zukunft des Menschen. Kritische Suchtprävention ist mehr als die Vermittlung von Faktenwissen und wendet sich gegen einen normierten Reflexionsstandpunkt und gegen eine Dominanz des „mainstreams" und „Zeitgeistes".
Vor dem Hintergrund des oben dargestellten kritischen Begriffs von Sucht lassen sich folgende Grundsätze einer kritischen Suchtprävention formulieren:
Die Ausrichtung kritischer Suchtprävention ist die Freisetzung von Autonomie und Freiheit im Sinne Kants. Diese sind als Grundvoraussetzung und zentrale Schutzfaktoren zu sehen, welche unabdingbar sind, Anforderungen, die das Leben im Laufe seiner Entwicklung an den Menschen stellt, zu bewältigen und vor ausweichendem, die Entwicklung des Menschen verhindernden Verhalten, wie z. B. süchtige Verhaltensweisen, zu bewahren.
Kritische Suchtprävention bedeutet in erster Linie die Vermittlung und Hervorbringung von Mündigkeit. Der Mensch soll in die Lage versetzt werden, sich selbst zu helfen und gleichzeitig über die Einsicht in die ontologische Verbundenheit des Menschen zum Menschen Verantwortung für seine Mitmenschen zu übernehmen. Er soll über die Beziehung zum Mitmenschen befähigt werden, für sein Handeln selbst verantwortlich zu sein, moralisch einzustehen und sich verpflichten zu lassen.
Prävention muß zur eigenen Sache des Individuums werden und darf nicht von außen, die Freiheit und Autonomie des Subjekts mißachtend und be-

---

[17] vgl. I. Kant: Grundlegung zur Metaphysik der Sitten (1785/86). Kants gesammelten Schriften. Hrsg. v. d. Königlich Preußischen Akademie der Wissenschaften. Bd IV. Berlin 1902-23. Kap. I.
[18] Vgl. in diesem Band: U. Reitemeyer. S. 13.

vormundend, vorgegeben werden. Es bedarf einer Begleitung und Hinführung zur Eigenverantwortung und Verantwortung gegenüber den Mitmenschen unter Wahrung der Würde des Menschen als Rechtssubjekt im Sinne einer moralphilosophischen Perspektivierung. Eine auf Ganzheitlichkeit zielende Prävention unterstützt den Menschen in der Entwicklung eigener Lebensbewältigungsstrategien, die besonders in kritischen Lebensphasen zum Tragen kommen.

Eine an den Ursachen orientierte Prävention muß frühzeitig und an der individuellen Lebensgeschichte des Menschen ansetzen. Die psychosozialen Belastungen und Gefährdungen, denen insbesondere Kinder und Jugendliche gegenwärtig in ihrer Entwicklung ausgesetzt sind, verdeutlichen, daß Suchtprävention eine langfristig angelegte Aufgabe darstellt und wie der Prozeß der Bildung Kontinuität erfordert. Sie ist wie dieser kein statischer Zustand, sondern ein lebenslang fortdauernder Prozeß. Wesentliche Grundlage ist eine alltägliche Beziehungsarbeit in sämtlichen Feldern der Prävention und bezieht sich auf alle Lebensbereiche. Es ist nicht die Aufgabe von Spezialisten, sondern aller an Erziehung Beteiligter. Suchtprävention ist eine Gemeinschaftsaufgabe. Sie bedarf der Kooperation und Durchlässigkeit auf allen Ebenen. Das sozialpolitische Ziel sollte ein wirkungsvolles soziales Netzwerk sein, in dem sich alle Bürger subjektiv verantwortlich fühlen und Prävention zu einem integrierten Bestandteil des alltäglichen Lebens werden lassen[19].

Kritische Suchtprävention, die im Sinne negativer Erziehung agiert, verzichtet auf schnelle Resultate und wendet sich gegen Verdinglichung,

---

[19] Ein sehr schönes und gelungenes suchtpräventives Konzept ist das Modellprojekt „Prävention in Obervieland". Die Grundidee dieses Projektes ist, präventive Arbeit aus seiner Isolierung in bestimmten Einrichtungen wie z. B. Schule heraus zu befreien. Im Sinne der Stärkung von Kooperation und dem Gewinn neuer Ressourcen soll Suchtprävention in den Stadtteil hineingetragen werden und Einrichtungen wie z. B. zum Stadtteil hin geöffnet werden. Das Grundprinzip dieser präventiven Arbeit ist die Einbeziehung von allen beteiligten ‚Zielgruppen' in die Planung und Durchführung des Projektes und zielt auf die Verbesserung der Lebensverhältnisse im Stadtteil. Ausgangspunkt diese Ansatzes ist eine Analyse der gegenwärtigen Situation, indem Interviews mit und durch Schüler, Eltern, Lehrkräften, etc. durchgeführt wurden. Ziel ist die Förderung der Auseinandersetzung mit dem Stadtteil und das Erreichen einer fruchtbaren und motivierten Arbeitsatmosphäre über Partizipation. Die aus diesem Projekt hervorgegangenen Initiativen umfassen ein weites und buntes Angebot: über gesundes Frühstück und Spielangeboten in den Pausen in der Schule, Anlegung eines Schulgartens, hin zu einem Bauernhof für Kinder und Jugendliche und einem Jugendcafe. Vgl. R. Günther: Suchtprävention im Stadtteil. In: Pädagogik. Heft 12 (1989). S. 22ff.

Selbstentfremdung und Zwang. Sie besitzt stattdessen eine klare theoretische Orientierung, die dieser als Maßstab dient, Richtung gibt und regulativ wirkt. Statt fertige Programmpakete anzubieten, unterstützt eine kritische Suchtprävention den Menschen dahingehend, daß er über Bildung zu einer selbstbestimmten Lebensführung geführt wird und Unterstützung in der Vermeidung eines Ausweichens in problematische Formen der Lebensbewältigung erfährt. Allein dies kann Grundlage für den Aufbau von Gesundheitsbewußtsein und -verantwortung sein.

Erziehung, verstanden als planvoller Umgang Erwachsener mit heranwachsenden jungen Menschen, stellt im Sinne dieses Ansatzes ein Freisetzen der in den Menschen liegenden Kräfte und dadurch ein Hinführen zur eigenen, freien, mündigen und autonomen Lebensgestaltung dar. Ziel ist die an der Perfektibilität des Menschen im Sinne Rousseaus[20] sich orientierende selbständige und selbstverantwortliche Lebensgestaltung und Selbsthervorbringung des individuellen Bildungsganges. Erst über die Bewältigung von Lebenssituationen und Aufgaben entsteht Wachstum und Lebendigkeit.

Der pädagogische Prozeß ist zu komplex, als daß er sich auf ein Anwenden bestimmter Techniken reduzieren und vereinseitigen ließe. Beschränkt sich das Lehren und Lernen auf die Vermittlung eines differenzierten Wissens und bleibt die Möglichkeit des praktischen Erlernens und das Gefühl, es zu können, als Handlungsperspektive aus, entstehen wechselseitig Frustration und Versagensgefühle. Entscheidend ist die Wahrnehmung der Atmosphäre in der bestimmten Situation sowie der Wahrnehmung der eigenen subjektiven Befindlichkeit. Diese beiden Aspekte fließen immer stark in den pädagogischen Prozeß mit ein und bestimmen ihn. Fehler sind erlaubt und sogar erwünscht. Wesentlich ist die Authentizität der gelebten Beziehung. Vermieden werden soll ein Beziehung vermeidendes, taktisches Anwenden von Techniken.

Pädagogische Kompetenz bemißt sich an der Fähigkeit der Eigenreflexion und Selbsterziehung. Diese Hervorhebung des Selbstbezugs ist nicht mißzuverstehen als ein sich Verlieren in egozentrische Innerlichkeit. Diese pädagogische Kompetenz ist im Zusammenhang mit Sachkompetenz und *Methodensicherheit* zu entwickeln. Erst die Gleichzeitigkeit und Wechselseitigkeit dieser Aspekte als handlungsleitendes Korrektiv und Regulativ

---

[20] Vgl. J.-J. Rousseau: Emile oder über die Erziehung. [Emile ou de L'Education (1762)] Hrsg. von L. Schmidts. Paderborn 1985.

läßt hinreichende pädagogische Qualifikation entstehen. Diese Verantwortung umfaßt auch den Bereich der Gesundheit.
Mit kritischer Suchtprävention nicht vereinbar sind verkürzende, aber in öffentlichen Diskussionen häufig auftretende Fragen nach Patentlösungen und nach der Schuld. Deswegen ist zur Erstellung einer Suchtpräventionstheorie zu hinterfragen, inwieweit die zugrundeliegenden Theorien zu der Entstehung von Sucht zur Stigmatisierung und Etikettierung von Verhaltensweisen beitragen und welche Normen gesetzt werden, da solche Normierungen die Gefahr in sich bergen, Abhängige und „Gefährdete" sozial auszuschließen.
Z. B. wird in den Medien gerne die kleine Gruppe von ‚Fixern' in den Mittelpunkt gerückt. Sie dienen als Projektionsfläche zur Freisetzung von Ängsten. Die erwarteten Reaktionen sind Erschrecken und Unverständnis. Der Vorteil dieser Strategie besteht darin, daß eine Identifikation mit einer solch exotischen Gruppierung nicht eintritt und der Schein erweckt wird, daß sich der Problembereich Sucht im wesentlichen auf einen kleinen Personenkreis beschränken läßt, von dem jedoch eine große Gefahr auszugehen scheint. Der gesamte Umfang des Problems süchtiger Verhaltensweisen mit seiner psychosozialen Komplexität sowie seine vielfältigen gesellschaftlichen Zusammenhänge werden dabei bewußt ignoriert. Es wird seitens der Konsumenten illegaler Substanzen eine grundsätzliche Behandlungsbedürftigkeit unterstellt, es werden neue Problemgruppen geschaffen und ein Teil der Bevölkerung wird gesellschaftlicher Kontrolle unterworfen. Folge sind Ausgrenzung und Entmündigung. Diese Strategie der Moralisierung und Politisierung über Prozesse der Stigmatisierung nützt zudem den Interessen bestimmter sozialer Gruppen.
Eine Prävention, die versucht, über ein Verbreiten von Angst und Schrecken vor möglichen Krankheiten zu bewahren und darauf abzielt, riskante Lebenssituationen zu vermeiden, ist mit kritischer Suchtprävention nicht vereinbar. Eine solche pädagogische Grundhaltung ist geprägt von Bevormundung und Einschränkung der individuellen Freiheit und verhindert eine selbstbetimmte, eigenverantwortliche Lebensausrichtung. Sie mißachtet eine Beteiligung der Educanden im Erziehungsprozeß und tritt als Erziehung auf, die manipulierend belehrt und das Gegenüber durch dominierendes Verhalten in seiner Autonomie behindert und abwertet. Ziel einer kritischen Suchtprävention kann es nicht sein, junge Menschen dahin zu führen, gesundheitsgefährdende Risiken zu vermeiden. Die Suche nach neuen Erfahrungen, Lust- und Rauscherlebnissen ist ein normales, kompetenzer-

weiterndes, das Leben bereicherndes, wichtiges Bedürfnis. Durch die Verhinderung riskanter Verhaltensweisen läßt sich das Entstehen von Sucht nicht vermeiden. Hierfür ist die Genese von Sucht viel zu komplex und im Sinne eines kritischen Begriffs von Sucht durch viele unterschiedliche, auf das Subjekt individuell wirkende Faktoren bedingt. Gerade in dem Erkennen und Aufdecken einer Funktionalisierung des Begriffs Sucht durch Moralisierung und Politisierung ist aber auch die Chance zur Veränderung zu sehen. Dies stellt ein wesentliches Abgrenzungsmerkmal kritischer Suchtprävention zu affirmativen, an reiner Funktionslogik orientierten Suchtpräventionskonzepten dar. So wendet sich kritische Suchtprävention z. B. grundsätzlich gegen eine Fixierung präventiver Bemühungen auf illegale Drogen und eine Überbewertung strafrechtlicher und polizeilicher Mittel bei der Bekämpfung des wachsenden Konsums illegaler Drogen. Die Illegalisierung bestimmter Verhaltensweisen und Pathologisierung von Sucht stellt eine Reduktion des komplexen Gesamtphänomens dar. Süchtiges Verhalten ist auch als Kommunikationsversuch zu verstehen, auf die eigene Situation aufmerksam zu machen. Zudem sind Alkohol-, Tabak- und Medikamentenkonsum in unserem Kulturkreis geduldete und akzeptierte Verhaltensformen und werden, von der Werbung unterstützt, zu einem Verhaltensmerkmal eines modernen und eleganten Lebensstils. Dies spiegelt sich auch deutlich in der allgemeinen Verfügbarkeit von Alkohol, Tabak und Medikamenten für Jugendliche wider. Ein solches Vorleben eines tiefsitzenden konsumorienterten Lebensstils erschwert natürlich das Bemühen, eine Konsumfixierung zu reduzieren und das Erlernen eines kritischen risikobewußten Umgangs. Kritische Suchtprävention sieht die Ursachen für süchtige Verhaltensweisen im wesentlichen mitbestimmt durch eine mangelnde Lebensperspektive und Schwierigkeiten in der Bewältigung der Probleme des Alltags. Folglich fordert kritische Suchtprävention notwendigerweise zu einer vielfältigen Umgestaltung der gesellschaftlichen Verhältnisse auf.

„Die entscheidende Frage lautet also: Wie kann durch pädagogische, psychische, soziale, medizinische, rechtliche, wirtschaftliche und politische Maßnahmen erreicht werden, daß ungebührliche Belastungen für das soziale, psychische und körperliche Wohlbefinden von Jugendlichen so weit wie möglich vermieden werden?"[21]

---

[21] K. Hurrelmann: Neue Gesundheitsrisiken für Kinder und Jugendliche. In: Pädagogik. Heft 3 (1991). S. 11.

Die Antwort des Konzeptes der kritischen Suchtprävention lautet: Will Suchtprävention effektiv sein, muß sie personenbezogene Ansätze mit kontextbezogenen verbinden. Die tatsächlichen Lebensbedingungen der Menschen, auf die die Maßnahmen abzielen, müssen einbezogen werden. Die äußeren Rahmenbedingungen sind Ausgangspunkt und Auslöser individueller, süchtiger Verhaltensweisen. Es geht um die Gestaltung von Lebensräumen, welche die Entwicklungsbedingungen aller Menschen fördert. Kritische Suchtprävention ganz gleich in welcher Form und in welcher Einrichtung findet demzufolge nicht in einem gesellschaftlich isolierten Raum statt, der von der gesamtgesellschaftlichen Situation abgekoppelt ist. Das Gegenteil ist vielmehr der Fall: Kritische Suchtprävention ist ein Tätigkeitsfeld der sozialen Arbeit, in das die Vielzahl der unterschiedlichen Lebenspraxen, Probleme und die Versuche ihrer Bewältigung in gebündelter Form Eingang finden.

Suchtprävention ist niemals gegen den Menschen, nur mit ihm durchzuführen. Es ist demnach nicht möglich, ein theoretisches Präventionskonzept von außen überzustülpen. Dies kann den individuellen personellen und strukturellen Bedingungen nicht gerecht werden. Die pädagogischen und bildungstheoretischen Leitbilder muß jedes Projekt aus sich selbst hervorbringen. Wesentliche Voraussetzung ist ein Wissen um die Notwendigkeit dieser Leitbilder und eines bildungstheoretischen und pädagogischen Hintergrundes.

3. Kritische Suchtprävention in der Schule

Die Verbindungen von Schule zum Thema Sucht sind vielfältig. Verknüpfungen finden sich in Belastungen, Problemen und Konflikten, die von außen an Schule herangetragen werden, deren Ursachen aber auch in der Institution Schule selbst begründet liegen.[22] Betrachtet man die gesellschaftlichen Wandlungsprozesse und die damit einhergehenden Auswirkungen auf Familie, Kindheit, Jugendzeit, Wertvorstellungen, Freizeitverhalten, Zukunftserwartungen, wird deutlich, daß Prävention immer mehr die Bedeutung eines zentralen Stellenwert in dem Selbstverständnis von Schule bekommen sollte.

---

[22] Vgl. in diesem Band den Beitrag von O. Geister: Bildung als Aufgabe allgemeinbildender Schulen. Entschulung als Schulreform?

Bedingt durch die gesellschaftlichen Veränderungen und neuen Lebensbedingungen der Schüler und ihrer Familien, z. B. in Form zunehmender Individualisierung[23], gewinnt Schule gegenwärtig als Lebenswelt und Erfahrungsraum immer mehr an Bedeutung. Gleichzeitig verändern sich durch den Wandel der gesellschaftlichen Struktur und der damit einhergehenden Veränderung der Wert- und Normorientierungen auch die Erwartungen an und der Auftrag der Schule.

Gegenwärtig läßt sich eine Tendenz zu einer auf Leistung ausgerichteten Schule feststellen. Dies wandelt auch Inhalte, Ziele und Methoden schulischen Lernens. *Die Folge ist, daß Schule von Schülern als Spiegel der Leistungsgesellschaft in seiner ganzen Schärfe erlebt wird.* Schon in der Schule erleben Kinder und Jugendliche, daß gesellschaftliche Positionen in unserer Wettbewerbsgesellschaft überwiegend über das Leistungsprinzip und den Leistungsstatus vergeben werden und erleben diesen Wettbewerbsdruck in sehr intensiver Form mit all seinen Konsequenzen. Dies ist insofern besonders problematisch, da gerade die Förderung von Leistungs- und Konkurrenzdenken in der Schule dazu beiträgt, daß Gesundheitsbeeinträchtigungen und Ängste erzeugt bzw. verstärkt werden und viele Jugendliche ihre Befindlichkeit mit chemischen Substanzen, auffälligem Essverhalten, Alkohol etc. manipulieren.

„Für unseren Zusammenhang besonders wichtig ist der folgende Befund: Bei allen betroffenen Jugendlichen hängt der Arzneimittelkonsum mit schulischen Belastungen und Schulstreß zusammen. [...] In einer stark wettbewerbsorientierten Gesellschaft kann die Schule ungewollt frühes Suchtverhalten bei Jugendlichen mit auslösen"[24].

Folge dieser sich in im schulischen Leben widerspiegelnden Effektivitäts- und Effizienstendenz sind Konzentrationsmangel, Sprunghaftigkeit, Nervosität und motorische Unruhe[25]. Die eigentlichen Ursachen des Unwohlseins von Schülern werden häufig nicht betrachtet bzw. aktiv bearbeitet. Hierdurch wird ein produktives Auseinandersetzen mit Anforderungen und Spannungszuständen verlernt.

---

[23] Vgl. U. Beck: Risikogesellschaft. Auf dem Weg in eine andere Moderne. Frankfurt a. M. 1986.

[24] K. Hurrelmann: Suchtprävention? Ist ja schön und gut aber ... In: Suchtreport 6 (1994). S. 32.

[25] Vgl. R. Lersch: Praktisches Lernen und Bildungsreform. Zur Dialektik von Nähe und Distanz der Schule zum Leben. In: Zeitschrift für Pädagogik 34. Heft 6 (1988). S. 7.

Im Sinne einer kritischen Suchtprävention gilt es jedoch, Gesundheitsbeeinträchtigungen, die im System selbst begründet liegen, abzubauen, indem neben der Vermittlung von Wissen auch vermehrt soziale und emotionale Bereiche Einzug in den schulischen Alltag erhalten.

„Insgesamt werden die Chancen einer wirksamen Vorbeugung weder von zuständigen Ministerien noch von Schulen ausreichend genutzt. Es fehlt allzu oft an Glaubwürdigkeit, Zuverlässigkeit und Vorbildverhalten. Deutschland ist bezüglich Prävention Entwicklungsland. Oft werden erst diesbezüglich Aktivitäten entwickelt, wenn etwas vorgefallen oder wenn es sehr spät oder gar zu spät ist"[26].

Das Problem schulischer Präventionsarbeit besteht darin, daß sie nicht deutlich genug auf Erziehung und Bildung zielt. Die Schüler werden nicht genug in ihrer Ganzheit betrachtet und mit ihren Gefühlslagen und Konflikten wirklich ernst genommen.

Der allgemeine gesellschaftliche Auftrag von Schule ist es, junge Menschen über die Vermittlung von Wissen und Fertigkeiten auf das Leben in der Gesellschaft und des Staates sowie auf die Zukunft vorzubereiten. Will Schule ihren Erziehungs- und Bildungsauftrag ernst nehmen, muß sie sich Themen wie Sucht, Gewalt, sexuellem Mißbrauch und Suizid stellen, in kompetenter Weise auf sie reagieren und Suchtprävention in der Schule als Teil ihres pädagogischen Auftrages verstehen.

Ein oftmals an Schule formulierter Anspruch lautet: „Non scholae, sed vitae discimus."[27] Zu fragen ist, ob dieser Anspruch, nicht für die Schule, sondern für das Leben zu lernen, vom Bildungsinstitut Schule auch wirklich eingelöst wird. Die bildungstheoretische Frage an Schule lautet: Wird der schulische Alltag selbst zum Mittelpunkt des Lernens? Wird er in seiner Bedeutung als wichtiger Teil der Lebenswelt verstanden und ernst genommen, und ist dieser Lebenszusammenhang für alle Beteiligten sinnlich erfahrbar und in seinen praktischen Folgen bearbeitbar?[28].

Schulische Präventionsarbeit muß sich den alltäglichen Problem- und Konflikterfahrungen der Institution Schule stellen. Dies umfaßt Konfliktregelung und Ordnungsmaßnahmen, Leistungsbewertung, die Bedeutung schu-

---

[26] E. Supe: Schule. In: F. Stimmer (Hrsg.): A. a. O. S. 525.
[27] Vgl. auch hier den Beitrag von O. Geister in diesem Band, der auf die gegenteilige Bedeutung des originalen Seneca-Zitats hinweist. S. 138.
[28] Vgl. U. Barkholz/H.G. Homfeldt: Gesund lernen ist mehr als Gesundheit lernen ... Zur Wirksamkeit von Gesundheitsbildung und Gesundheitsförderung in Studium und Schule. In: Pädagogik. Heft 3 (1991). S. 14.

lischer Abschlüsse auf dem Arbeitsmarkt etc. Es gilt, sich mit Erlebnissen von Angst, Unsichherheit, Versagen und Ohnmacht und ihren Ursachen aktiv und konstruktiv auseinander zu setzen. Hierzu müssen Lehrer in der Lage sein, sich in ihrer Tätigkeit kritisch zu betrachten und sich selbst als Beteiligte und Betroffene[29] zu erkennen[30].

Allgemein haben Lehrer gute Möglichkeiten, ihre Schüler in ihrer Entwicklung zu unterstützen und in problematischen Situationen zu helfen. Voraussetzung hierfür ist der Aufbau einer nachhaltig wirkenden Beziehung. Ermöglichen kann dies auf der Grundlage eines kritischen Bildungsverständnisses allein negative Erziehung im Sinne Rousseaus.

Rousseau leitet seine Idee der negativen Erziehung aus der Annahme ab, daß der Mensch perfektibel, d.h. unbestimmt und bildsam ist. Negative Erziehung hat die Zielsetzung, die freien Naturanlagen des Menschen in moralisches Handeln überzuleiten und den Menschen auf den Weg der Bildung als selbsttätige Entfaltung seiner Fähigkeiten zu führen. Rousseaus Erziehungsgedanke ist insofern negativ, als Inhalte und Wahrheiten nicht positiv vorgegeben werden, sondern die Vernunft des zu Erziehenden angesprochen und dieser so seiner geschichtlichen Freiheit nähergebracht wird. Erziehungsinhalt und Erziehungsmethode negativer Erziehung sind die Förderung der Entfaltung menschlicher Anlagen. Sie meint nicht Passivität des Erziehers, sondern eine gezielt gerichtete pädagogische Praxis der indirekten Lenkung. Das Prinzip des Negativen ist ein planvolles und weises Beobachten und Hinwirken auf die individuelle Entwicklungsgeschichte unter Berücksichtigung einer inneren Logik. Negative Erziehung passt sich den natürlichen und individuellen Entwicklungskräften des Schülers an. Die Entfaltung der Anlagen im Menschen wird nicht als etwas Determiniertes oder etwas Statisches aufgefaßt, sondern diese Anlagen dürfen sich frei entfalten. Die Talente des Schülers sollen nicht durch Nachahmung, seine Neigungen nicht durch Zwang und seine Moral nicht durch Vorgaben

---

[29] Ein eigenes und weites Feld stellt die Sucht von Lehrern dar. „Keineswegs handelt es sich bei dem Phänomen der suchtkranken Lehrer um eine kleine Zahl. Die Deutsche Hauptstelle gegen Suchtgefahren schätzt den Anteil der Suchtkranken unter Arbeitnehmern auf ca. 5%. Für Niedersachsen wären das bei ca. 75000 Lehrern fast 4000, d. h., im Durchschnitt ist in jeder Schule einer, der dringend Beratung und richtiger Hilfe bedarf. Auch das Personal, mit dem Schüler zu tun haben wie Sekretärin, Hausmeister und Busfahrer, ist in dieses Hilfesystem einzubeziehen" E. Supe. A. a. O. S. 522.
[30] Vgl. S. Leibold: Führen und Folgen. Gesundheitstraining mit Lehrerinnen und Lehrern. In: Suchtreport 4 (1995). S. 17.

verdorben werden. Negative Erziehung beruht auf Selbsttätigkeit. Der Lehrer folgt dem individuellen Entwicklungsgang, den der Schüler vorgibt. Die bildende Aufgabe des Lehrers besteht darin, Erfahrungen zu ermöglichen, Zusammenhänge herzustellen und zu problematisieren. Der freie Wille des Schülers ist hierbei unhintergehbar[31]. Allein eine solche negative Erziehung führt zum autonomen, moralischen Subjekt, welches seine individuellen Interessen ins Verhältnis zum allgemeinen Willen stellt und in Bildung übergeht. Der freie Wille des Schülers darf nicht gebrochen werden. Er ist das Grundprinzip jeglicher allgemeinen kritischen Bildung.

Erziehung ist im Sinne Kants insofern notwendig, da erst sie die besondere Reflexionsfähigkeit im Schüler hervorbringt, moralisch gutes Handeln, d. h. ein Handeln, welches mit dem moralischen Gesetz übereinstimmt, zu erkennen[32]. Moralisches Handeln ist ein Handeln aus Freiheit. Folglich beschränken sich die Möglichkeiten eines bildenden Unterrichts für den Lehrer darauf, zur Selbsttätigkeit aufzufordern und diese zu verstärken. Er kann dies nicht erzwingen. Ein Kriterium für einen moralisch bildenden Unterricht ist ein dialogischer, diskursiver Gesprächsverlauf als ein Einlösen eines wirklichen Mitspracherechts der Schüler. Die Grundlage hierfür sind ein im Sinne Bubers[33] geführter Dialog und eine gleichberechtigte Diskursführung im Sinne Habermas[34]. Bildung ist mehr als abfragbares Wissen. Bildung ist die Hervorbringung moralischen Handelns. Moralisches Handeln als ein freies Unterordnen der eigenen Handlungsmaximen unter das moralische Gesetz kann wiederum nicht von außen vorgegeben werden, sondern ist nur über Selbsttätigkeit zu erreichen. Der Lehrer kann dies nicht erzwingen, er kann lediglich dazu aufrufen[35]. Dieser Bildungsprozeß ist unabschließbar. Er ist ein lebenslanges Prüfen und Lernen. Gelingen kann eine solche moralische Erziehung, wenn der Pädagoge sich kritisch hinterfragt, inwieweit er Handlungsweisen und Einstellungen vorgibt und dadurch eigene Spielräume einengt, inwieweit es ihm gelingt, Kontakt zu den Schülern aufzubauen und sie auch wirklich erreicht oder sie ihm lediglich folgsam folgen, ob er über Stigmatisierungen und Etikettie-

---

[31] Vgl. J.-J. Rousseau: A. a. O.
[32] Vgl. I. Kant: A. a. O. Kap. I.
[33] Vgl. M. Buber (1925): Reden über Erziehung. Gerlingen 1995.
[34] Vgl. J. Habermas: Wahrheitstheorien. In: Fahrenbach, H. (Hrsg.): Wirklichkeit und Reflexion. Festschrift zum sechzigsten Geburtstag von Walter Schulz. Pfullingen 1973. S. 211-265.
[35] Vgl. in diesem Band U. Reitemeyer S. 8.

rungen Schuldgefühle und Vermeidungsstrategien weckt, inwieweit er das Ziel der Selbstverantwortlichkeit ernst nimmt und ob er Tabus aufbaut. Lehrer sind als Multiplikatoren ein wesentlicher Faktor im Einüben von Verhaltensweisen und in ihrer Rolle als Erzieher gefordert, Authentizität, emotionale Erlebnisfähigkeit und Konfliktfähigkeit vorzuleben.[36] Voraussetzung ist hierfür, daß sie sich selbst aufmerksam betrachten und achtsam mit sich umgehen. Spannungen und Konflikte innerhalb der Klasse müssen verständlich gemacht werden und Schritte zu ihrer Überwindung eingeübt werden. Eine gute Klassen- oder Gruppenatmosphäre wird getragen von einem gelingenden Umgang mit diesen Spannungen und Konflikten. Wird der Pädagoge als eine Vertrauensperson wahrgenommen, der man sich öffnen kann, ist dies die effektivste Suchtprävention, die Schule leisten kann.

In bezug auf den Schüler kann eine erfolgreiche Veränderung im Sinne von Weiterentwicklung erst dann erreicht werden, wenn der Schüler versteht, worum es geht. Die Problemstrukturen müssen zum Erleben gebracht werden. Erst dies ermöglicht es Schülern, mit bestimmten schwierigen Situationen besser zurecht zu kommen und sich besser gewappnet und nicht ausgeliefert zu fühlen. Es gilt, die dazu erforderlichen Fähigkeiten und das dazu erforderliche Wissen neu zu erwerben. Dies vermittelt die Erfahrung, etwas zu können, was man vorher nicht konnte oder sich nicht zutraute.

Hierzu bedarf es eines vorbehaltlosen, ernsthaften Interesses an den Belangen der Schüler. Haben Schüler das Gefühl, daß ihnen moralisierend begegnet wird oder ihre Funktionsweisen nicht verstanden werden, wird kein echter Kontakt entstehen[37].

Schule kann nicht sämtliche Probleme stellvertretend für Eltern und Gesellschaft lösen, aber Lehrer können die Bereitschaft erkennen lassen, auch auf Bereiche einzugehen, die außerhalb des engen Rahmens des Fachunterrichts oder Gruppenthemen liegen. Diese Bereitschaft verdeutlicht, inwieweit sich der Pädagoge persönlich ansprechen läßt und welche Beziehung

---

[36] Rasfeld-Maruhn formuliert treffend: „Gerade am Gymnasium betrachten sich viele Lehrerinnen und Lehrer aus ihrem Selbstverständnis heraus für emotionale und verhaltensbezogene Bereiche als nicht zuständig und fühlen sich bei psychosozialen Schwierigkeiten überfordert. Der Wunsch vieler Kinder und Jugendlicher nach Unterstützung wird in der Hektik des Schulalltags und der Beziehungslosigkeit kaum wahrgenommen" M. Rasfeld-Maruhn. Risikofaktor Schule. Gesundheitserziehung in der Sekundarstufe. In: Pädagogik Heft 3 (1991). S. 25.

[37] Vgl. K. Hurrelmann: Neue Gesundheitsrisiken für Kinder und Jugendliche A. a. O. S. 11.

er zu seinen Schülern aufbaut. Wichtig für eine lebendige und durch Vertrauen geprägte Beziehung zwischen Pädagoge und Kind bzw. Jugendlichem ist, daß er diese in ihrer Individualität und Verschiedenheit wahrnimmt. Gemeint ist eine echte Nähe und nicht analytisches Kategorisieren und therapeutische Inbesitznahme. Beziehung verhindernd sind zudem bloße Neugier und ein projektierendes Helfersyndrom. Eine Atmosphäre der Nähe und des Vertrauens kann nur entstehen, wenn sich der Schüler nicht belehrt fühlt.

Der Schwerpunkt einer kritischen Suchtprävention liegt nicht auf einer Veränderung des Verhaltens des Individuums, sondern auf einer Veränderung der Verhältnisse. Ziel ist die Schaffung von Rahmenbedingungen, die den Aufbau gelingender Beziehungen ermöglichen. Maßstab einer guten Schulatmosphäre sollte das Wohlbefinden von Schülern, Lehrern wie Eltern sein.

Eine Methode zur Intensivierung der Bemühungen um Suchtprävention ist die Durchsicht der gültigen Lehrpläne im Hinblick auf mögliche Anknüpfungspunkte für Suchtprävention. Eine zweite Möglichkeit liegt in der Überarbeitung von Lehrplänen, um an mehreren Punkten suchtpräventive Elemente einzubauen. Es existieren viele gute Unterrichtsmaterialien[38].

An Schule ist allgemein die Frage zu richten, ob die Stoffpläne so gestaltet sind, daß sie Raum geben für eine umfassende Pädagogik und echte Begegnungen, ob das Schulgebäude und -gelände eine angenehme Atmosphäre bieten und ob das Verhältnis zwischen Lehrern und Eltern getragen ist von wechselseitiger Kooperation statt gegenseitiger Schuldzuweisung[39]. Ermöglichen könnte dieses Anliegen allein eine Reform des Bildungsortes Schule im Sinne der in diesem Band vorgeschlagenen Maßnahmen zur Reform öffentlichen Unterrichts[40].

Suchtpräventive Maßnahmen in Schulen werden häufig erst dadurch eingeleitet, daß der Konsum illegaler Drogen in der Schule wahrgenommen wurde und hierdurch Ängste und Sorgen in erster Linie bei Eltern und Leh-

---

[38] Eine breite Auswahl hat z. B. Alfs zusammengestellt und mit Blick auf ihre Anwendbarkeit kommentiert. Diese Materialien sind untergliedert in Projekte in der Grundschule und Orientierungsstufe, Sekundarbereich I und Sekundarbereich II sowie berufliche Schulen und umfassen Spiele und darstellende Spiele in der Suchtprävention und übergreifende Unterrichtsvorschläge. Vgl. G. Alfs: Unterrichtsmaterialien. In: Pädagogik. Heft 12 (1989). S. 32-35.
[39] Vgl. W. Kindermann: Drogen und Schule. In: Pädagogik. Heft 12 (1989). S. 9.
[40] Vgl. Resümee dieses Bandes.

rern freigesetzt werden. Dies löst einen derartigen Schrecken aus, daß der schädliche Konsum anderer legaler Stoffe, wie z. B. Alkohol oder Nikotin, sowie andere stoffungebundene Süchte nicht selten aus dem Blick gerät. Die Folge ist dann eine sehr emotional verfärbte Diagnostizierung eines erheblichen Handlungsbedarfs. Die entstehenden und im Laufe der Diskussion wachsenden Sorgen von Lehrern und Eltern sowie Anwohnern kreisen um steigende Gefährdungslagen bis hin zu gewalttätigen Auseinandersetzungen und sind Ausdruck von Unsicherheits-, Angst- und Ohnmachtsgefühlen. Diese Sorge und das Gefühl der Überforderung ist sicherlich berechtigt, es spricht aber eher den Bereich der Intervention und nicht den Bereich der Prävention an. Prävention beginnt früher. Ein auf Drogenbekämpfung reduziertes Suchtpräventionkonzept beschränkt sich darauf, allein in dem Konsum illegaler Substanzen die Ursache für die Entstehung süchtigen Verhaltens zu sehen und kann die gewünschte Wirkung nicht erreichen. Sucht ist, wie eingangs beschrieben, nicht lediglich die Folge von Drogenerfahrungen. Um diesen Ängsten begegnen zu können muß die Kenntnis über die Komplexität des Problembereichs Sucht erhöht werden. Dies kann gelingen, wenn Suchtprävention als fester Bestandteil der universitären Lehrerausbildung verankert wird und vermehrt Fortbildungen angeboten werden. Zudem ist eine verbindliche Einbindung suchtpräventiver Inhalte in das Schulcurriculum der verschiedenen Fächer anzustreben. Die Einschränkung dieser Forderungen ist jedoch darin zu sehen, daß eine kritische Suchtprävention nur dann sinnvoll ist, wenn sie als eine gemeinsame Aufgabe von Schülern, Eltern und Lehrerkollegium angesehen wird. Ein weiterer wesentlicher Aspekt ist, daß kritische Suchtprävention als feste Größe schulischen Alltags schon ab der Grundschule zu etablieren ist und die Schüler während ihrer gesamten Schullaufbahn kontinuierlich begleitet. Ansonsten besitzen die präventiven Bemühungen lediglich Alibifunktionen, bleiben oberflächlich, und es wird keine nachhaltige Wirkung erzielt.

Arbeiten mehrere Menschen und Einrichtungen zusammen, treten automatisch unterschiedliche Interessen und Profile und häufig auch Konkurrenzen auf. Entstehende Hindernisse und Konflikte sind eine Verknappung des Geldes, Undeutlichkeiten in der Zielsetzung, Unübersichtlichkeiten in den Aktionen und Unterschiedlichkeiten in den Interessen. Diese können eine durchschlagende präventive Wirkung verhindern und lassen die Aktionen verpuffen. Ein weiterer häufig gemachter Fehler besteht in der zu starken

Fokussierung auf den Augenblick und die Sofortwirkung. *Präventionsvernetzung ist ein langfristiger und prozeßbezogener Weg.* Hierzu bedarf es einer klaren Definition der Aufgaben und Zielvorstellungen. Auftretende Interessenkonflikte sind wahrzunehmen, im Dialog einzubinden und im Sinne einer tragfähigen Konsensfindung konstruktiv aufzunehmen. Wichtig ist ein lebhafter Diskurs anstelle von fingierte Sprachspielen, der geprägt ist von Gleichrangigkeit und Partnerschaftlichkeit. Allein dies führt zu allgemein befriedigenden Ergebnissen.

Kritische Suchtprävention ist als Gemeinschaftsaufgabe zu verstehen, in der zielorientierte Konzeptualisierungen aufeinander abgestimmt werden. Dies kann allein über eine klare Profilentwicklung geschehen. Diese ermöglicht eine eindeutige Zieldefinition und darauf abgestimmte Handlungsstrategien. „Zieldefinition und -setzung sollten nicht vom Mythos der Machbarkeit, Regulierbarkeit und Berechenbarkeit abgeleitet werden. Prozessualität erwartet vom Leben eben Möglichkeiten freier Gestaltung, lebendiger Entwicklung, spontaner Begegnung und offener Formen"[41]. Anzustreben und für eine lebensweltlich orientierte und umfassende Gesundheitsförderung notwendig ist eine stärkere Annäherung und Kooperation schulischer und sozialpädagogischer Berufsfelder. Die Mitwirkung schulexterner Suchtfachkräfte kann jedoch lediglich unterstützende Funktion z. B. in Form von Fortbildungen für Lehrer und Eltern besitzen. Lehrer sind jedoch für den Bereich der Prävention unzureichend ausgebildet bzw. fortgebildet[42]. Schon in der Lehrerausbildung muß sowohl die Einsicht als auch Grundlage für eine Umsetzung präventiver Maßnahmen in der Schule geschaffen werden. Nicht zuletzt deshalb wird Suchtprävention immer noch als „Extraarbeit" von Lehrkräften gesehen und als lästiges Thema eingereiht in Themen wie Rechtsradikalismus, Gewalt u. a., ohne zu realisieren, daß hier sehr ähnliche Präventionsmaßnahmen die ähnlichen Wurzeln für diese unterschiedlichen Symptomatiken behandeln können[43]. Ein wichtiges Argument für die Installierung präventiver Maßnahmen ist zudem der Kostenfaktor. Präventive Maßnahmen sind letztlich immer we-

---

[41] W. Ludwig: Wie wir miteinander umgehen. Gemeinschaftsaufgabe Prävention. In: Suchtreport 2 (1995) S. 8.
[42] Vgl. E. Supe. A. a. O. S. 521.
[43] Vgl. R. Günther/R. Harten: Suchtprävention im Handlungsfeld Schule unter besonderer Berücksichtigung geschlechtsspezifischer Ansätze. In: Greulich, P. (Hrsg.): Neue Ansätze in der Suchtprävention Nürnberg. Expertisenband zum Jugend-Modellprojekt Prävention JUMP. Frankfurt a. M. 1994. S. 90.

sentlich kostengünstiger als teure Interventionsmaßnahmen, Therapien oder Strafverfolgungen.
Insgesamt muß Schule ihre schulischen Strukturen, Unterrichtsinhalte und Lernformen kritisch hinterfragen. Sie muß sich ihrer Leitbilder und damit ihres Erziehungs- und Bildungsauftrages bewußt sein. Hierzu bedarf es eines klaren pädagogischen und bildungstheoretischen Profils, das von allen „an Schule Beteiligten" gemeinsam hervorgebracht wird. Hierbei kann sie nicht schon bestehende Leitbilder von außen übernehmen, sondern muß sie in Form eines selbstreflexiven Prozesses unter Mitwirkung aller an der Schule Beteiligten aus sich selbst heraus hervorbringen. Dieser Prozeß der Selbsthervorbringung der eigenen pädagogischen und bildungstheoretischen Paradigmen ist ständig weiter zu entwickeln und zielt auf eine pädagogische Gesamtkonzeption und ein schulisches Klima, in dem sich Schüler, Lehrer und Eltern wohl fühlen und das geprägt ist von Mitmenschlichkeit. In dem Prozeß der Identifitätsfindung und der Wertorientierung sind Lehrer, Mitschüler und Eltern wichtige Partner. Partizipation und Transparenz sind die Schlüssel in der Hervorbringung einer lebendigen, sich stets kritisch selbstbetrachtenden und auf Weiterentwicklung ausgerichteten Schule.
Folglich ist das Bildungssystem im Sinne eines kritischen Bildungsbegriffs und einer ernst genommenen Förderung von Gesundheit weiter zu reformieren und auszubauen. Hinderlich sind hierbei Vermittlungsbemühungen „nach dem Muster administrativer Bewältigungslogik"[44]. Dies ist mit Aufklärung im Sinne Kants und einem persönlichem Ansprechen im Sinne Bubers nicht vereinbar und erzeugt lediglich Widerstände und strategisches Handeln. Da die Problem- und Aufgabenfelder von Schulen immer spezifischer Natur sind, sind die bildungstheoretischen Ideen und gesundheitsbezogenen Themen von den Schulen aus ihrem Alltag heraus selbst hervorzubringen. Es gilt, ein eigenes Profil zu entwickeln und zu wahren. Eine lebendige, an ihren Schülern als Menschen interessierte Schule bietet einen Möglichkeits- und Entfaltungsraum, in dem Alternativen zum gewohnten Verhalten entwickelt werden können, Bedürfnisse wie Anerkennung, Achtung, Sicherheit, Aktivität und Kreativität vermittelt und Möglichkeiten des Spannungsabbaus kennengelernt werden. Die Schüler und Schülerinnen werden hierüber in ihrer Fähigkeit unterstützt, auf die Wünsche und Bedürfnisse der Mitschüler einzugehen. Dies fördert den Zusammenhalt und

---

[44] R. Lersch. A. a. O. S. 7.

die soziale Integration der Klasse. Dieses Potential des Bildungsortes Schule gilt es auszuschöpfen. Gelingen kann dies nur über den Aufbau echter Beziehungen im Sinne Bubers. Hierdurch wird die Förderung von Gesundheit zum immanenten Prinzip schulischen Alltags und Unterrichts. Dieser Bildungsauftrag der Prävention ist nicht nur mit all seinen Schwierigkeiten, sondern vielmehr als Chance zu betrachten. Überzogene Anspruchshaltungen und eine Fehleinschätzung der strukturellen wie personellen Voraussetzungen bewirken ein Scheitern und Frustration. Motivation und Erfolg werden letztlich allein über Partizipation und Kooperation aller am pädagogischen und Bildungsprozeß Beteiligten erreicht.

Literatur:

ALFS, Günter: Unterrichtsmaterialien zur Suchtprävention. In: Pädagogik Heft 12 (1989). S. 32-35.
BARKHOLZ, Ulrich/HOMFELDT, Hans Günther: Gesund lernen ist mehr als Gesundheit lernen. Zur Wirksamkeit von Gesundheitsbildung und Gesundheitsförderung in Studium und Schule. In: Pädagogik Heft 3 (1991). S. 13-18.
BECK, Ulrich: Risikogesellschaft. Auf dem Weg in eine andere Moderne. Frankfurt a. M. 1986
BUBER, Martin: Reden über Erziehung (1925). Gerlingen 1995.
DEGKWITZ, Peter: „Abhängig" oder „selbstbestimmtes Individuum". In: Akzeptanz Heft 2 (1997). S. 12-22.
FRANZKOWIAK, Peter: Gesundheitsförderung. In: STIMMER, F. (Hrsg.): Suchtlexikon. München/Wien 2000. S. 300-305.
GÜNTHER, Rolf: Suchtprävention im Stadtteil. In: Pädagogik Heft 12 (1989). S. 22-25.
GÜNTHER, Rolf/HARTEN, Rolf: Suchtprävention im Handlungsfeld Schule unter besonderer Berücksichtigung geschlechtsspezifischer Ansätze. In: GREULICH, P. (Hrsg.): Neue Ansätze in der Suchtprävention. Nürnberg. Expertisenband zum Jugend-Modellprojekt Prävention JUMP. Frankfurt a. M. 1994.
HABERMAS, Jürgen: Wahrheitstheorien. In: FAHRENBACH, H. (Hrsg.): Wirklichkeit und Reflexion. Festschrift zum sechzigsten Geburtstag von Walter Schulz. Pfullingen 1973. S. 211-265.
HARTEN, Rolf: Sucht, Begierde, Leidenschaft. Annäherung an ein Phänomen. München 1991.
HURRELMANN, Klaus.: Neue Gesundheitsrisiken für Kinder und Jugendliche. In: Pädagogik Heft 3 (1991). S. 6-11.

HURRELMANN, Klaus: Suchtprävention? Ist ja schön und gut aber ... In: Suchtreport. Heft 6 (1994). S. 29-36.
KANT, Immanuel: Grundlegung zur Metaphysik der Sitten (1785/86). Kants gesammelten Schriften. Hrsg. v.d. Königlich Preußischen Akademie der Wissenschaften. Berlin 1902-23. Bd. IV.
KINDERMANN, Walter: Drogen und Schule. In: Pädagogik. Heft 12 (1989). S. 8-10.
KÜNZEL-BÖHMER et.al.: Expertise zur Primärprävention. Bd. 20. Schriftreihe des Bundesministeriums für Gesundheit. Baden Baden 1993.
LEIBOLD, Sabine: Führen und Folgen. Gesundheitstraining mit Lehrerinnen und Lehrern. In: Suchtreport. Heft 4 (1995). S. 16-21.
LERSCH, Rainer: Praktisches Lernen und Bildungsreform. Zur Dialektik von Nähe und Distanz der Schule zum Leben. In: Zeitschrift für Pädagogik. Heft 6 (1988).
LOVISCACH, Peter: Soziale Arbeit im Arbeitsfeld Sucht. Eine Einführung. Freiburg i. B. 1996.
LUDWIG, Werner: Wie wir miteinander umgehen. Gemeinschaftsaufgabe Prävention. In: Suchtreport Heft 2 (1995). S. 6-11.
RASFELD-MARUHN, Magret: Risikofaktor Schule. Gesundheitserziehung in der Sekundarstufe. In: Pädagogik Heft 3 (1991). S. 24-29.
REITEMEYER, Ursula: Zur praktischen Funktion der öffentlichen Bildung: Humboldt, Fichte, Habermas. In: Vierteljahrsschrift für wissenschaftliche Pädagogik. Heft 1 (1997).
REITEMEYER, Ursula: Bildung und Arbeit zwischen Aufklärung und nachmetaphysischer Moderne. Würzburg 2001.
ROUSSEAU, Jean-Jacques: Emile oder über die Erziehung. [Emile ou de L'Education (1762)] Hrsg. v. Schmidts, L. Paderborn 1985.
STIMMER, Franz: Suchtlexikon, München/Wien. 2000.
SUPE, Elmar: Schule. In: STIMMER, F. (Hrsg.): Suchtlexikon. München/Wien. 2000. S. 520-525.
TÄSCHNER, Karl-Ludwig: Therapie der Drogenabhängigkeit. Ein Handbuch. Stuttgart 1983.
THAMM, Bernd Georg: Stichwort Drogen. München 1994.
TÖLLE, Rainer: Psychiatrie. Berlin et al. 1991.
WEIL, Thomas: Den Menschen dort begegnen, wo sie sind. In: Suchtreport Heft 6 (1996). S. 29-36.
WINTER, Karin: Evolution und Sucht. In: SCHULLER, A./KLEBER, J. A. (Hrsg.): Gier. Zur Anthropologie der Sucht. Göttingen 1993. S. 235-250.

V. Schlußbetrachtung

Gegen Ende eines Forschungsprojekts stellt sich immer die Frage nach dem Ergebnis der Untersuchung, was im Rahmen dieser Fragestellung bedeutet, wenigstens eine vorläufige Antwort darauf zu geben, ob Bildung lehrbar ist oder nicht. Wenn Bildung nicht mit einem Wissenskanon gleichzusetzen, sondern substantiell ein Prozeß ist und damit ein Vermögen beschreibt, sich selbst Wissen anzueignen und dies Wissen nutzbringend für den moralischen Fortschritt gesellschaftlicher Praxis anzuwenden, ist damit indirekt ein Hinweis auf die Form ihrer Lehrbarkeit gegeben. Prozessuales, sich immer wieder neu reflektierendes Wissen im Horizont eines menschheitlichen, humanitären Ganzen, kann nämlich nicht autoritär von oben nach unten verordnet und eingetrichtert werden, manifestiert sich auch nicht in einem punktuellen Wissen, sondern entsteht nur diskursiv, d. h. im Durchgang vernünftiger Argumentation. Vernünftiges Argumentieren und strukturelles Denken können in der Tat eingeübt werden im Zuge einer indirekten, nicht-affirmativen Didaktik, deren scheinbar langsames, schrittweise Vorgehen – modern gesprochen – auf Nachhaltigkeit und nicht auf Kurzzeiteffizienz abzielt.

Es ist schon erstaunlich, daß Reformschulen, die auf Notenvergabe und Sitzenbleiben weitestgehend verzichten, überdurchschnittliche Leistungen gerade auch auf dem Gebiet des sogenannten „positiven Wissens" erzielen konnten, d. h. dort punkteten, worauf ihr erstes pädagogisches Interesse sich gar nicht richtete. Es scheint wohl so zu sein, daß es wesentlich einfacher ist, auf der Grundlage von „Schlüsselqualifikationen" abfragbares Wissen entweder selbständig zu entwickeln oder, wenn erforderlich, auch nur korrekt zu reproduzieren, als umgekehrt von einem mehr oder weniger vermittelten festen Wissenskanon zu selbständigem Denken zu gelangen. Denn Selbständigkeit kann didaktisch nicht erzwungen werden, dies wäre ein Selbstwiderspruch, der sich auch nicht durch Kants Diktum der Kultivierung der Freiheit durch Zwang (Disziplinierung) auflösen läßt.

Aber Selbständigkeit kann didaktisch ermöglicht werden, nicht durch willkürliche, zwangausübende Autorität, sondern – mit Rousseau gesagt – durch das Joch der Notwendigkeit, durch die Realität (Logik) der Sache selbst und durch pädagogisches Einfühlen in die Interessen der Schüler. Aus der Perspektive pädagogischer Anthropologie kann es schlechterdings keine interesselosen Schüler geben, oder wir müßten den Menschen, wie

Buber sagen würde, von seinem Urhebertrieb abschneiden. Interessen müssen eigentlich nicht geweckt werden, ebensowenig wie Kreativität, sondern nur erkannt und diskursiv genutzt werden. Die Schrittfolge eines offenen, dennoch sachbezogenen Diskurses ist nicht durch ein Curriculum oder Lehrbuch festgelegt, sondern durch den Rhythmus der Schüler, deren Argumentationsperspektive dadurch ein ganz anderes Gewicht erhält. Ihre Beiträge werden nämlich wirklich gebraucht, um in der „Sache" voranzukommen, die kein wirklicher Gegenstand von Bildung sein kann, wenn die Schüler ihn nicht als ihren Gegenstand bearbeiten und zu ihrer Sache machen.

Ein diskursiv-dialogisches Unterrichtskonzept hängt natürlich von einem entsprechenden Bildungsbegriff ab, m. a. W. nur ein prozessuales Bildungsverständnis ermöglicht den Entwurf einer nicht-affirmativen Didaktik, die, mittelfristig betrachtet, die Unterrichtspraxis in öffentlichen Bildungseinrichtungen insgesamt verändern dürfte und damit eine Reform des Unterrichts von innen einleitet, ohne auf die ersten Schritte der Bürokratie warten zu müssen. Auf Verordnungen des Verwaltungsapparats zu warten, hieße, wertvolle Zeit vergeuden im Hinblick auf die Zukunftsprobleme der (Welt-) Gesellschaft, die wir den nachfolgenden Generationen als Erbe hinterlassen. Darüber hinaus steht es in der Verantwortung eines jeden Pädagogen, ob er im Unterricht bilden will oder einen Job im Takt der Stechuhr verrichtet.

Pädagogisches Engagement kann ebensowenig wie selbsttätiges Lernen von oben verordnet, wohl aber ermöglicht werden. Der Ort dafür wäre neben der Universität die Schule selbst, die sich als Bildungseinrichtung neu zu definieren hätte und sich dadurch als soziales Selektionsinstrument unbrauchbar machte. Damit hätte sie sich einerseits ihres zutiefst inhumanen Selbstwiderspruchs entzogen und würde methodisch-didaktisch betrachtet Modell stehen können für sämtliche öffentliche Bildungseinrichtungen, seien sie in der Freizeit-, Sozial- oder Weiterbildungspädagogik anzusiedeln.

Zusammenfassend läßt sich sagen, daß die Lehrbarkeit von Bildung neben einer kritischen Reflexion ihres Begriffs und einer daraus resultierenden nicht-affirmativen Didaktik von einer Schulreform abhängt, durch die pädagogisches Engagement ermöglicht und der Schüler nicht ausschließlich verwaltet wird. In die Zange genommen von bildungstheoretischer Reflexion und widerständiger pädagogischer Praxis, ist die Bürokratie durchaus in der Lage, eine wirkliche Schulreform verfahrenstechnisch auf den Weg zu bringen. Eine wirkliche Schulreform ist notwendig, nicht um bei der nächsten internationalen Vergleichsstudie besser abzuschneiden, sondern – mit Kant gesagt – um der Vernunft, und damit um der moralischen Selbstdefinition des Menschen willen, die aufzugeben die Geschichte der Menschheit als einen losen Haufen unverbundener Einzelereignisse erscheinen ließe, geprägt durch Zufall, Willkür und ungebundenen Egoismus. Wenn Geschichte nicht allein in der „Ordnung des Dschungels" besteht, sondern darüber hinaus der Raum sein soll, in dem die Menschheit ihre natürliche Bestimmung realisiert, die in der Entfaltung einer vernünftigen und moralischen Existenzweise eines jeden Menschen zum Ausdruck kommen müßte, kann auf Bildung schlechterdings nicht verzichtet werden, da es im Zuge der stetig wachsenden Weltbevölkerung zunehmend darauf ankommen wird, nationale oder private Interessen durch vernünftige Selbstbegrenzung in Balance zu halten.

Dies mag tief metaphysisch klingen für Leser der nachmetaphysischen Moderne, ist aber unabdingbar für jeden gesellschaftlichen Entwurf, der Rechtsgleichheit als sichtbares Faktum ökonomischer und sozialer Gerechtigkeit versteht. Doch bedarf es der logischen, vernünftigen Argumentation, diesen Kontext sichtbar und praktisch verbindlich zu machen. Vernünftiges Argumentieren ist durchaus lehrbar und unbedingt notwendig, um die geschichtliche Welt nicht der „Ordnung des Dschungels" gänzlich zu überlassen.

Autorinnen und Autoren:

Oliver Geister (geb. 1975) promoviert am Institut für Allgemeine Erziehungswissenschaft der Universität Münster im Bereich der Grundlagenforschung zur Schulentwicklung. Darüber hinaus ist er tätig als Studienberater des Fachbereichs Erziehungs- und Sozialwissenschaften und verantwortlich für die editorische Leitung des hochschuldidaktischen Projekts „Ethik im Unterricht". Im Rahmen dieses Projekts entstand auch seine Studie: „Schule im Umbruch. Zum Problem der Werteerziehung und des Ethikunterrichts in Zeiten der Postmoderne", Münster 2002 (in dieser Reihe Bd. 2).

Jens Hülsmann (geb. 1970), Diplompädagoge, ist tätig als Familien- und Sexualberater bei Pro Familia Landesverband Nds. e. V. und arbeitet auch als selbständiger Theaterpädagoge. Seine Schwerpunkte liegen im Bereich der präventiven Arbeit (Suchtprävention, Prävention gegen sexuellen Mißbrauch). Seine Dissertation bearbeitet bildungstheoretische Grundlagen der suchtpräventiven Arbeit und steht kurz vor dem Abschluß. Sie wird unter dem Titel: „Am Anfang ist die Beziehung ... Der pädagogische Anspruch suchtpräventiver Arbeit in der Schule" in dieser Reihe als Bd. 6 erscheinen.

Gregor Raddatz (geb. 1970), promovierter Diplompädagoge arbeitet bei der Deutschen Pfadfinderschaft Sankt Georg als Bildungsreferent. An der Universität Münster war er Mitarbeiter des Projekts „Ethik im Unterricht" und übernahm Lehraufträge im Bereich Allgemeiner Pädagogik. Er promovierte 2003 im Bereich der Allgemeinen Didaktik zum Thema: „Pädagogik in freien Fall. Posttraditionale Didaktik zwischen Negativer Dialektik und De-Konstruktion" Münster 2003 (in dieser Reihe Bd. 4).

Ursula Reitemeyer (geb. 1955), Privatdozentin am Institut für Allgemeine Erziehungswissenschaft der Universität Münster, leitet das mit Landesmitteln von NRW geförderte Projekt „Ethik Im Unterricht". Sie promovierte 1983 über Ludwig Feuerbach und habilitierte 1994 mit einer Arbeit über Rousseau. Seit 2002 ist sie Präsidentin der Internationalen Gesellschaft der

Feuerbachforscher (www.Feuerbach-International.de). Ihre Forschungsschwerpunkte liegen im Bereich der Bildungsphilosophie und Bildungssoziologie. Eine aktuelle Liste ihrer Veröffentlichungen kann eingesehen werden unter:
http://egora.uni-muenster.de/ew/ew_personen/reitemeyer.shtml

Judith Sieverding (geb. 1973), M. A., ist seit 1998 Mitarbeiterin des Projekts „Ethik im Unterricht" und Doktorandin des Philosophischen Seminars der Westfälischen Wilhelms-Universität. Seit 2002 ist sie Sekretär und Schatzmeister der Internationalen Gesellschaft der Feuerbach-Forscher. Veröffentlichungen (i. Ersch.): Kontingenz als Chance? Zu Wahrheit und Solidarität bei Ludwig Feuerbach und Richard Rorty. In: Ludwig Feuerbach und die Fortsetzung der Aufklärung. Hrsg. v. H. Holzhey. Zürich 2003 und J. Sieverding/A. Maier/E.-M. Parthe/M. Rohner: Kritische Theorie als welterschließende Kritik. In: Ch. Halbig/M. Quante (Hrsg.): Axel Honneth: Sozialphilosophie zwischen Ethik und Anerkennung. Münster 2003.

Peter Werner (geb. 1936), promovierter Lehrer, war Mitarbeiter des Pädagogischen Zentrums Berlin und am Deutschen Institut für Fernstudien an der Universität Tübingen. Darüber hinaus war er tätig als wissenschaftlicher Begleiter der Kollegstufe in NRW und an Modellversuchen der BLK beteiligt. Er unterrichtete internationale Orientierungsklassen in Recklinghausen und promovierte 1982 an der Universität-Gesamthochschule-Duisburg. Seit 1999 ist er im Ruhestand.